广东省新能源汽车技术创新路线图

（第一册）

广东省新能源汽车技术创新路线图编委会　编著

机械工业出版社

《广东省新能源汽车技术创新路线图》（第一册）针对氢燃料电池汽车，结合广东省产业特点和技术基础，从氢燃料电池汽车产业链中精选了37个关键产品技术点，深入分析产品技术现状及核心参数，科学研判了技术发展趋势，结合广东省创新驱动发展战略，对广东省氢燃料电池汽车产业提出了技术创新愿景与规划，明确了产业的发展路径和行动计划。

该路线图可在广东省氢燃料电池汽车领域技术创新、产业转型升级和高质量发展等方面发挥积极的引领作用，同时也可为国家、其他各省市的氢燃料电池汽车产业发展提供参考。

图书在版编目（CIP）数据

广东省新能源汽车技术创新路线图. 第一册 / 广东省新能源汽车技术创新路线图编委会编著. —北京：机械工业出版社，2022.4
ISBN 978-7-111-70232-0

Ⅰ. ①广… Ⅱ. ①广… Ⅲ. ①新能源 – 汽车 – 技术革新 – 研究 – 广东　Ⅳ. ① F426.471

中国版本图书馆 CIP 数据核字（2022）第 033935 号

机械工业出版社（北京市百万庄大街22号　邮政编码100037）
策划编辑：刘星宁　　　责任编辑：刘星宁
责任校对：张晓蓉　张　薇　责任印制：张　博
涿州市京南印刷厂印刷
2022年5月第1版第1次印刷
184mm×260mm · 13.5 印张 · 1 插页 · 279 千字
标准书号：ISBN 978-7-111-70232-0
定价：88.00 元

电话服务　　　　　　　　　网络服务
客服电话：010-88361066　机 工 官 网：www.cmpbook.com
　　　　　010-88379833　机 工 官 博：weibo.com/cmp1952
　　　　　010-68326294　金　书　网：www.golden-book.com
封底无防伪标均为盗版　机工教育服务网：www.cmpedu.com

第一册
咨询委员会

主　任　李　骏　中国工程院院士、清华大学、佛山仙湖实验室
　　　　　孙逢春　中国工程院院士、北京理工大学

副主任（按姓氏笔画排序）
　　　　　王海江　加拿大国家工程院院士、南方科技大学
　　　　　叶思宇　加拿大国家工程院院士、鸿基创能科技（广州）有限公司
　　　　　程一兵　澳大利亚工程院院士、武汉理工大学、佛山仙湖实验室

委　员（按姓氏笔画排序）
　　　　　王小博　王扬满　王亚军　尹永利　叶长流　邢晓明　向　华
　　　　　向德成　庆绍军　刘绍军　刘彦杰　衣守忠　李　昱　李　铎
　　　　　李　海　李天资　李俊荣　杨士文　杨焕军　吴　欢　吴勇辉
　　　　　余　皓　邹裕民　张　平　张　威　张永明　张振宏　陈　健
　　　　　陈　彬　陈烁烁　罗克钦　胡常群　宣　路　高　艳　高继明
　　　　　诸葛伟林　曹桂军　彭　旭　葛荣军　敬登伟　程寒松　焦丰顺
　　　　　蓝树槐　雷灵龙　熊宗保　潘伟伟　潘相敏　燕希强

第一册编委会

（按姓氏笔画排序）

编委会主任　　蔡木灵

编委会副主任　田文颖

编委会成员
　　　　　　　　石建珍　田文颖　成永红　华青松　杨　辉　张百尚
　　　　　　　　邵敏华　徐文辉　崔志明　韩洪宪　谢志勇　蔡木灵
　　　　　　　　谭晓军　魏　蔚

主　　　编　　李　军　唐浩林

副　主　编　　张锐明　尚学峰　周飞鲲

执　笔　人
　　　　　　　　卢炽华　杜常清　李　军　李　鹏　张锐明　张瑞锋
　　　　　　　　尚学峰　周飞鲲　柯育智　袁　伟　郭　伟　梁　鹏
　　　　　　　　彭卫文　魏　龙

序

历经三年多的时间,《广东省新能源汽车技术创新路线图》(下面简称《路线图》)终于正式出版了,这是对广东省新能源汽车产业发展的一个重大贡献。

广东省是改革开放的排头兵、先行地、实验区,在我国改革开放和社会主义现代化建设大局中具有十分重要的地位和作用。加快推动新能源汽车产业持续、健康、科学、有序发展,对于提升广东省新能源汽车产业核心竞争力,培育良好市场应用环境,加快推进汽车产业高质量发展具有重要的战略意义。作为广东省新能源汽车产业的一项重大基础性建设,《路线图》的出版将在支撑政府行业管理、引领产业技术创新,以及引导社会各类资源集聚方面发挥非常重要的作用。

《路线图》(第一册)重点介绍氢燃料电池汽车。广东省氢燃料电池汽车产业引领全国,拥有国内最全的产业链条。《路线图》(第一册)在充分理解吸收《节能与新能源汽车技术路线图2.0》的基础上,结合广东省产业特点、技术基础,从氢燃料电池汽车产业链中精选了37个关键产品技术点,在深入分析产品技术现状及核心参数的基础上,科学研判了其技术路线的发展趋势。在此基础上,结合广东省委省政府关于全面实施创新驱动发展战略的顶层设计,又对广东省氢燃料电池汽车产业提出了技术创新愿景与规划,并明确了产业的发展路径和行动计划,这势必将大大促进粤港澳大湾区氢燃料电池汽车产业的发展,并大幅度提升大湾区产业技术创新能力。

《路线图》技术点分析透彻、技术发展趋势研判精准,是一个具有鲜明广东特点,又具有现实意义且切实可行的产业路线规划蓝图。希望这份凝聚了行业专家学者心血和智慧的路线图,能够为持续推动广东省汽车领域技术创新、产业转型升级和高质量发展,以及为实现广东省全面加快建设交通强省的目标,发挥积极的引领作用。同时也希望这份路线图可以为国家、其他各省市的新能源汽车产业提供参考。

前言

目前,全球新能源汽车产业正面临百年未有之大变局,"减碳加氢"是能源利用方式演变的总体趋势,也是汽车动力变革的重要方向,发展氢能和燃料电池汽车成为实现"碳达峰、碳中和"目标的必由之路。世界发达国家纷纷制定了氢能与燃料电池汽车相关的技术路线图,抢占未来产业先机和技术高地。2020年9月22日,我国在第七十五届联合国大会上做出碳达峰和碳中和的承诺,在此背景下,氢能已经从国家发展重点方向升级为国家发展战略,我国氢能与燃料电池汽车产业迎来新的发展机遇。我们认为,燃料电池技术正处于第四次研究热潮,将实质性解决安全、成本、性能等痛点问题,氢能基础设施将逐步普及,燃料电池汽车正加速进入商业化应用初期。未来十年,是发展燃料电池汽车的战略机遇期,其中,攻克和掌握关键技术是构建产业核心竞争力的重中之重。

广东省是汽车大省,氢能与燃料电池产业起步较早,具有良好的产业基础、政策环境和应用市场,开展氢能与燃料电池汽车技术创新和推广应用是促进广东省能源结构优化的战略方向,是大力建设清洁宜居城市群的关键环节,是实现粤港澳大湾区现代交通体系的核心要素,也是打造世界级汽车产业集群的重要支撑。

编委会自2019年开始《广东省新能源汽车技术创新路线图》(第一册)的编研工作。期间通过文献研究、实地调研、专家访谈、网络会议、会议论坛等多种方式组织政府、企业、高校、科研院所、社会组织等单位的近千名领导、专家、学者、企业家们参与深入的研究和充分的论证,所涉及的知识覆盖了能源、汽车、电子、信息、材料、机械、金融等相关领域。《路线图》的主要编制单位包括中山大学、华南理工大学、清华大学、广东省科学技术情报研究所、广汽集团、佛山仙湖实验室、深圳汽航院、清新电源研究院等,此外还有近百家单位参与了咨询论证。

《路线图》共分为8章,坚持"需求导向和问题导向"的基本原则,围绕高质量发展做好顶层设计、擘画未来蓝图。其中第1章是概述;第2章介绍了国内外的发展现状与趋势,并进行总体研判;第3章阐述了广东省的发展愿景与目标;第4~7章是路线图的核心内容,分别从电堆、系统、整车和氢能基础设施等4个方面，紧密结合广东省的产业特征，分析技术现状，研判发展趋势，探讨实现路径；第8章提出了四大创新行动计划。

《路线图》力求形式明晰、直观、实用，内容具体、科学、务实，具有鲜明的地域特点，针对广东省值得关注的产业技术进行研判，能够为广东省氢燃料电池汽车领域的关键技术创新、技术发展路径和产业发展布局提供明确指引，为相关部门制定发展规划、统筹创新资源和出台政策法规提供科学依据，为产、学、研各界高质量发展氢燃料电池汽车产业提供重要参考。

目录

序
前言

第1章 概述 1

  1.1 产业发展背景 1
    1.1.1 国内外背景 1
    1.1.2 广东省产业发展现状 11

  1.2 技术创新和产业化的重大意义 17

  1.3 路线图的目的和范围 19
    1.3.1 编制目的 19
    1.3.2 编制范围 20

第2章 技术发展现状与趋势 23

  2.1 发展历程 23

  2.2 发展现状 25
    2.2.1 国外技术现状 25
    2.2.2 国内技术现状 26
    2.2.3 广东省技术现状 26

  2.3 趋势研判 27

第3章 技术创新愿景与目标 31

  3.1 政策文件 31

  3.2 发展愿景 32

  3.3 发展目标 34

目录

第4章 氢燃料电池电堆技术 ·· 37

- 4.1 技术分析 ·· 37
  - 4.1.1 双极板 ·· 38
  - 4.1.2 膜电极 ·· 46
  - 4.1.3 电堆设计及组装技术 ·· 54
- 4.2 技术创新路线图 ·· 55
- 4.3 技术创新需求 ·· 57

第5章 氢燃料电池系统（发动机）技术 ···································· 59

- 5.1 技术分析 ·· 59
  - 5.1.1 空气供应子系统 ·· 60
  - 5.1.2 氢气供应子系统 ·· 67
  - 5.1.3 热管理子系统 ·· 72
  - 5.1.4 燃料电池系统控制器 ·· 74
  - 5.1.5 DC/DC变换器 ·· 77
  - 5.1.6 系统集成技术 ·· 80
  - 5.1.7 系统测试技术 ·· 82
- 5.2 技术创新路线图 ·· 86
- 5.3 技术创新需求 ·· 89

第6章 整车技术 ·· 91

- 6.1 技术分析 ·· 91
  - 6.1.1 动力系统与整车正向开发技术 ···································· 93
  - 6.1.2 整车热管理与综合热效率提升技术 ································ 97
  - 6.1.3 车载氢系统技术 ·· 100
  - 6.1.4 整车氢电安全技术 ·· 102
  - 6.1.5 整车测试评价技术 ·· 105
- 6.2 技术创新路线图 ·· 107
- 6.3 技术创新需求 ·· 109

第7章 氢能基础设施技术 ·· 111

- 7.1 技术分析 ·· 111
  - 7.1.1 制氢技术 ·· 111

    7.1.2 储运技术 …………………………………………………………… 120

    7.1.3 加氢技术 …………………………………………………………… 136

  7.2 技术创新路线图 ………………………………………………………… 145

  7.3 技术创新需求 …………………………………………………………… 147

第8章 技术创新行动计划 ……………………………………………………… 149

  8.1 核心技术攻关行动 ……………………………………………………… 150

  8.2 创新能力提升行动 ……………………………………………………… 151

  8.3 产业集群引领行动 ……………………………………………………… 153

  8.4 创新环境建设行动 ……………………………………………………… 155

附　录 ……………………………………………………………………………… 157

  附录A 专项汇总表 ………………………………………………………… 157

  附录B 核心技术攻关方向汇总表 ……………………………………………… 165

  附录C 技术创新平台汇总表 …………………………………………………… 177

  附录D 全球氢燃料电池汽车产业创新链机构汇总表 …………………………… 183

  附录E 全球氢燃料电池汽车主要车型参数汇总表 ………………………………… 193

  附录F 技术创新总路线图 ………………………………………………… 见插页

  附录G 技术创新路线图名词解释 ……………………………………………… 194

  附录H 本书编者分工 …………………………………………………………… 205

第1章

概　述

1.1　产业发展背景

1.1.1　国内外背景

世界能源发展与应用已从低碳化向无碳化转变。氢能是一种清洁、高效、可再生的二次能源，是未来新能源体系的重要组成部分。发展氢能产业，对于构建绿色低碳产业体系、推进能源生产和消费绿色化革命、保障能源安全有着重大经济和社会意义，能够极大推动我国尽早实现碳达峰、碳中和。

在交通领域，氢燃料电池汽车是全球汽车动力系统转型升级的重要方向，也是构建低碳交通体系的重要组成部分。近年来，世界主要国家相继发布新的氢能发展战略，竞相开展相关研发和投资，将发展氢燃料电池汽车产业提升到国家能源战略高度，制定了相关发展政策规划与发展路线图，开展关键技术研发、推动应用示范、探索产业化路径，从基础研究、产业技术研究、示范应用、基础设施建设、产品补贴、标准制定、安全规范和运营管理等各个方面大力推动氢燃料电池汽车产业的发展。

1. 发展氢能已成为全球战略共识

目前，全球主要发达国家均将发展氢能作为国家战略，高度重视氢能的发展。日本是氢能产业最积极的推动者。日本在2019年11月修订了《氢/燃料电池战略路线图》，制定了"氢/燃料电池战略技术发展战略"，并将"全球第一个实现氢能社会的国家"作为发展目标，重点发展燃料电池技术、氢供应链和电解技术等领域，确定了包括车载用燃料电池等10个优先项目。韩国为在全球氢燃料电池汽车市场中占得先机，于2019年1月制定了《氢能经济活性化路线图》，涵盖了氢能生产、运输、储存、使用等全部领域。欧洲能源研究联盟（EERA）于2019年11月发布新版《氢能与燃料电池联合研究计划实施规划》，指出大规模发展氢能将带来巨大的经济、社会和环境效益，是欧洲实现脱碳目标的必由之路，其中确定了到2030年的研究目标、行动计划和优先事项，以促进大规模部署和商业化。2019年11月，美国燃料电池和氢能源协会（FCHEA）发布《美国氢能经济路线图》，计划通过国家共同努力并采取正确措施扩大氢经济活动，提高其在全球能源领域的领导地位。在2019年G20峰会上，日本、美国、欧盟建立首个国家层面的氢能和燃料电池技术合作联盟。德国内阁在2020年6月通过了《国家氢能战略》，德国计划投资至少90亿欧元以促进氢的生产和使用，并努力成为绿氢技术领域的全球领导者。2020年7月，欧盟正式发布《欧盟能源系统集成战略》和《欧盟氢能战略》，组建清洁氢能联盟，为气候中和目标及经济发展提供动力。这两个战略提出了一个新的清洁能源投资议程，并与欧盟委员会的"下一代欧盟"复苏计划和《欧洲绿色协议》相一致。计划中的投资有可能刺激经济从新冠疫情中复苏，并创造就业机会，增强欧盟在战略性行业中的领导力和竞争力。2020年10月，欧洲议会进一步重申承诺碳中和目标。在此背景下，全球氢能经济发展逐步进入2.0阶段，即推进能源领域深度替代，最终促进尽快实现碳中和。2020年11月，英国发布《绿色工业革命十点计划》（简称《十点计划》），重点强调了期望到2050年时实现温室气体零排放，其中重要的举措是在2030年前停止销售汽油和柴油新车。到2030年，实现5GW的低碳氢能产能，供给产业、交通、电力和住宅；在十年内建设首个完全由氢能供能的城镇。英国政府已为此《十点计划》动用了120亿英镑资金，这项计划将带来多达25万个就业机会。2021年4月，英国投入3000万英镑用于支持电池技术、电动汽车供应链和氢动力汽车等领域的开创性研究，确保英国在车辆技术方面继续保持世界领先地位。同时也策应《十点计划》中所做出的承诺，即在2030年前逐步停止销售新的汽油和柴油汽车。2021年5月，日本国会参议院正式通过修订后的《全球变暖对策推进法》，以立法的形式明确了日本政府提出的到2050年实现碳中和的目标。其中，将大力发展氢能等可再生能源。此外，加拿大、澳大利亚、新加坡等国正在制定其《国家氢能战略》。全球新一轮发展氢能及燃料电池汽车的浪潮迭起，氢能发展已从少数发达国家的国家战略上升到全球战略共识，代表性政策文件如图1-1所示。

2. 氢能产业发展势头强劲，全球有超过200个重要氢能项目

氢能是实现净零排放（碳中和）战略的关键二次能源，当前已有30多个国家制定了氢能发展路线图，另有6个国家（包括中国）正在起草氢能战略。在全球发展氢能产业的共识下，多个国家加快了氢能项目的布局。根据国际氢能委员会统计，在全球范围内，氢能产业链目前已有228个已建、在建项目。其中，有17个是已公开的兆瓦级绿氢生产项目（即>1GW可再生能源和>20万t/年的低碳氢产能项目）。其中，欧洲在数量方面处于全球领先地位（有126个项目，占比55%），澳大利亚、日本、韩国、中国和美国紧随其后[⊖]。欧洲已公开氢能项目中，有105个氢气生产项目，其他项目涵盖全产业链，重点布局在工业应用和交通运输领域，同时欧洲以密切的跨行业和政策合作为特色，支持多个综合氢经济项目（例如，荷兰北部的氢谷）。日本和韩国在交通运输应用、绿色氢、液氢和有机液态

⊖ 来源：《全球氢能观察2021》。

储氢项目方面实力雄厚。中国近两年布局氢能产业链项目超过 80 个，包括光伏企业入局光伏制氢，能源央企布局氢能产业，涵盖可再生能源制氢（碳中和目标）、液氢及液氢装备（液氢标准发布）、燃料电池及汽车（示范城市群推动）、加氢站（合建站、综合站加速布局）等方面。同时，中国企业也加快了与国际龙头企业如法液空等的合作。国内整个氢能产业链更加完整，示范项目逐步增多，相关行业企业开始进入并布局氢能领域，奠定产业长期发展基础。另外，全球各国政府已投入总计约 700 亿美元，用以支持氢能战略。根据全球氢能项目公告、实现各国政府生产目标所需的投资、支出等数据预测，到 2030 年，全球氢能产业链的投资总量将超过 3000 亿美元。从地域分布上来看，预计欧洲的投资份额占比最大（约 45%），其次是亚洲，而中国以约占亚洲总投资 50% 的份额领先。从产业链各环节分布来看，制氢项目将占投资的最大份额。由于终端应用项目要为燃料电池和道路车辆平台提供资金，氢能应用在成熟项目中的投资占比也较高。

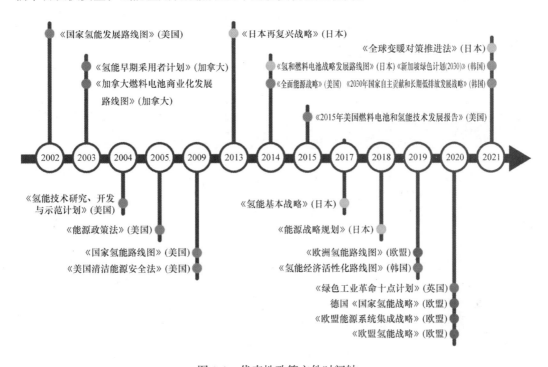

图 1-1　代表性政策文件时间轴

3. 关键核心技术发展趋向成熟

日本、美国、德国、韩国、加拿大等国掌握了世界最先进的氢燃料电池汽车技术，整车在性能、可靠性、寿命和环境适应性等方面具备了市场应用条件。日本、美国、韩国等在电堆技术方面较为成熟，其中日本丰田公司在 2020 年推出 Mirai 2，其单堆输出功率、体积比功率等技术指标全球领先。此外，在核心材料方面，金属/石墨双极板、催化剂、质子交换膜、气体扩散层等均取得了关键技术突破，产品性能和成本满足商业化推广应用需求。目前，上述关键原材料基本掌握在日本、美国、德国等国际巨头企业手中。在燃料电池系统方面，美国霍尼韦尔、德国普旭、日本丰田自动织机和日立等公司在空压机的技术上表现突出，产品输出功率达15kW，转子转速为15万r/min，效率达77%，在功率密度、效率、噪声等方面性能较优。德国普旭和KNF公司的氢气循环系统性能优越，占据了全球90%以上的市场。以日本丰田和本田、美国普拉格动力和Bloom Energy、德国戴姆勒、瑞典PowerCell、英国Intelligent Energy、荷兰Nedstack、韩国现代和KOLON等为代表的企业均具备了较为成熟的燃料电池系统集成技术，产品在比功率、效率、冷起动温度、寿命和成本等指标上处于领先水平，系统集成与控制技术水平较高，在可靠性、耐久性等方面领先我国企业。在整车集成方面，整车集成匹配、氢电安全、能量管理和控制测试技术等不断提升。日本、美国、德国、澳大利亚等在车载储氢系统、加氢口、排气装置、氢气泄漏检测和氢电安全等方面布局较早，相关产品性能也较为可靠。在氢气制储运用方面，日本、德国、美国等在氢气分离纯化设备、超高压氢气储运装置、隔膜压缩机、高压气态/液态加氢枪、车载深冷高压储氢供氢系统等加氢站核心部件及装备开发上处于世界领先。氢燃料电池汽车关键技术水平现状如表1-1所示。

表1-1　氢燃料电池汽车关键技术水平现状

核心材料/部件	关键技术	成本	性能	寿命
质子交换膜	离子聚合物合成、基体层增强技术、催化剂涂层膜（CCM）高精度涂布技术、自由基淬灭剂研发	400元/kW$_{net}$	强度高、溶胀率低、寿命长；膜的电导率和水扩散能力强，膜厚度薄（Gore公司实现了7.5μm技术，储备了5μm技术）	机械耐久性为23000次；化学耐久性为700h
催化剂	低铂载量、高活性、粒径控制技术、杂质分离技术	—	质量比活性0.76 A/mgPt（0.9V）；单电池性能（0.8V）300mW/cm^2；活性比表面积（Pt）65m^2/g	30000个循环伏安性能衰减小于30%
气体扩散层	碳纤维原纸成型技术、微孔层加工技术、乙炔黑碳粉制备技术	300元/kW$_{net}$	日本东丽公司的碳纤维基底层，电阻率为4.7mΩ·cm，透气率为4.5Gurley/s，抗拉强度为9MPa；德国西格里公司的平面电阻为4mΩ·cm^2，透气率为4.5Gurley/s，拉伸强度为8.5MPa，1MPa下的压缩率为13%	—
膜电极	气体扩散层（GDL）等关键电极材料匹配技术、CCM浆料制备技术、CCM涂布工艺及设备、CCM一致性在线监测技术、GDL贴合工艺、边框材料与密封工艺设计、膜电极连续工业化制备技术	1000元/kW$_{net}$	日本丰田公司的膜电极功率密度达1.5W/cm^2，Pt用量达到了0.179g/kW；武汉理工大学研发的膜电极功率密度为1.6~1.8W/cm^2，Pt用量为0.3mg/cm^2（折合0.187g/kW），基本实现了连续化制备及其封装能力；广州鸿基创能公司的膜电极功率密度达1.4W/cm^2，Pt用量为0.4g/kW	乘用车车用工况寿命（性能衰减10%）10000h

（续）

核心材料/部件	关键技术	成本	性能	寿命
电堆	流场结构设计技术、零部件筛选与匹配技术、电堆封装与密封技术、电堆冷起动零部件匹配与设计技术、组堆自动化制造技术	—	日本丰田、本田公司的乘用车金属双极板电堆体积比功率均已超过5.4kW/L；加拿大巴拉德公司的模压石墨双极板电堆体积比功率为1.78kW/L，广泛应用于商用车；广东国鸿氢能公司生产的模压石墨双极板电堆寿命达12000 h，功率密度达3.0kW/L，单体电池电压差可以控制在±30mV以内，已实现-20℃低温冷起动	金属板寿命为5000h，石墨板寿命为20000h
系统	系统集成设计、系统控制技术	商用车3500元/kW，乘用车3200元/kW	加拿大巴拉德公司的商用车燃料电池系统寿命达25000h，冷起动温度为-30℃；日本丰田公司Mirai 2的电堆体积比功率达5.4kW/L，峰值功率达128kW；我国的系统覆盖10~200kW，质量功率比为200~500W/kg	商用车10000h，乘用车5000h
商用车	动力系统设计与整车正向开发、整车热管理和综合热效率提升、车载氢系统技术、整车氢电安全、整车测试评价技术	—	冷起动温度达-30℃，燃料电池系统额定功率≥120kW，最高车速≥90km/h，最大爬坡度≥20°，续驶里程≥400km，平均无故障里程≥8000km，储氢密度4.7wt%	氢系统整体寿命10000h
乘用车	动力系统设计与整车正向开发、整车热管理和综合热效率提升技术、车载氢系统技术、整车氢电安全、整车测试评价技术	—	冷起动温度达-30℃，燃料电池系统额定功率≥90kW，系统最高效率≥50%，最高车速≥180km/h，最大爬坡度≥30°，续驶里程≥500km，平均无故障里程≥8000km，储氢密度4.7wt%	氢系统整体寿命6000h

4. 产业发展进入大规模推广应用期

全球主要国家着眼于能源安全、绿色低碳和经济社会可持续发展，大力推进氢能与燃料电池汽车产业发展。丰田、本田、现代、通用、巴拉德、戴姆勒、法液空、林德、壳牌、BP、道达尔等国际巨头企业先行加大投入，超前布局抢占未来氢能产业市场，支持氢能及燃料电池汽车的研发和应用示范，布局氢气制取、储运及加氢站的建设，行业进入产业化、市场化加速发展新阶段。

日本在氢燃料电池汽车产业化方面全球领先，并致力于打造"氢社会"。日本在氢能基础设施建设、关键技术研发、产品应用推广等领域投入巨额财政加大支持力度，相关产业链成熟，技术、商业化水平领先。日本拥有全球最大的加氢网络，在营加氢站有113座，实现3min加氢，预计2030年将达900座，目前氢燃料电池车存量约4200辆，规划2030年将达81万辆。

韩国积极推动氢燃料电池汽车发展，产业链较为完善。韩国氢燃料电池汽车超过1万辆，加氢站33座。在乘用车方面，现代公司力争在2025年打造年产量达10万辆的生产体系，实现售价与普通燃油车相当；在商用车方面，韩国计划 2022 年推广 2000 辆氢燃料电池巴士，2040 年增至 4 万辆；在加氢站方面，在营加氢站有 14 座，2030 年将达 520 座，2040 年将达 1200 座。

欧盟在氢能基础设施建设以及示范运行方面成果显著，德国在产业应用方面领先。欧盟成立燃料电池联盟共同推进燃料电池汽车发展，目前，在营加氢站有 139 座，大型氢能公交车项目 CHIC 也已成为氢能应用的全球典范。欧盟计划 2040 年加氢站数量达 15000 座，2050 年氢燃料电池汽车达 4500 万辆。德国产业链生态完备，是世界第二大加氢站网络国家，计划到 2021 年底具备满足 60000 辆氢燃料电池乘用车和 500 辆燃料电池商用车加氢的能力。

美国最早布局氢能技术，正积极向氢经济过度。美国引导能源体系向氢能经济过渡，确定了氢能在交通转型中的引领作用，大力支持数十个氢燃料电池汽车项目建设，推动相关产业快速发展。美国氢燃料电池汽车超过 8500 辆，拥有 49 座加氢站。美国燃料电池与氢能协会（FCHEA）发布美国《氢能经济路线图》，规划 2025 年，美国氢燃料电池汽车运营数目达到 20 万辆，叉车达到 12.5 万辆，建设加氢站 1180 座，2030 年氢燃料电池汽车达到 530 万辆，加氢站 7100 座。

加拿大通过政企合作，启动国家氢能技术应用示范工程引领产业发展。加拿大成立专门委员会，负责组织、领导和协调氢能与燃料电池汽车的研究开发和商业化进程。早期通过启动卑诗省氢能高速公路、多伦多氢能村、卑诗省氢能与燃料电池汽车等国家氢能技术应用示范工程，带动氢能产业发展，为大规模应用积累经验和奠定基础，并瞄准了未来国际市场需求。2030 年计划建设加氢站 700 座。主要国家或组织氢燃料电池汽车产业规模及规划目标，如表 1-2 所示。

表 1-2 主要国家或组织氢燃料电池汽车产业规模及规划目标

国家/组织	发展目标	氢燃料电池汽车规划	加氢站规划
日本	打造"氢社会"	目前氢燃料电池汽车存量约 4200 辆，2030 年将达 81 万辆	在营加氢站 113 座，已建及在建共 137 座，2030 年将达 900 座
韩国	致力于全球氢燃料电池汽车市场	韩国氢燃料电池汽车超过 1 万辆。现代集团力争在 2025 年打造年产量达 10 万辆的生产体系；在商用车方面，韩国计划 2022 年推广 2000 辆氢燃料电池巴士，2040 年增至 4 万辆	韩国目前加氢站 33 座，规划 2030 年将达 520 座，2040 年将达 1200 座
欧盟	碳中和	目前各类氢燃料电池汽车超过 1 万辆，规划 2050 年实现 4500 万氢燃料电池汽车	在营加氢站 139 座，已建及在建共 179 座，计划 2040 年加氢站数量达 15000 座

(续)

国家/组织	发展目标	氢燃料电池汽车规划	加氢站规划
美国	氢经济战略	美国氢燃料电池汽车超过8500辆，规划2025年氢燃料电池汽车运营数目达到20万辆，叉车达到12.5万辆；2030年氢燃料电池汽车达到530万辆	目前在营加氢站42座，规划2030年加氢站7100座
加拿大	氢能国家样本	规划2030年氢燃料电池汽车达50万辆	2030年计划建设加氢站700座
中国	培育氢燃料电池汽车产业集群	目前超过8443辆，规划到2025年车辆保有量将达到10万~20万辆，2030年达到100万辆	目前加氢站118座，在建/拟建167座，预计2025年将超过1000座，到2035年将超过5000座

5. 碳中和背景下我国氢能及燃料电池汽车产业迎来发展机遇

2013年以来，国内氢能产业发展从北京、上海和佛山等先发地区迅速扩展，形成今日群雄逐鹿的局面，已有25个省（自治区、直辖市）、62个地市出台了氢能及燃料电池汽车发展规划和指导意见，已初步形成"东南西北中"五大区域发展格局。2019年3月，国务院在2019年《政府工作报告》中提出"推进充电、加氢等设施建设"，这是氢能首次被写入《政府工作报告》。2020年9月22日，中国政府在第七十五届联合国大会上提出：中国将提高国家自主贡献力度，采取更加有力的政策和措施，二氧化碳排放力争于2030年前达到峰值，努力争取2060年前实现碳中和。2020年10月，国务院常务会议通过了《新能源汽车产业发展规划》，鼓励加大关键技术攻关，加氢等基础设施建设。2020年11月，国务院发布《新能源汽车产业发展规划（2021—2035年）》表示，推动氢燃料电池汽车示范应用政策落地，推进加氢基础设施建设，建立完善加氢基础设施的管理规范。2021年3月5日，国务院总理李克强在2021年《政府工作报告》中指出，扎实做好碳达峰、碳中和各项工作。制定2030年前碳排放达峰行动方案。优化产业结构和能源结构。2021年7月，住房和城乡建设部发布国家标准《汽车加油加气加氢站技术标准》，推进加氢站等基础设施建设。在此背景下，氢能已经从国家发展重点方向升级为国家发展战略，我国氢能及氢燃料电池汽车产业迎来新的发展机遇。

全国"3+2"燃料电池汽车应用示范城市群格局已经形成，合计共47座城市，行业进入到落地实施阶段。根据发展规划，十四五末五大城市群车辆推广目标不少于33010辆。预计，到2025年我国氢燃料电池汽车保有量达到50000辆。目前，国内氢能密切相关企业已超3000家，领域涵盖电堆及其核心材料、燃料电池系统、整车集成、储运加基础设施关键零部件和系统等，且不断有国电投、中石油、中石化和上汽等大型国企开始布局，初步形成了全链条的产业体系。截至2021年底，我国氢燃料电池汽车保有量达到10029辆，全球占比18%。目前，加氢站有131座，在建/拟建187座。预计到2025年，将建成至少

1000座加氢站，车辆保有量将达到10万~20万辆；2030年实现百万辆级别的氢燃料电池汽车在路上行驶；2050年氢燃料电池汽车能够和纯电动汽车共同实现汽车的零排放，即移动端的零排放。我国主要省市氢能产业发展及推广应用情况如表1-3所示。

表1-3 主要省市氢能产业发展及推广应用情况

省份	发展重点和特点	氢燃料电池汽车规划	加氢站规划	备注
北京	北京在发展氢能产业上已建立起一定优势。目前，氢能产业相关企业、机构数量约150家，2020年实现产值约30亿元。北京在整体的氢能产业规划方面开启了阶段性布局。2021年4月，其发布《北京市氢能产业发展实施方案（2021—2025年）》(征求意见稿）	目前推广氢燃料电池汽车超过400辆，到2025年将推广超1万辆	已建成加氢站超过5座，计划到2025年加氢站数量达到74座	北京房山区、大兴区也均已驶入发展氢能经济的快车道，助力北京氢能产业全面高效发展。面临挑战和机遇，北京氢燃料电池汽车示范推广必将进一步加快
上海	上海拥有雄厚的整车制造和八大基础材料与关键零部件优势，合计安全运营里程超2250万km，构建了完整的运营体系，形成了纯氢站、油氢合建站等多种模式并存的供氢网络。技术创新方面，由龙头企业牵头，申请了国内外多种专利	累计推广氢燃料电池汽车1908辆，计划到2025年新推广5000辆	已建成加氢站超过10座，计划到2023年加氢站数量达到100座	上海本身在提供燃料电池技术产品支持及场景示范运营上有明显优势。2021年，上海联手6市启动城市群合作项目
广东	广东是我国氢能发展的重要一极，深刻影响国内氢能产业发展进程，广东多个城市在推动国内氢能产业高质量发展方面起到了标杆作用。目前佛山已形成从制氢、储氢、加氢到零部件、整车制造的完整产业链，展开了规模化的燃料电池汽车商业化示范；广州超前布局氢能产业核心技术，提出打造"中国氢谷"；东莞、茂名等城市也在加紧布局相关产业	目前有氢燃料电池汽车超过2500辆，规划到2025年达到10000辆	已建成加氢站30座，规划2025年建设200座	积极推进国家燃料电池汽车示范城市群建设，氢能市场将进一步打开、放大，氢燃料电池汽车推广将规模化放量，整个氢能产业有望在未来5年内趋向成熟。着力推进氢能产业链培育工程，全力打造环江沿海"氢"走廊
河北	河北"十四五"规划中对推进氢能发展做出相关指示，未来将从技术突破与创新、基础设施建设、产业链完善、企业培育、推进商业化、多产业融合、示范城市打造等7个方面，全方位多角度推进河北省氢能产业健康有序发展。河北省氢能产业发展在逐步迈入新阶段	当前运行氢燃料电池公交车已超300辆，计划在2022年推广至4000辆	建成加氢站超过8座，规划在2022年建成30座	河北2021年有85个氢能重点推进项目，涵盖制氢、氢能装备、加氢站、燃料电池、整车/专用车生产、应用示范、技术研发等氢能全产业链，总投资约405.41亿元

(续)

省份	发展重点和特点	氢燃料电池汽车规划	加氢站规划	备注
山东	山东10年打造成国家氢能与燃料电池示范区,现已形成了全省氢能产业发展的路线图、施工表,确定了技术研发、产业发展、推广应用等3大类11个具体指标,分别测算了近、中、远期发展目标。同时,山东聚焦创新平台、装备制造、基础保障、示范应用等关键环节,规划布局了济南莱芜绿色智造产业城、青岛中德氢能产业园、潍坊燃料电池发动机制造基地、淄博燃料电池用质子交换膜产业化、东营可再生能源电解水制氢示范等一批带动引领作用强的重大示范项目	目前有氢燃料电池汽车超过300辆,规划到2025年推广至10000辆	已建成加氢站超过10座,规划到2025年建设加氢站100座	山东发展氢能产业优势明显:资源得天独厚、技术创新能力强、产业基础坚实等。其中,淄博是全国重要化工基地,拥有齐鲁石化、山东铝业、海力化工等企业。未来,淄博以东岳集团、山东工业陶瓷研究设计院有限公司、吉利商用车集团、北京亿华通科技股份有限公司等为依托,开展核心技术攻关,加快建设氢燃料电池关键零部件规模化生产基地
河南	河南省现已初步搭建起一条包含制氢、储氢、加氢站、膜电极、电堆、车载储氢瓶、整车等多个领域的燃料电池汽车产业链。2021年3月,河南省印发《河南省2021年补短板"982"工程实施方案》,其中共有6个氢能与燃料电池项目入选	目前有氢燃料电池汽车超过300辆,规划到2025年推广至5000辆	已建成加氢站超过8座,规划到2025年建设80座加氢站	6大氢能项目的逐步实施与落地,将进一步助力河南省的产业转型升级与生态保护,同时也将加速其氢能产业的完善与发展
江苏	地处长三角地区的江苏省,经过多年发展,现已初步形成涵盖氢气制备和储运、电堆及核心零部件、电池系统、整车制造和加氢站建设运营等较为完整的产业链,南京、苏州、南通等城市聚集了一批产业链关键环节的知名企业,如苏州金龙、苏州弗尔赛、南通百应、江苏重塑、国富氢能、南京金龙等	目前有氢燃料电池汽车超过300辆,到2025年突破1万辆	已建成加氢站超过8座,2025年建设50座加氢站	江苏氢气资源丰富、应用场景广泛,在发挥现有产业链的基础上,将不断拓展氢能应用场景,形成一定的示范效应

(续)

省份	发展重点和特点	氢燃料电池汽车规划	加氢站规划	备注
浙江	浙江加速推进氢燃料电池汽车产业发展。2021年7月初,浙江发布《浙江省加快培育氢燃料电池汽车产业发展实施方案(征求意见稿)》,提出到2025年,在公交、港口、城际物流等领域推广应用氢燃料电池汽车接近5000辆,规划建设加氢站接近50座;同时着力打造两条"氢走廊"——"环杭州湾"氢走廊和"义甬舟"氢走廊;并支持部分地区打造氢能产业示范区	目前,投入运营氢燃料电池公交车100辆,规划到2025年推广5000辆	已建成加氢站超过5座,规划到2025年建设加氢站50座	浙江氢能产业链主要企业有美锦国鸿、氢途科技、天能氢能源、德燃动力、浙江氢谷、高成绿能、畔星科技、浙江润丰、锡力科技、锋源氢能、杭州新亚等
安徽	培育3~5家有重要影响力的新能源汽车整车企业和一批具有全球竞争力的关键配套企业,新能源汽车及关键零部件技术整体上达到国际先进水平,新能源汽车在公共服务等领域得到广泛应用,基本形成"纯电动为主、氢燃料示范、智能网联赋能"的发展格局	目前有安凯约20辆大巴示范,至2025年,氢燃料电池汽车达600辆,船舶10艘;到2030年,氢燃料电池汽车达到3000辆	目前有加氢站1座,至2025年数量达到5座,2030年达到15座	以合肥、六安、铜陵、芜湖等市为重点的燃料电池产业集聚区,鼓励燃料电池核心零部件企业开展燃料电池汽车技术应用和产业化,筑牢配套体系基础
四川	积极发展氢能产业,冲击千亿产业规模。全省已出台相关政策20余项,聚集100余家企业和科研院所,掌握制氢、储氢、运氢、加氢等核心技术,形成了完整产业链,其中成都已逐步聚集形成氢燃料电池汽车产业生态的基础	到2025年,燃料电池汽车(含重卡、中轻型物流车、客车)应用规模达6000辆	已建成加氢站8座,到2025年将建成60座,建设氢能分布式能源站和备用电源项目7座	四川推进产业发展重视发挥当地名企的"示范带动"作用,东方电气、金星集团等企业已将发展氢能产业作为二次创业的重要板块
重庆	2021年,重庆以两江新区和九龙坡区为发力点,密集通过招商引资完善氢燃料电池产业链。引入清能股份、国鸿氢能、鸿基创能等7家头部企业"落脚"九龙坡区拟建氢能科技产业园等;政策方面,其已发布氢燃料电池汽车发展指导意见	氢能市政环卫车已上路示范,正打造氢能轻卡示范;到2025年,运行规模力争达到1500辆	4月集中开建首批3座加氢站,到2025年,建设加氢站15座	重庆的目标是立足氢能资源与汽车产业优势,通过培育完备产业链,将自身打造成具有全国影响力的氢燃料电池汽车产业基地

(续)

省份	发展重点和特点	氢燃料电池汽车规划	加氢站规划	备注
辽宁	大连是辽宁省重要的氢能产业研发和生产基地。成立氢能发展领导小组、印发系列相关政策文件、成立氢能促进协会等，多举动构建氢能产业发展基本生态环境。大连凭借原有技术与资源优势，已形成"一廊三园七区"的氢能全产业链空间布局新格局	目前运营车辆超过20辆，规划到2025推广至1000辆，到2035年达57000辆	已建成加氢站超过3座，规划到2025年建设30座，到2035年达80座	大连自贸片区氢能产业园项目也已正式开工建设，以构筑起完整的集科研、孵化、制造、示范、应用、推广于一体的氢能生态体系
天津	天津氢能产业发展加速。具有工业副产氢优势和电堆等技术，同时还推进关键零部件配套企业落地和本土配套企业壮大。天津拥有中石化、渤海化工、法液空等重点企业，可为京津冀燃料电池汽车产业发展提供充足优质的氢源。关键零部件类企业有新氢动力、氢璞创能、华清能源、盈峰环境、杭叉集团、苏州擎动、中集安瑞科、东莞氢宇等	到2022年，推广氢燃料电池汽车1000辆以上	已建成加氢站1座，到2022年建设10座	天津还已制定了推广氢燃料电池汽车的目标和相关产业链的补贴细则，随着政策逐步实施，天津在氢能领域有望释放出更大发展机会
湖北	湖北是我国燃料电池汽车推广的重要一极，武汉等在科研力量、企业发展、制氢储氢及加氢站建设方面实力雄厚。科研方面，湖北集聚有华中科技大学、武汉理工大学、中国地质大学和东风公司等氢能产、学、研机构；拥有武汉泰歌、武汉雄韬氢雄、武汉众宇、武汉氢阳等企业	目前，运营氢燃料电池汽车达100辆，规划到2030年达2万辆	已建成加氢站超过6座，规划到2030年建设50座	国电投也正在湖北武汉建设华中氢能产业基地，部分项目2021年7月启动；加氢站方面已有多座正式投运，积极打造"氢能之都"

1.1.2 广东省产业发展现状

广东省氢燃料电池汽车产业发展起步较早，2015年佛山飞驰与亿华通联合开发氢燃料电池客车，同年10月，广东省第一辆氢燃料电池客车试制成功，开启了广东省氢能产业蓬勃发展的大幕。2016年，佛山飞驰、广东国鸿、亿华通再次合作，小批量生产氢燃料电池公交车，并于同年10月22日该批车辆启动示范运营。全国10029辆氢燃料电池汽车中广东省超过2500辆，全国占比四分之一。广东省从政策环境、技术攻关、人才引进到基础设施建设、推广应用等方面进行了一定部署，具有较好的氢能产业发展基础，具备建设世界级氢能及氢燃料电池汽车产业集群的基础条件。

1. 广东省全产业链格局初具，形成佛广深三大氢能创新核心区

广东省是氢燃料电池汽车产业先发地之一，引进培育了一批优质企业，其中佛山、广州、深圳等具备了较好的发展基础，初步形成了涵盖电堆核心材料、燃料电池系统、整车集成及氢基础设施的全链条产业体系。一是佛山确定为广东省氢燃料电池汽车示范城市群牵头城市，联合广州、深圳、珠海、东莞、中山、阳江、云浮等以及省外的福州、淄博、包头、六安等城市，组成"广东省燃料电池汽车示范城市群"。佛山引进聚集了中国科学院、浙江大学、武汉理工大学等顶尖创新资源，建设了广东省氢能技术重点实验室、仙湖实验室，集聚了产业上下游超过200多家企业，实现了超过1600辆的公交车、客车、物流车等商用车的市场化运营。二是广州围绕技术研发、检测认证、产业化项目、示范应用等环节，初步构建了氢能关键产业链条雏形。由华南理工大学、广东省燃料电池技术重点实验室、广汽、鸿基创能、中石化（广东）、氢能研发中心、恒运、雄川、清华启迪等牵头，在核心技术上不断突破，逐步推动关键部件产业化，并向上下游拓展，形成了燃料电池公交车、桶装垃圾车的示范。此外，广州引入韩国现代集团，成立现代汽车氢燃料电池系统（广州）有限公司。三是深圳依托国家能源新材料研发中心、南方科技大学、清华大学深圳研究院、哈尔滨工业大学（深圳）氢能与燃料电池研究院等创新中心，拥有通用氢能、南科燃料、氢蓝、国氢、开沃、佳华利道等100多家相关企业，具备相对丰富的氢能资源和开发技术储备。四是云浮、东莞、茂名、江门、中山、揭阳、阳江、湛江等地积极发展制氢、储氢、运氢和用氢等产业，探索工业副产氢和海上风电等多种制氢方式，培育氢能配套产业集群。全省氢能产业呈现阶梯式发展布局、集聚化发展和产学研协同推进态势。

广东省目前初步形成了"一环两带三核多支点"氢能布局（见图1-2），"一环"是大湾区创新环，引领全省氢能产业发展和氢燃料电池汽车应用的核心环和主引擎，范围为广州、佛山、深圳、东莞、惠州、香港、澳门、珠海、中山、肇庆。"两带"是以广州为中心向两侧延伸的沿海经济带，中长期全省氢能产业发展和氢燃料电池汽车应用的"氢走廊"，范围为珠三角沿海9市和东西两翼地区8市，西翼包括广州、佛山、中山、珠海、澳门、江门、云浮、阳江、茂名、湛江，东翼包括广州、东莞、深圳、香港、惠州、汕尾、揭阳、汕头、潮州。"三核"是全省氢能和氢燃料电池汽车技术创新核心城市，范围为广州、佛山、深圳。"多支点"是全省氢能和氢燃料电池汽车产业技术发展和创新应用重要支点城市，包括氢燃料电池汽车示范城市群，范围为东莞、珠海、中山、阳江、云浮、茂名、湛江、惠州、揭阳、汕头等。初步建成了佛山南海（仙湖氢谷）、佛山高明、广州黄埔（广州国际氢能产业园和湾区氢谷）、广州南沙、东莞（国青氢谷）、深圳龙华（氢能示范园区）、深圳南山、云浮思劳（氢能小镇）、茂名（氢能产业基地）、湛江等十大氢能产业基地（见图1-3）。

第1章 概述

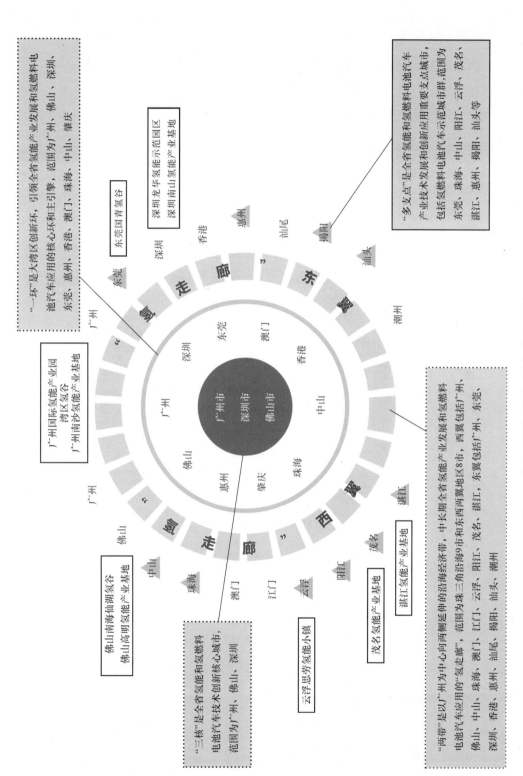

图1-2 "一环两带三核多支点"氢能布局图

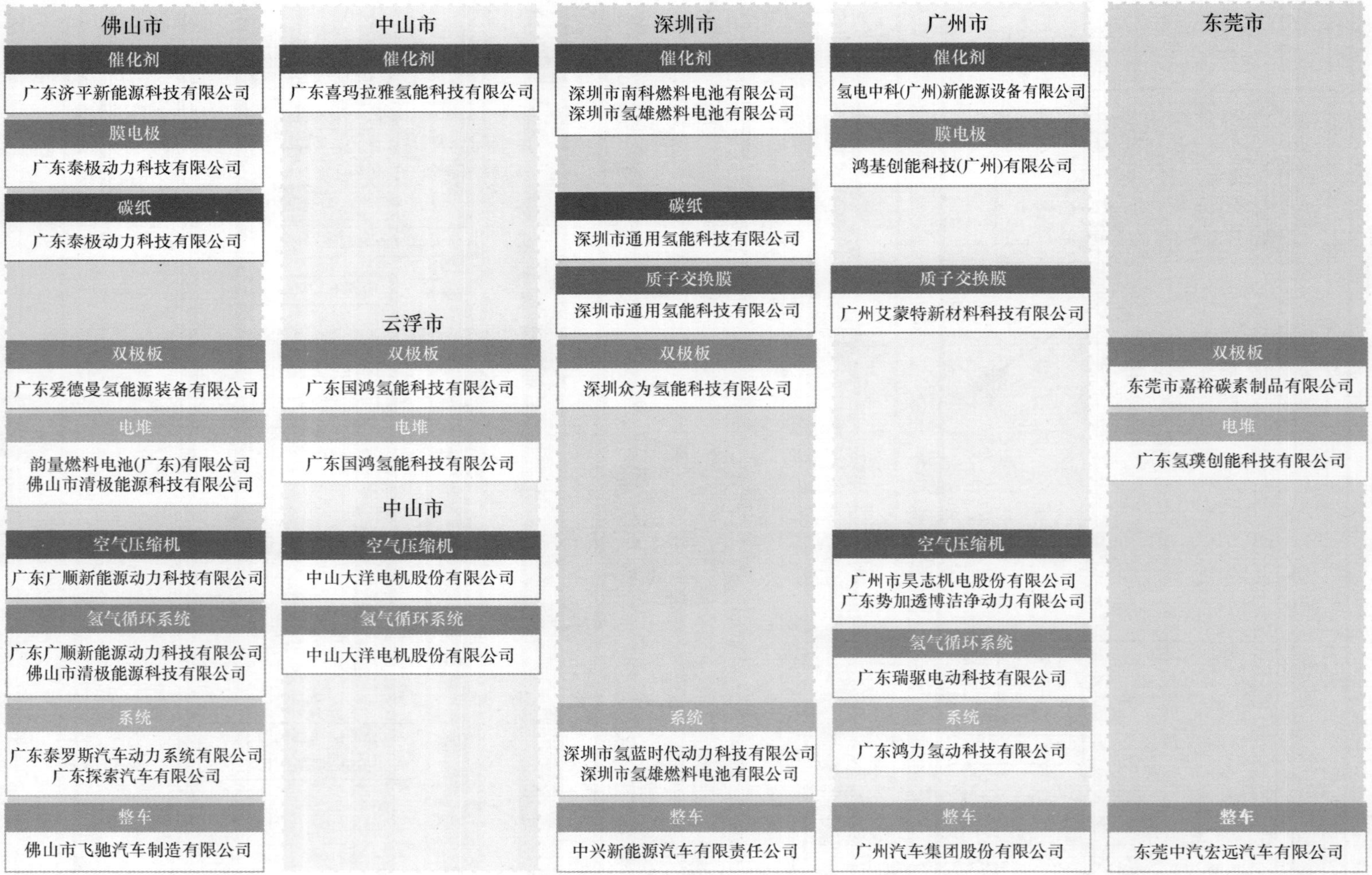
佛山市
催化剂
广东济平新能源科技有限公司
膜电极
广东泰极动力科技有限公司
碳纸
广东泰极动力科技有限公司
双极板
广东爱德曼氢能源装备有限公司
电堆
韵量燃料电池(广东)有限公司
佛山市清极能源科技有限公司
空气压缩机
广东广顺新能源动力科技有限公司
氢气循环系统
广东广顺新能源动力科技有限公司
佛山市清极能源科技有限公司
系统
广东泰罗斯汽车动力系统有限公司
广东探索汽车有限公司
整车
佛山市飞驰汽车制造有限公司
中山市
催化剂
广东喜玛拉雅氢能科技有限公司
云浮市
双极板
广东国鸿氢能科技有限公司
电堆
广东国鸿氢能科技有限公司
中山市
空气压缩机
中山大洋电机股份有限公司
氢气循环系统
中山大洋电机股份有限公司
深圳市
催化剂
深圳市南科燃料电池有限公司
深圳市氢雄燃料电池有限公司
碳纸
深圳市通用氢能科技有限公司
质子交换膜
深圳市通用氢能科技有限公司
双极板
深圳众为氢能科技有限公司
系统
深圳市氢蓝时代动力科技有限公司
深圳市氢雄燃料电池有限公司
整车
中兴新能源汽车有限责任公司
广州市
催化剂
氢电中科(广州)新能源设备有限公司
膜电极
鸿基创能科技(广州)有限公司
质子交换膜
广州艾蒙特新材料科技有限公司
空气压缩机
广州市昊志机电股份有限公司
广东势加透博洁净动力有限公司
氢气循环系统
广东瑞驱电动科技有限公司
系统
广东鸿力氢动科技有限公司
整车
广州汽车集团股份有限公司
东莞市
双极板
东莞市嘉裕碳素制品有限公司
电堆
广东氢璞创能科技有限公司
整车
东莞中汽宏远汽车有限公司

图 1-3 “广东省燃料电池汽车示范城市群”主要企业分布

2. 创新体系建设有序推进，为产业发展提供从基础、应用到服务的有力支撑

广东省围绕氢能产业创新发展需求，建成了佛山仙湖实验室——先进能源科学与技术广东省实验室佛山分中心，聚焦氢能等新能源技术，着力破解能源领域重大科学问题，突破"卡脖子"核心技术。建设了广东省燃料电池技术重点实验室（华南理工大学）等23家广东省重点实验室；广汽研究院、中广核研究院、中国能建广东院氢能技术中心等多家研究中心，氢能研究力量急剧发展；成立了广州氢能源创新中心、佛山（云浮）氢能产业和新材料发展研究院、佛山绿色发展创新研究院、粤港澳大湾区（黄埔）氢能创新中心、中山低温技术研究院等一批区域氢能创新中心；积极引入了如哈尔滨工业大学（深圳）氢能与燃料电池研究院、广东省武汉理工大学氢能产业技术研究院（广东高水平创新研究院）、北京理工大学深圳汽车研究院、电子科技大学（深圳）高等研究院、南京大学昆山创新研究院茂名燃料电池联合实验室、广州市中德氢能源研究院等一大批国内外高端创新资源以及配套引进的相关高水平人才、项目。此外，成立了"佛山燃料电池及氢能源产业创新联盟"、佛山华南新能源汽车产业促进中心、云浮（佛山）氢能标准化创新研发中心等，搭建了新能源汽车和氢能产业资源整合的专业性公共服务平台，不断提高氢能产业创新扶持力度和开放共享平台服务水平，制定了氢标准体系规划和路线图。

3. 膜电极、催化剂等关键材料和核心技术具备领先优势，产业链关键环节不断突破

通过近几年引进吸收再创新和加强自主创新研发投入，广东省在氢燃料电池汽车产业链的关键环节和核心技术不断取得突破和进步，部分领域进入国内先进水平。通过连续三年的广东省重点领域研发计划"新能源汽车""新能源"等专项的核心技术攻关，支持包括电堆、膜电极、质子交换膜、气体扩散层、催化剂、石墨双极板、金属双极板等关键材料研发，支持空压机、液驱压缩机、系统控制器、电堆系统、固态储氢装置等零部件开发，支持乘用车集成创新和示范应用。

在电堆及关键材料方面，形成仙湖实验室、鸿基创能、广东国鸿、广东泰极、南科燃料电池、华南理工大学、广东省武汉理工大学氢能产业技术研究院和南方科技大学等优势团队和企业，其中鸿基创能在膜电极技术及生产工艺等方面，建立起了国内第一条双面直涂全自动"卷对卷"涂布膜生产线，产品性能处于国际领先。中科氢动科技（佛山）、广东济平等，打通了纳米催化剂量产的所有环节，形成单批次千克级产能，具备高效纳米催化剂产品生产能力。仙湖实验室引进武汉理工大学唐浩林团队，以"复合质子交换膜产业化技术开发"等项目为抓手，结合微观原位成膜过程研究的基础，对高性能全氟磺酸树脂等核心技术攻关，积极推动质子交换膜产品开发与工程试制，项目完成后，产品复合膜在厚度、强度等关键指标上有望优于国内领先企业。深圳市通用氢能通过优化气体扩散层结构，开发气体扩散层的生产工艺，实现了小批量试制；团队有望形成具有完全自主知识产权的碳纸技术，率先打通"国产碳纤维-碳纸-气体扩散层"链条，建立国内首条具有完全自主知识产权的碳纸生产线，气体扩散层产品的厚度、透气率等性能指标达到国外商业化产品水平，有望实现国产替代。

在燃料电池系统方面，广东清能、广顺新能源等积极布局，佛山清极、深圳雄韬、广州雄川、国鸿重塑、深圳氢蓝等布局氢气循环系统、DC/DC升压变换器和系统集成，均实现了量产销售。

在整车集成方面，飞驰、开沃等已初步具备客车整车集成技术，在稳定供氢、续驶里程、动力性能等关键指标上取得商用性突破。广汽已开展乘用车动力系统平台化拓展，攻关了高集成、长寿命及高效率的系统，发布氢燃料电池乘用车 Aion LX Fuel Cell，并在黄埔区等开展示范运行。

在氢能基础设施方面，东莞巨正源、茂名东华的丙烷脱氢制丙烯项目副产物氢经过提纯可提供大量的高纯度氢，可提供 2.8 万 t/年的氢气产能；深圳埃森副产氢将达到 40t/天的产能。北京科泰克储氢罐项目、中鼎恒盛氢气压缩机、上海舜华车载储氢及加氢设备项目的引入，加强了广东省在氢储运技术和设备方面的实力。在储氢模式上，中科富海（中山）、鸿达兴业、大洋电机、广州供电局等不断探索液态/固态储氢新模式；中山引入中科富海打造氢液化装备集群；佛山积极引入镁格氢动（苏州）氢化镁产业化项目。

4. 氢能产业部分环节薄弱，存在关键材料和核心技术受制于人的问题

近年来，广东省在政策、项目、资金等方面引导鼓励氢能技术攻关和产业发展，在关键零部件和技术开发方面取得一定突破，但与发达国家和地区相比，关键零部件部分依靠进口，目前燃料电池的关键材料包括催化剂、质子交换膜、碳纸以及金属双极板等大都采用进口材料；关键组件制备工艺急需提升，膜电极、双极板、氢循环泵等和国外存在较大差距；一些核心环节的核心设备尚未部署，如氢制冷循环设备、高压气氢/液氢储罐、隔膜压缩机、转注离心泵、加氢枪、减压阀、压力传感器等；关于氢品质、储运、加氢站和安全标准较少，氢气品质检测和氢气泄漏等重要测试装备欠缺，权威检测认证机构尚未形成。

5. 产业发展依然面临障碍，发展环境有待进一步优化

目前，广东省氢能产业发展的政策和环境正在逐步健全。一是制造和使用成本高。由于制氢和储运环节多，存在一定风险，且关键零部件较多、系统较复杂，面临用材特殊、制作工艺烦琐、设备体型大等瓶颈问题。目前氢基础设施及储运系统的大规模建设仍比充电桩成本高，在纯电动汽车适合的区域和环境中，使用氢燃料电池汽车的经济性较差。但据日韩等国的发展情况和趋势看，随着燃料电池、氢供应链等核心技术的成熟和大规模应用，将推动氢燃料电池汽车制造和使用成本大幅降低。二是缺乏顶层设计和省级规划，如氢气的运输和使用仍受限，将氢能作为能源管理而非危化品处理也提上计划，但相关技术

标准和操作规范不健全，应用基础较差。三是氢气安全认知问题。社会上仍然存在"谈氢色变"现象，然而，对比气密性测试、系统碰撞试验、泄漏点火测试等试验结果显示，氢气其实还没有汽油、天然气危险系数高，只要按照规范操作和使用，氢安全是可控的。

6. 氢能基础设施建设全国领先，建、改站规划和氢气供给体系有待健全

目前，广东省已建成加氢站达61座，约占全国总数的一半，2025年规划建设加氢站200座，建设速度居于全国首位。其中，多数位于佛山，广东省其他地市氢基础设施建设起步较晚但发展迅速，审批建设、安全监管、使用规范等还需加强和完善，加氢站网络体系和使用规范制度不完善，缺乏统筹规划，是制约广东省氢能及燃料电池汽车产业发展的重要问题。加氢站不足成为氢燃料电池汽车发展的重要制约因素。包括广东省在内的其他主要省市的氢燃料电池汽车刚刚起步，加氢站的相关经营即使在补贴后仍较困难，加氢设备产业化能力不足、成本偏高，进口设备较多，维护成本高，加油站改造的技术规范尚未建立，高速公路建设预留加氢站位置尚未得到执行，基础设施不足又反过来影响氢燃料电池汽车的推广应用。此外，合理的商业化推广模式仍不成熟，目前，广东省有丰富、低成本的氢气来源，但储运综合成本高，能源应用产业链尚不健全，相关管理机制和服务体系尚未建立。

1.2 技术创新和产业化的重大意义

随着全球能源消费结构向低碳化转型，世界多国提出零碳目标，中国也提出碳达峰和碳中和时间点，燃油汽车最终退出全球市场的时间也在逐渐"逼近"，欧盟也宣布将本来2050年实现新增汽车零排放目标提前到2035年。全球各大车企都积极布局氢燃料电池汽车的研发和技术储备，并形成了以丰田、本田、现代为代表的氢燃料电池乘用车企业，引领乘用车市场的发展，以普拉格、尼古拉为代表的商用车企业也正在蓬勃发展。我国发展氢燃料电池汽车是顺应全球汽车产业生态变革趋势，也是实现我国汽车工业由大变强、提高汽车产业全球竞争力的重要途径之一。

1. 有利于加速能源变革，是促进广东省能源结构优化的战略方向

能源是人类经济与社会发展的基础，能源的清洁替代是发展必然趋势。广东省作为全国经济大省，能源消费需求大，开放程度高，投资活跃，面临良好的发展机遇，广东省能源转型的根本任务是构建清洁、高效、低碳的新型能源体系。能源发展从低碳化向无碳化转变，秉持创新、协调、绿色、开放、共享的发展理念，氢燃料电池的转化效率可达60%，可作为电、热、气等能源互联的媒介，是未来实现跨能源网络协同优化的重要途径。据世界氢能委员会的预测，到2050年全球终端能源需求的18%将来自氢能，氢能在交通、电力、建筑等领域都将是主要能源之一，氢能市场规模也将超过2.5万亿美元，广东省将形成万亿元直接产值规模。随着氢能等终端能源在能源体系中的占比提高，加快能源结构调整步伐，大力发展氢能等绿色低碳能源，着力优化能源结构，建设清洁低碳、安全高效的现代能源体系成为目标。发展氢能是能源转型的战略制高点，且提供了巨大的产业机遇，为广东省新能源产业、现代交通产业及融合产业发展带来强劲动力，对优化能源结构、建设安全高效的现代能源体系具有重大意义，同时是实现节能减排、打赢蓝天保卫战、建设湾区清洁宜居城市群的有力保障。

2. 有利于发展低碳经济，是大力建设清洁宜居城市群的关键环节

氢气是能源生产、货物运输、碳排放、储能、化工的绿色解决方案，是多领域连接纽带和基石。从能量储存角度，氢能可以高效地长期储存过剩的可再生电能。从能源运输角度，氢气是理想的清洁载体，液态氢气可以远距离运输能源，从可再生能源丰富的位置运输到能源稀缺位置。从电气化角度，可以降低对化石燃料的过度依赖，为火车提供能源，可用于钢铁制造或化学品生产行业。氢气可以促进可再生能源利用，加快能源转型速度，是全球能源的绿色解决方案。发展氢能产业是国家新能源战略的重要组成部分，有利于极大促进低碳经济发展，是新基建、城市群等国家发展政策的有力支撑，通过构建氢能高速、氢能港口、氢能园区、氢能体验区、氢能社区等示范，可以催生出氢能社区、氢能电站、能源互联网等新产品、新业态，有利于申报"氢进万家"科技示范工程，有效推动广东省建立清洁宜居城市群。

3. 有利于构建绿色交通，是实现大湾区现代交通体系的核心要素

绿色氢能交通是广东省"新能源未来"的重要组成部分。氢燃料电池汽车具有零排放、续驶里程长、能量转换效率高、氢气加注时间短等优点，美国、欧盟、日本、韩国、加拿大等积极加快相关布局。我国计划在2035年建成交通强国，广东省计划在2025年建成交通强省，构建绿色、高效的现代交通系统，氢能在汽车船舶方面的应用将越来越广泛，全面的氢能建设也将大幅度降低广东省的碳排放量。当下氢能的主要应用形式之一是在燃料电池交通产业，预测到2030年，氢燃料电池技术性能可超过内燃机。发展基于氢燃料电池的未来交通体系，大力发展氢燃料电池汽车、无人机、轨道交通、船舶等综合交通生态，是构建粤港澳大湾区现代交通体系的核心要素。

4. 有利于培育未来产业，是打造世界级汽车产业集群的重要支撑

在氢能的开发和利用中，难度最大、最典型的应用场景是氢燃料电池汽车，氢燃料电池汽车是氢能利用的技术突破口，其发展被视为带动氢能作为能源产品实现突破式发展的关键。发展氢燃料电池汽车是全球动力转型的重大战略方向，是构建绿色低碳产业体系的核心构成，对引领绿色低碳技术创新、打造战略新兴产业和构建低碳交通体系至关重要，有利于广东省培育战略性未来产业并提高全球竞争力。预计到2025年，一批氢能重点项目将顺利完成投产，广东省氢能产业链年产值达500亿元。到2030年，广东省氢能产业将形成覆盖制氢、氢能装备、加氢站、氢燃料电池、整车及应用的完整产业链，氢能关键装备及其核心零部件基本实现自主化和批量化生产,氢能产业链年产值达 5000 亿元。

1.3 路线图的目的和范围

《广东省新能源汽车技术创新路线图》(第一册)(简称《路线图》),按照中共广东省委十二届六次全会和全省科技创新大会部署,落实《广东省人民政府关于加快新能源汽车产业创新发展的意见》(粤府〔2018〕46 号)以及《广东省重点领域研发计划实施方案》等政策,结合广东省氢燃料电池汽车技术基础和产业特征,分析国内外氢燃料电池汽车的技术现状和产品现状,研判关键技术和核心部件的发展趋势,探讨广东省氢燃料电池汽车技术发展的总体目标与发展路径,提出行动计划,以期为广东省氢燃料电池汽车领域的关键技术创新、产业化发展路径和技术发展优先级提供明确指引,为政府相关部门科技计划项目立项和重点领域资金投入提供科学依据,同时为产业技术发展方向布局提供重要参考。

《中国制造 2025》《节能与新能源汽车技术路线图 2.0》为氢燃料电池汽车指明了发展方向和途径。《广东省人民政府关于加快新能源汽车产业创新发展的意见》(粤府〔2018〕46 号)为广东省氢燃料电池汽车的发展制定了具体路径:通过技术攻关和引进吸收方式强化广东省在氢燃料电池关键核心技术、产品创新平台等方面的研发创新能力;通过产业技术创新联盟整合整车企业、高等院校、科研院所、关键零部件企业等资源,共同推进广东省氢燃料电池汽车产业发展。

为了进一步细化省委、省政府的战略举措,坚持创新引领、抢占氢燃料电池汽车技术创新高地,提出氢燃料电池汽车技术创新框架,促进新技术、新工艺的发展,引导广东省企业的创新活动,受广东省政府、省发展改革委委托,编委会多次组织专家持续深入开展了《路线图》研究,以明确广东省氢燃料电池汽车技术创新中长期发展目标,为产业发展提供参考意见。

1.3.1 编制目的

1. 研判前沿技术,指明创新方向

《路线图》结合广东省氢燃料电池汽车技术基础和产业特征,分析国内外氢燃料电池的技术现状和产品现状,研判关键技术和核心部件的发展趋势,有助于广东省氢燃料电池跟进国外前沿技术,进一步实现燃料电池汽车的高性能、长寿命和安全可靠,并通过规模效应来实现产品的低成本、标准化和竞争力。《路线图》根据研判的前沿技术,为广东省内从事氢燃料电池汽车相关的企业、研究机构、高校等提供方向指引,引导社会资本、政府资金流向氢燃料电池的核心技术和产品,培养产业链中各核心产品和企业,以期能打造产业的创新高地。

2. 形成行动指南，提高科研产出

《路线图》的编制，为在广东省进行氢燃料电池汽车相关产业投资的集体或个人提供一份相关技术创新和产业发展现状和趋势的概述，为政府相关部门科技计划项目立项和重点领域资金投入提供科学依据，形成培育氢燃料电池汽车相关产业经济增长点的项目投资指南。《路线图》的编制，有利于提高科技投入产出效率，降低投资风险，包括政策决策、投资决策、合作决策和战略技术决策等。通过《路线图》发展愿景，可以有效引导创新资源集聚，在不同时期和领域进行合理的投入，为加快产业技术进步提供有力保证。

3. 促进成果转化，引领产业发展

通过市场拉动和技术推动的有机结合，以及对技术和产业发展的目标分析，发现技术壁垒及其创新需求，再通过凝练创新需求并与市场需求、产业目标进行衔接，从而保证了创新需求及其成果的应用前景。提出广东省氢燃料电池汽车技术发展的总体目标与发展路径，制订行动计划，以期为广东省氢燃料电池汽车领域的关键技术创新、产业化发展路径和技术发展优先级提供明确指引，同时为产业技术发展方向布局提供重要参考。

4. 提升管理水平，优化发展环境

通过《路线图》的编制，使政府、行业、企业、高校和科研院所等有关领导与专家在科技发展的管理理念上更注重市场和发展环境，在管理方法上掌握科学的战略管理工具，为科学决策、合理规划提供重要参考。通过《路线图》的编制，使得氢燃料电池汽车产业在政策、标准、安全规范、管理机制等方面进一步完善，创新资源进一步集聚，创新要素在湾区更好地流动，通过强化鼓励创新的措施，不断优化产业技术发展环境。

1.3.2 编制范围

《路线图》以技术创新体系为核心，通过创新能力建设、创新环境建设和关键技术研发，形成产业集聚、应用示范推广等，推动全产业链体系的完整建设，推动氢燃料电池汽车产业高质量发展，实现广东省氢燃料电池汽车产业的领先发展。氢燃料电池汽车技术创新体系如图1-4所示。氢燃料电池汽车的关键技术主要包括燃料电池电堆技术、燃料电池系统技术、整车技术和氢能基础设施技术，其细分技术点如图1-5所示。

《路线图》旨在构建技术创新体系，编研内容围绕产业链核心基础零部件、关键基础材料、先进基础工艺、前沿产业技术等方面，形成包括氢燃料电池电堆、系统、整车和氢基础设施四大领域，从解决关键材料、基础零部件、创新工艺体系、系统集成技术等方面重点分析氢燃料电池汽车关键领域和广东省的短板，针对国家重大需求、广东省产业特点和基础，从技术现状、技术目标、创新需求等详细分析37个技术点并凝练创新需求；统筹推进补齐短板和锻造长板，针对产业薄弱环节，实施好关键核心技术攻关，加快提升氢能产业链、供应链现代化水平，确保产业链、供应链的"自主可控、安全可靠"；关键技术和基础技术的创新突破，可帮助广东省氢燃料电池汽车技术达到自主可控、占领氢燃料电池汽车技术创新高地、为培育国际领先企业助力的目标。

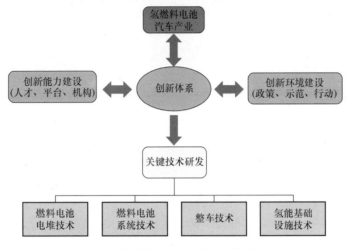

图 1-4 氢燃料电池汽车技术创新体系

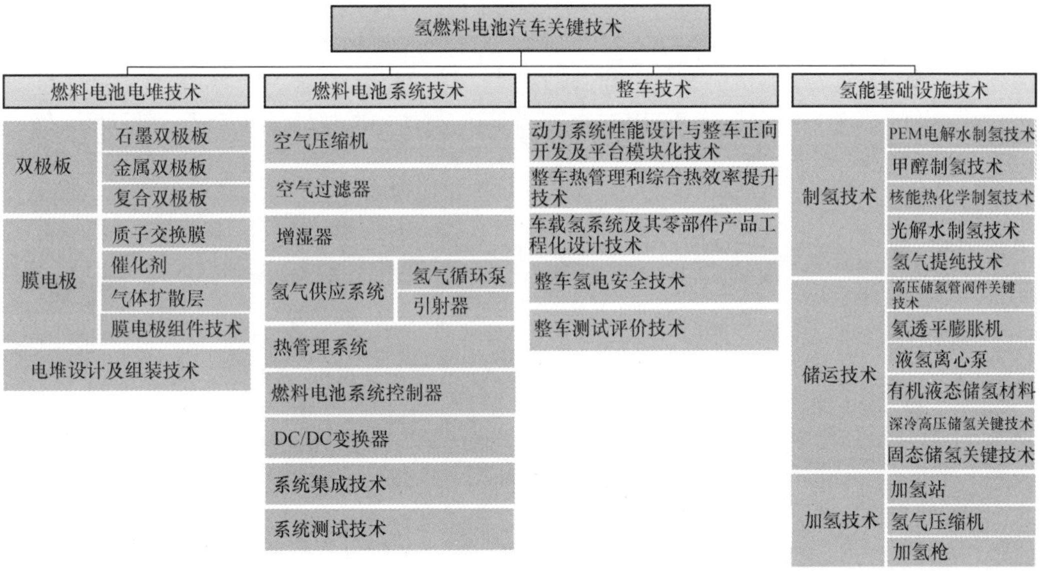

图 1-5 氢燃料电池汽车关键技术

第2章

技术发展现状与趋势

2.1 发展历程

燃料电池发电技术已有近200年的历史，经历了大约四次研究热潮和三次低谷，目前正处于规模应用的初级阶段。

第一次热潮。1839年，英国科学家W. R. Grove发表了世界上第一篇有关燃料电池的报告，报告中的单电池用铂为电极、氢为燃料、氧为氧化剂，并指出强化气体、电解液与电极之间的相互作用是提高电池性能的关键。1889年，L. Mond和C. Langer采用浸有电介质的多孔非传导材料为电池隔膜，以铂黑为催化剂，以钻孔铂或金片为电流收集器组装出燃料电池；该电池以氢为燃料、氧为氧化剂，工作电流密度为3.5mA/cm^{2}时输出电位为0.73V，其结构已经与现代燃料电池很接近。随后，W. Ostwald等人采用煤等矿物质作燃料，利用燃料电池原理发电，但未取得成功。此外，由于这一时期热机过程的研究取得成功并迅速得以推广应用，燃料电池在随后的数十年里没有实质进展。

第一次低谷。1890年时热机过程的迅速应用，导致了燃料电池研究出现第一次低谷。由于内燃机中燃料的革新，使内燃机成为一种功率大、体积小、重量轻、转速快、效率高的新式动力机。内燃机的出现及大规模应用，引起了陆路运输史上的一场革命，汽车工业由此诞生。同时，也引起了海上运输和铁路运输的革命，大规模、远距离航海、铁路运输随之开始。然而，燃料电池作为动力尚未在交通运输中应用，相关研究处于长期低谷时期。

第二次热潮。1923年，A.Schmid提出了多孔气体扩散层电极的概念。F.T.Bacon提出了双孔结构电极的概念，并利用非贵金属催化剂和自由电解质，成功开发了中温培根型碱性燃料电池（AFC，200℃）。基于AFC，20世纪60年代，Pratt & Whitney公司成功研制出了阿波罗（Apollo）登月飞船上作为主电源的燃料电池系统。1932年，G.W.Heise等以蜡为防水剂制备出憎水电极。50年代后，美国通用电气公司和联合碳化物公司分别利用聚四氟乙烯作为多孔气体扩散层电极内的防水剂，并成功制备了憎水电极。60年代初，美国通用电气公司研制出以离子交换膜为电解质膜、高铂黑作为电催化剂的质子交换膜燃料电池（PEMFC），并于1960年10月成功应用于双子星座（Gemini）飞船，作为飞行主电源。同期,杜邦(Du Pont)公司成功开发含氟磺酸型质子交换膜;通用电气公司采用这种膜组装的 PEMFC 运行寿命超过了 57000h,但由于成本原因,在美国航天飞机的电源竞标中失败,导致燃料电池的相关研究出现第二次低谷。

第二次低谷。1960 年通用电气公司在美国航天飞机的电源竞标中失败,导致了燃料电池研究出现第二次低谷。但由于其在能源利用效率和无污染、无排放等方面的先天优势,氢燃料电池技术路线依然被广泛认可。1973 年石油危机后,提高燃料有效利用率的呼声日高,同时人们也认识到,化石燃料只有经过重整或气化转化为富氢燃料,才适用于燃料电池发电系统。在这一时期各大公司相继开发了以净化重整气为燃料的磷酸型燃料电池(PAFC),以净化煤气、天然气为燃料的熔融碳酸盐型燃料电池(MCFC)和以固体氧化物为电解质的固体氧化物燃料电池(SOFC)。

第三次热潮。1983 年,加拿大国防部认为 PEMFC 可以在室温下快速起动,可以广泛地应用于军事场景,便斥资支持巴拉德动力系统公司研究 PEMFC。于是出现新一轮的研究热潮,经过多年攻关,相继解决电极结构立体化、大幅降低催化剂铂用量、电极-膜-电极三合一组件(EMA)的热压合等一系列技术难题,大大促进了燃料电池技术的发展。1993 年,加拿大巴拉德动力系统公司研制出了世界上第一辆以燃料电池为动力源的公共汽车。2002 年,美国福特汽车公司推出了第一款以 PEMFC 和镍氢蓄电池作为动力源的混合动力汽车。2003 年,来自德国奔驰汽车公司的 3 辆 CITARO 燃料电池客车开始在北京示范运行。2006 年世界上第一款供日常使用、接近零排放的氢动力驱动宝马氢能 7 系豪华高性能轿车亮相柏林。2008 年,日本本田汽车公司生产的 FCX Clarity 首款氢燃料电池汽车用于租赁业务。

第三次低谷。在全球主要发达国家相继研究氢燃料电池汽车并推出样车后,早期规划的大规模产业化并未实现,燃料电池汽车在试验阶段能稳定行驶,但放到马路上不到一个月,包括芝加哥、北京等多地的示范车全部垮掉,行业意识到燃料电池尚不适用于汽车的工况。最终,通过 7 年左右时间,解决了燃料电池的工况适应性问题,燃料电池比功率达到了 2kW/L,在零下 30℃也能实现储存和起动,基本上满足了车用要求。

第四次高潮。从 2013 年开始,多款燃料电池汽车实现商业化,进入到商业推广阶段,同时,氢基础设施开始布局建设并投入使用。2013 年,韩国现代汽车公司开始批量生产 Tucson FCEV 燃料电池汽车。2014 年,现代公司推出了世界首款大规模量产的氢燃料电池混合动力汽车 ix35,日本丰田公司推出量产版本的氢燃料电池汽车 Mirai,标志着 PEMFC 汽车已经具备商业化应用条件。2018 年现代公司发布了新一代氢燃料电池汽车 NEXO,2020 年丰田公司发布了 Mirai 2,标志着氢燃料电池汽车已经进入量产迭代升级阶段。

燃料电池从原理到技术成熟后运用于氢燃料电池汽车的发展历程总体呈现以下趋势:

氢燃料电池历史悠久、经历三次低谷,但技术发展整体呈现加速发展态势。从 Grove 研究报告到第一台现代意义上的燃料电池出现花费了 50 年,然后耗时 70 年才实现第一次

第2章 技术发展现状与趋势

正式应用;经过约40年的发展,出现了第一款以PEMFC为动力源的混合动力汽车;但仅用了约12年时间就实现了乘用车的量产。由此可见,氢燃料电池技术发展过程呈现明显的加速发展趋势。当前世界主要发达国家都从国家层面布局了氢能及氢燃料电池技术的发展战略,因此氢燃料电池技术将会获得进一步的发展。

燃料电池汽车技术已基本成熟,处于商业化应用初期和量产降本阶段。乘用车用氢燃料电池系统寿命已经超过10000h,商用车已经超过20000h,达到乘用车和商用车的使用寿命要求;车载储氢、车载发电、动力匹配、用氢安全等核心技术问题都得到了有效解决,氢燃料电池汽车也符合当前人们的使用习惯。氢能应用已经达成广泛共识,氢燃料电池汽车有助于降低碳排放和减小汽车排放对大气的污染,已经得到世界主要发达国家的重视;但乘用车氢燃料电池系统价格为5000~7000元/kW、商用车约为8000元/kW,导致氢燃料电池汽车整体价格非常高,因此量产降本是燃料电池汽车发展的主要任务。

燃料电池汽车技术迎来从量变到质变的发展阶段,将推动世界能源格局变革。近几年,世界主要国家相继发布氢能发展战略,并重新大量投入资金予以关键技术研发和推广应用,未来氢燃料电池汽车整车技术将产生质变,迅速达到并超越现有内燃机的技术和经济水平。全球主要国家通过将氢能技术应用到多个领域,推动氢能加快实现能源变革,2021~2030年是发展氢能和氢燃料电池汽车的战略机遇期和历史关键阶段,未来氢能社会将加速到来。

2.2 发展现状

2.2.1 国外技术现状

现阶段,世界主要发达国家氢燃料电池汽车在性能、可靠性、寿命和环境适应性等方面满足了商业化的需求,日本、韩国、加拿大、德国、美国等在燃料电池汽车领域保持领先地位。

在电堆方面,丰田纺织金属双极板、加拿大巴拉德和美国POCO石墨双极板代表了目前两大技术路线;日本田中贵金属、英国Johnson Matthery、德国BASF、比利时Umicore等在催化剂领域全球领先;美国Gore和3M、德国BASF、日本旭化成等在质子交换膜领域世界领先。在燃料电池系统方面,美国霍尼韦尔(盖瑞特)的空压机技术表现突出;德国普旭和KNF的氢气循环系统性能优越,占据了全球90%以上的市场;韩国KOLON和日本丰田的水热管理技术世界领先,冷起动温度均为-30℃;日本丰田和本田、美国普拉格动力和Bloom Energy、德国戴姆勒、瑞典PowerCell、英国Intelligent Energy、荷兰Nedstack、韩国现代等均具备了较为成熟的燃料电池系统集成技术,电堆及系统功率密度等性能领先全球。在整车集成方面,欧盟、日本车企在氢燃料电池汽车车载工况下的使用寿命世界领先,乘用车可达5000h以上,商用车可达18000h,整车0~100km/h加速度小于10s,实现

低温 -30℃冷起动。日本、美国、德国等在车载储氢系统、加氢口、排气装置、氢气泄漏检测和氢电安全等方面布局较早，相关产品性能也较为可靠。在氢气制储运用方面，日本、德国、美国的相关技术水平处于世界领先地位，高压气氢和液氢储运均较为成熟，日、美、德等国已将液氢的运输成本降低到高压氢气的八分之一，其Ⅳ型瓶已成熟应用数十年。在氢气分离纯化设备、超高压氢气储运装置、隔膜压缩机、高压气态/液态加氢枪、车载深冷高压储氢供氢系统等核心部件及装备开发方面处于世界领先地位。

2.2.2 国内技术现状

现阶段我国燃料电池汽车技术整体处于跟跑状态，部分技术指标接近世界先进技术水平，在氢燃料电池电堆、燃料电池系统、整车集成和氢能基础设施等方面初步形成了技术创新体系。在电堆方面，大连新源动力自主开发的氢燃料电池电堆单项性能达到国际先进水平；上海治臻的S05B金属双极板，其对应电堆的体积比功率超过3.3kW/L，电堆运行寿命超过5000h；北京氢璞、浙江爱德曼等的金属双极板，功率密度达到2.0kW/L以上。在燃料电池系统方面，北京氢璞具有自主知识产权的水冷燃料电池系统；北京萱柯氢能已成功研发出燃料电池专用防冻液；亿华通、新源动力、中氢科技、上海捷氢等企业拥有比较先进的燃料电池系统集成技术；国内氢气循环泵方面主要依赖进口，部分技术尚存在差距。在整车集成方面，我国以氢燃料电池客车、物流车、特种车等商用车为主，具备整车生产能力；氢燃料电池乘用车开发方面，上汽集团率先发布了荣威950和大通V80产品。在氢能基础设施方面，我国电解水技术及装备比较成熟，中国科学院大连化物所开发出的PEM水电解制氢机能耗指标较优；江苏蓝博净化的天然气制氢技术已经达到国际先进水平；在储氢模式上，中科富海研制推出了首台全国产化氦透平制冷氢液化器，具有完全自主知识产权，张家港中集圣达因已制造出容积300m³的液氢圆柱形储罐；国内高压氢气瓶制造技术与世界先进水平差距较大，关键阀门、管路、传感器等国内尚停留在研究或小批量阶段；中鼎恒盛已具备研发90MPa加氢站用隔膜压缩机的能力，并实现样机出口海外。

2.2.3 广东省技术现状

广东省在国内总体处于领先水平，部分关键材料取得"0-1"的突破，个别核心技术达到世界先进水平，培育了近百家技术型领军企业及高水平研发机构。在燃料电池电堆及关键材料方面，广东省目前处于国内领先、国际跟跑水平，具备一定的研发能力。广东国鸿开发出了具有自主知识产权的鸿芯G系列燃料电池电堆，工作寿命超过20000h；鸿基创能、广东省武汉理工大学氢能产业技术研究院和南方科技大学在膜电极技术及生产工艺等方面取得突破，鸿基创能建立起了国内第一条双面直涂全自动"卷对卷"涂布膜（CCM）生产线，年产能达30万m²，产品性能处于国际领先；南科燃料电池的柔性石墨双极板厚度达 1.7mm，成本比传统 CNC 方式降低 80%，性能优于同类产品。在燃料电池系统方面，广东稳力、广顺新能源等积极布局高速无油空压机和氢气循环系统等核心部件开发；深圳氢蓝的 DC/DC 升压变换器和系统集成均实现了量产销售。在整车集成方面，飞驰科技、开沃汽车等已具备客车整车集成技术，稳定供氢、续驶里程、动力性能等关键指标通过了运行验证。广汽已发布氢燃料电池乘用车 Aion LX Fuel Cell，并在黄埔区等开展示范运行。在氢能基础设施方面，东莞巨正源、茂名东华的丙烷脱氢制丙烯项目的副产物氢，经过提纯可提供大量的高纯度氢，深圳埃森副产氢将达到 40t / 天的产能，工业副产氢是广东省内佛山、云浮、中山、广州等氢能产业先发地的主要氢源；东莞市淳华氢能拥有自主知识产权的 PEM 电解水制氢技术；广东海德利森 - 氢科技有限公司加氢站系列装备和加氢装备核心部件重大项目、广州舜华车载储氢及加氢设备项目的实施，弥补了广东省在氢储运技术和设备方面的薄弱环节。在储氢技术上，鸿达兴业、大洋电机均进行了研发布局；广州供电局设立氢能中心，推动固态储氢技术研发；中科富海主攻氢液化装备技术。

2.3　趋势研判

氢燃料电池汽车技术创新发展方向逐渐明晰，总体呈现高性能、高可靠、高安全、低成本、标准化、集成化的趋势，未来十年氢燃料电池汽车技术将在以下方面取得突破：

1. 燃料电池电堆成本更低、比功率更高、寿命更长

通过优化电堆的结构，减少关键材料的用量，开发和批量化应用国产材料和部件等，电堆成本降低到 300 元 /kW，乘用车电堆体积比功率达到 7.0kW/L 且寿命提高到 10000h；商用车电堆体积比功率达到 5.0kW/L 且寿命提高到 30000h。

2. 燃料电池系统集成化水平更高

燃料电池系统结构件将采用一体化铸造、模块化、标准化组装方式制造，有效提高燃料电池系统的可靠性和寿命，大功率燃料电池系统达到产业化要求，比功率、效率、冷起动温度、寿命和成本等指标在国际上处于领跑水平。单电堆额定功率达 150kW 以上，商用车用燃料电池系统比功率达到 0.8kW/L 或 0.75W/kg，最高效率达到 65%，最低冷起动温度达到 -40℃，在整车功率需求工况下系统寿命达到 30000h，系统成本为 1000 元 /kW（50 万套）；乘用车用燃料电池系统比功率达到 0.85kW/L 或 0.8kW/kg，最高效率达到 70%，最低冷起动温度达到 -40℃，在整车功率需求工况下系统寿命达到 8000h，系统成本为 800 元 /kW（20 万套）。

3. 燃料电池系统与动力电池系统深度融合

乘用车动力电池系统比重逐步降低到 1% 左右，商用车动力电池系统比重逐步降低到 10% 左右；动力电池系统充放电倍率达 10C 以上；混合动力系统将在商用车领域获得大面积推广；整车性能、寿命和成本等方面将优于内燃机汽车，并且比一部分类型的电动汽车

更具有竞争力。

4. 电解水制氢、液氢储运逐步实现商业应用

全面实现氢气来源的大规模普及，通过先进制氢工艺的改进、氢气储运材料的突破和加氢设备的批量国产化，使制氢成本降低到 10 元/kg 以下，多种氢气储运方法可供选择，高压氢气储存和运输压力达到 100MPa 以上，加氢输出压力超过 100MPa；大流量、高转速的离心泵将应用于超大型液氢系统中，转速超过 7000r/min、出口压力超过 10MPa 以上、流量达到 480L/h。各项指标全面达到商业化量产要求，且实现氢能基础设施领域关键设备和技术的国产批量化生产。

5. 高功率、长续驶中重型商用车将呈现爆发式增长

氢燃料电池汽车近期将以中等功率燃料电池与大容量动力电池的深度混合动力构型为技术特征，实现中重型商用车在特定地区的公共服务用车领域大规模示范应用；中期以大功率燃料电池与中等容量动力电池的电电混合为特征，高功率、长续驶为特点的中重型商用车具有低成本和环保优势，实现中重型商用车的较大规模批量化商业应用；远期以全功率燃料电池为动力特征，在乘用车、大型商用车领域实现百万辆规模的商业推广；以可再生能源为主的氢能供应体系建设支撑燃料电池汽车的规模化发展。

6. 未来广东省的氢气供应将以丙烷脱氢为主到工业副产氢和谷电及清洁能源制氢并存的格局

未来一段时期，广东省的供氢以丙烷脱氢为主，中长期实现谷电及清洁能源制氢，扩大氢能利用规模。加氢等相关基础设施建设加速，探索建设综合能源服务站，促进加氢基础设施互联互通，加快建设市际氢能运输走廊，逐步降低燃油消费比例，构建完善现代交通能源保障体系。积极推动绿色港口建设，推进氢船舶和港口物流的大规模应用，大力推广氢燃料电池汽车、轨道交通、港口物流、船舶、无人机等多领域交通示范应用。

7. 广东省实现氢燃料电池汽车关键核心技术自主可控

通过高水平创新平台的引领带动作用，在广东省形成全国氢燃料电池技术人才的集聚，引领全国氢燃料电池产业发展。全面掌握催化剂、气体扩散层、质子交换膜等关键材料的核心技术，双极板、空压机、引射器等核心部件技术，电堆集成、燃料电池系统集成及测试技术，储运、加氢设备技术成熟，实现国产产品替代，形成具有自主知识产权的核心材料和部件能力，打通全产业链，实现氢燃料电池汽车产业高质量发展。

8. 广东省氢能产业实现从新兴产业到支柱产业的转变

《中华人民共和国能源法（征求意见稿）》首次将氢能纳入能源体系管理，统筹推动氢能产业的发展。科技部原部长、中国科学院院士徐冠华在"十四五"氢能产业发展论坛上表示，"未来氢能在我国终端能源体系占比将达 10%，成为我国能源战略重要的组成部分。氢能将与电力协同互补，共同成为我国能源体系的消费主体，带动形成 10 万亿元级的新兴产业。"根据麦肯锡的研究，中国未来十年将迎来氢能的高速发展期。麦肯锡数据显示，到 2030 年，中国可能需要增加 1800 万 t 氢气的需求，未来的需求主要来自于钢铁和运输行业。随着氢燃料电池汽车城市群示范的发展推进，大湾区依托强大的产业、资金和市场优势，大力推动氢能产业发展。从氢气产业到氢燃料电池汽车等氢能交通的全产业链看，到 2025 年，广东省将完成氢能产业链关键企业布局，推动氢能基础设施建设及示范应用，实现产值 1000 亿元以上；到 2030 年，初步实现氢能规模化运用，实现产值 5000 亿元以上；到 2035 年，建成集制取、储运、交易、应用一体化的氢能产业体系，实现产值 10000 亿元。

第3章

技术创新愿景与目标

广东省政府公布的《广东省国民经济和社会发展第十四个五年规划和2035年远景目标纲要》中提出,加快培育氢能产业,建设燃料电池汽车示范城市群,突破燃料电池关键零部件核心技术,打造多渠道、多元化氢能供给体系。

抓住建设粤港澳大湾区重大机遇,集聚国内外高端创新资源、优势产业力量,以科技创新为主导,突破氢燃料电池汽车"卡脖子"技术;推动"产-学-研"和产业链深度融合、协同发展,建设具有国际领先水平的国家级氢燃料电池汽车创新研发平台;依托广东省完善的氢能基础,创新氢能商业利用模式,构建氢燃料电池汽车先行示范区,推动氢燃料电池关键材料和产业链的自主化;构建氢燃料电池汽车与能源、信息通信、交通出行等跨界融合发展,打造绿色出行、智慧城市;实现全国技术标准引领,与国际标准接轨,打造世界级氢燃料电池汽车技术创新高地。

3.1 政策文件

为落实省政府加快培育发展氢燃料电池汽车产业,持续增强新能源汽车产业核心竞争力的要求和目标,《路线图》充分收集并整理了相关政策文件作为编制依据,包括:

《广东省人民政府关于加快新能源汽车产业创新发展的意见》(粤府〔2018〕46号)

《2020年广东省政府工作报告》

《广东省加快氢燃料电池汽车产业发展实施方案》(粤发改产业函〔2020〕2055号)

《广东省发展汽车战略性支柱产业集群行动计划（2021—2025年）》

《广东省推进新型基础设施建设三年实施方案（2020—2022年）》(粤府办〔2020〕24号)

《广东省培育新能源战略性新兴产业集群行动计划（2021—2025年）》(粤发改能源〔2020〕340号)

《广东省氢燃料电池汽车标准体系与规划路线图》（2020—2024年）

《中共广东省委关于制定广东省国民经济和社会发展第十四个五年规划和二〇三五年远景目标的建议》

《佛山市氢能源产业发展规划（2018—2030年）》

《佛山市新能源公交车推广应用和配套基础设施建设财政补贴资金管理办法》

《广州市推动新能源智能汽车全产业链高质量发展的工作意见（2020—2025年）》

《广州市氢能产业发展规划（2019—2030年）》

《广州市黄埔区 广州开发区促进氢能产业发展办法》

《佛山市南海区氢能产业发展规划（2020—2035年）》

3.2 发展愿景

经过2025年、2030年、2035年三个阶段的技术、产业发展，到2035年，广东省氢燃料电池汽车技术成熟度与成本达到当前燃油汽车水平，氢能技术整体水平达到国际先进，实现核心技术全面自主可控，达到世界先进水平，打造全球重要的氢燃料电池汽车技术策源地与氢能装备应用创新中心。同时依托完整的产业链体系、典型示范应用，构建氢燃料电池汽车、轨道交通、船舶、无人机等绿色交通生态圈，并与能源互联网有效交互，构成新一代"氢-电"能源网络体系，实现广东省能源结构转型和绿色低碳发展，率先进入氢社会。

1. 核心技术自主可控，突破氢燃料电池汽车技术壁垒

全面掌握电堆及其关键材料、燃料电池系统、整车集成与检测技术和设备等核心技术，掌握高压车载储氢技术／超高压氢气储运装置／深冷高压储氢加氢系统／液态加氢枪等储氢加氢基础设施装备制造技术，形成以电解水制氢、海上风能制氢为主，化石能源制氢、工业副产氢、化工原料制氢等制氢方法为辅的制氢及纯化技术开发和应用。与汽车产业领域国际知名院校和研究机构合作达到更高水平，培育了一大批氢燃料电池汽车专业技术人才和复合型人才，打造了一批以佛广深为核心的氢燃料电池汽车技术创新中心，发展了一批覆盖产业链核心供应环节的领军型企业，打破氢燃料电池汽车技术壁垒，提高自主创新水平，形成了完善的技术研发体系，实现核心技术自主可控。

2. 技术创新体系健全，打造氢燃料电池汽车技术创新高地

氢燃料电池汽车领域应用基础研究和工程应用技术研究取得重大突破，构建了一系列氢燃料电池汽车技术重点实验室和工程技术研究中心，建成国家级氢燃料电池汽车产业创新研发及服务平台。广州建成为国家级氢燃料电池乘用车技术创新与应用中心基地，深圳建成为我国重要的氢燃料电池汽车技术创新中心策源地，佛山建成为国家级氢燃料电池商用车技术创新与应用中心，珠海、东莞、中山、云浮、肇庆建成为汽车零部件供应基地、整车协同制造基地，茂名、湛江、汕头、揭阳等地建成多元化制氢省级重点实验室，建立全省范围内完善的技术创新平台体系。

3. 氢能基础设施完善，商业模式和市场应用走在全国前列

解决制约氢气大规模制、储、运的技术瓶颈问题，大幅降低氢能利用的成本，为全国乃至全球氢能供给提供广东技术、广东设备、广东标准、广东方案。科学规划布局用氢基础设施，将氢基础设施及储运系统的大规模建设与现有加油（气）站相结合，优先在产业基础好、氢气资源有保障、推广运营有潜力的地区建设加氢站并大规模应用。建立综合的氢能供给与服务保障体系，加氢站使用规范制度进一步完善，建立了广东省氢气供应与管理网络，成熟的商业化推广模式实现盈利。

相关法规体系和安全规范完善，建立了完善的检测评价体系、安全法规体系和技术标准体系，建成了高效的安全消防和事故处理中心，形成了引领全国的技术标准体系和产业安全规范。加氢站等基础设施的设计、建设及运维保障等监管制度进一步完善，加氢站设计达标、施工质量有保障、运行维护合规有序，实现加氢站网络化智能管理与监测。

建立了氢燃料电池汽车服务、推广运营、回收、租赁的商业创新模式，打造了一批先进示范项目和"氢进万家"项目，实施了多场景、多类型燃料电池汽车商业化示范工程等典型示范应用，进一步壮大各地氢能产业园区的建设与发展，氢能产业技术持续健康发展。

4. 产业生态合理有序，建成具有国际竞争力的氢能创新引领区

氢燃料电池汽车产业爆发式增长，氢能成为国家新能源发展的战略产业。布局了数个高水平氢能产业园区，建成了国家氢能示范区，成功打造成具有全球影响力的氢能科技创新引领区，建设了国际标准、世界一流的氢能示范区。实现了氢燃料电池汽车与能源、信息通信、交通出行、共享经济、旅游经济等跨界融合发展。构建了氢能与电网双向互动，建立氢能及氢燃料电池汽车与风能、太阳能等可再生能源融合发展；拥有全球领先的智慧城市、智能交通、智能汽车融合一体化平台技术，实现了全省内智能网联覆盖与自动驾驶规模化应用；氢燃料电池汽车与公共交通、租赁、共享等行业融合，实现全场景应用的一体化出行生态。

形成了关键零部件产业集群。依托广东省产业链完整、配套能力强的优势，以广州、佛山、深圳、云浮、东莞等为依托，成功打造5~10个在国际上具有较大影响力的关键零部件产业聚集区，实现电堆、氢燃料动力系统、储供氢系统等核心零部件和系统企业与整车企业在技术创新、产品开发、检验检测和供应链等方面的深层次合作，产业形成协同联动发展的局面。

形成了整车制造产业集群。产业布局进一步优化，广东省氢燃料电池汽车整车企业的引领带动作用增强，实现了以车企量产、市场化推动整车优化和集成技术产品化的优势。在广州、佛山、深圳、东莞、云浮等地形成完善的氢燃料电池汽车整车生产集群，珠海、惠州、肇庆等地氢燃料电池汽车整车企业落户。在湾区氢能核心区和"氢能走廊东西两翼"部分区域形成100条氢燃料电池公交车、客车、物流车、重卡等商用车的成熟运营线路。此外，在全国多个试点实现氢能轨道交通、氢能无人机、氢能矿车、氢能船舶、氢能码头等多个场景的标志性示范应用。

全省氢能产业布局完善。依托佛山南海区、广州黄埔区的加氢站建设经验，带动辐射周边，完成了广东省制氢、储氢、运氢、加氢站的区域基础设施综合配套布局。利用茂名化工副产氢资源优势、规模化制氢潜力和周边地区良好的氢能产业环境，建成辐射粤、桂、琼三省的国内知名氢能产业高地，实现了由"油城"向"氢城"的战略转型。开发了东莞、深圳、广州、佛山、湛江、揭阳、汕头等地多个重大工业副产氢项目，并建成为灰氢、绿氢生产基地。

5. 国际合作开放活跃，实现国际标准对接与全球市场融入

扩大国内外技术合作。重点企业深度参与和牵头组织同世界知名大学、科研机构、氢燃料电池相关企业、关键零部件制造商等合作的国际项目，企业对接、整合全球资源的能力大幅提高，并建立起国际性氢能燃料电池创新开放平台，搭建了中日韩创新合作网络。

培育国际优秀企业。氢燃料电池汽车龙头企业融入全球市场，与国外领先企业建立稳定的合作伙伴关系，实现了生产、研发、采购等方面的全球布局。将研发能力强、制造水平高、产品质量优的汽车企业打造成为世界知名的中国汽车品牌，将创新能力强、迭代速度快的零部件企业打造成为国际汽车市场的重要零部件供应商。

参与国际标准制定。熟悉国际进出口管理法规与技术标准，参与相关规则的制定，且拥有系统性的应对方案，与国际项目和国际组织合作建立氢燃料电池汽车法规及标准的协调机制进一步完善，行业组织、企业、高校、科研院所等与国际组织高度对接。

引进和培养一流科技、管理人才。引进了一批国外优势企业、高端人才、复合型人才等资源，国际资本和企业自由在湾区布局投资、设立研发中心，大湾区建设成为吸引国际人才创业、就业的环境友好高地。

3.3 发展目标

技术创新路线分 2025、2030、2035 年三个阶段进行技术分析与研判。2021~2025 年是广东省"十四五"科技创新规划实施的时间节点，是氢燃料电池汽车各关键技术成熟的攻关期；2025~2030 年是大规模市场化初期，也是各关键技术实现与国际先进水平同步的关键期，为实现碳达峰做出突出贡献；2035 年是中长期科技规划远期时间点，将初步实现大规模产业化应用和多场景应用，氢能交通生态圈初步构建，初步实现"氢-电"能源互联，为实现碳中和奠定坚实基础。其中 2030 年是氢燃料电池汽车技术发展进程中的关键期，下一步对该路线图进行动态评估和更新升级时，将对该阶段的具体创新内容与目标进行重点分析论证。

到 2025 年：广东省氢燃料电池汽车产业规模与技术创新能力均处于国内先进水平，关键技术和工艺取得重大突破，部分领域达到国际先进水平，初步实现燃料电池全产业链自主化发展。

第3章 技术创新愿景与目标

攻克膜电极、铂基纳米结构催化剂、超薄双极板及涂层等关键材料及工艺，系统成本降低到1500元/kW；大力发展超高速无油空压机、氢气循环泵、增湿器等空白产品，燃料电池系统相关指标基本满足商业化示范需求；开展氢电安全、能量管理和系统控制等方面技术研究，加快攻克高精度氢传感器开发，完成氢燃料电池乘用车和商用车的关键技术开发和测试，整车在性能、寿命和成本等方面满足商业化基本要求；基本掌握PEM电解水制氢技术、98MPa高压气态储氢技术、70MPa加氢技术等关键技术。

引进或建成氢燃料电池汽车技术重点实验室3~5家（其中国家重点实验室1~2家）、氢能创新中心5~6家、氢能企业研究中心3~5个，成立2~3个产业联盟；初步建立完善检测评价体系，建成检验检测中心3个（其中国家氢能动力质检中心1家）；初步建立起安全法规体系和技术标准体系，建立安全消防和事故处理中心1~2家。引进氢燃料电池汽车前沿技术研发及产业化团队，建成专业人才孵化中心2~3个，着力培养一批汽车行业创新型、领军型人才；引进和培育一批产业链核心企业，形成具有国际竞争力和影响力的氢燃料电池汽车动力系统企业10~15家、整车企业5~8家、制氢储氢企业12~15家。

进一步有计划扩大氢燃料电池汽车应用示范项目，通过重大示范项目和工程促进氢燃料电池汽车技术落地应用，新建10条以上商用车示范运营线，沿高速公路合理布局建设加氢站，推进城际线路示范，加强示范效果评估和安全管理，破解氢燃料电池汽车示范运行瓶颈，积累商业化运营数据及经验。

到2030年：广东省氢燃料电池汽车产业规模与技术创新能力均处于国内领先水平，关键技术和工艺取得实现完全自主知识产权，更多领域达到国际先进水平，短板技术和产品得到弥补，实现全产业链条关键技术产品自主可控。氢燃料电池汽车产业成为引领广东省产业创新发展的重要引擎，形成经济新的增长点。

加快攻克低成本质子交换膜、碳纸、低铂无铂催化剂、磺酸树脂等关键材料及工艺，着力提高超薄双极板及涂层、气体扩散层、密封组件等电堆核心技术工艺水平，系统成本降低到1000元/kW；实现燃料电池系统性能持续提升；系统成本持续下降，可靠性大幅度提升；进一步优化整车集成设计，开发高安全、高性能、低成本乘用车和商用车，其动力性、经济性、耐久性、环境适应性及成本均大幅改善；实现PEM电解水制氢、98MPa高压气态储氢技术、70MPa加氢技术商业化，基本掌握低温液态储氢技术。

建成氢燃料电池汽车技术重点实验室6~8家、氢能创新中心8~10家、国家企业技术中心6~8家，成立4~5个产业技术联盟；建立起完善的检测评价体系，建成检验检测中心4~5家；建立起完善安全法规体系和技术标准体系，建成安全消防和事故处理中心3~5家。聚集一批领军人才团队，形成更加便捷的国际人才引入机制，新增2~3个专业人才孵化中心，培育一大批氢燃料电池汽车专业技术人才和复合型人才，形成人才梯队格局；形成具有国际竞争力和影响力的氢燃料电池汽车动力系统企业15~20家、整车企业8~15家，制氢储氢企业 15~20 家。

氢燃料电池汽车应用示范项目推广速度提升，通过国家级重大示范项目和工程促进氢燃料电池汽车技术落地应用，新建 20 条以上商用车示范运营线，从单一公共服务用车领域扩展到城市私人用车领域，沿高速公路形成局部加氢网络，跨城际运营线路进一步扩大，示范效果评估和安全管理水平进一步提高，积累的商业化运营数据及经验得到应用推广。

到 2035 年：广东省氢燃料电池汽车产业发展、技术创新实现全链条重大突破和迭代升级，总体创新能力处于国际领先水平，聚集一批高水平人才队伍和创新创业团队，一大批企业成长为国际龙头企业，进入全球氢能产业链、价值链高端环节，成为建设粤港澳大湾区国际科技创新中心的创新引擎，发展迈入氢时代。

实现电堆各项指标达到商业化量产要求，并实现电堆及其关键部件和材料的国产化批量生产，满足氢燃料电池汽车发展需要；掌握核心技术并实现自主研发、批量生产和商业应用，产品处于国内领先水平；完全掌握氢燃料电池汽车核心关键技术，全功率氢燃料电池汽车达到产业化要求，产品处于国内领先水平；完全掌握制储运加核心关键技术，技术水平国内领先，以多元化的制氢、储运氢方式以及 70MPa 加氢技术满足大规模商业化需求。建立起完善的氢燃料电池汽车技术创新体系，广东省成为全球重要的氢燃料电池汽车技术策源地与氢能装备应用创新中心；建成一大批世界先进水平的氢燃料电池汽车技术创新中心和创新创业平台载体；建成 1 个具有国际影响力的检验检测中心以及一批安全消防和事故处理中心。聚集一批高水平人才队伍和专业人才团队，建立起一批专业人才培育孵化平台，形成 10 家以上氢燃料电池汽车动力系统、整车、制氢储氢国际龙头企业。氢能交通生态圈初步构建，氢燃料电池汽车实现普遍应用，氢能技术成为引领能源动力变革和实现低碳社会的关键。

第4章

氢燃料电池电堆技术

在燃料电池产业链中,氢燃料电池电堆(下文简称"电堆")处于中游核心环节,是我国燃料电池产业发展的关键因素之一,低成本、高性能、批量供应的国产电堆是燃料电池汽车成本下降从而与传统汽车竞争的关键。电堆是氢气和氧气发生电化学反应的场所,是燃料电池动力系统核心部分,目前成本占比超过 60%(电堆占系统的比例)。

4.1 技术分析

电堆结构和电化学反应原理如图 4-1 所示。电堆由多个单体电池通过堆栈串联而成,每个单体电池由双极板、膜电极组成,而膜电极又包含气体扩散层、催化层和质子交换膜。基本工作原理:在单电池阳极催化层中,氢气在催化剂作用下发生脱电子反应,产生电子和质子,电子经外电路到达阴极(形成电能),质子则通过质子交换膜到达阴极;在阴极催化层中,氧气与到达的质子及电子在催化剂作用下发生还原反应生成水;在反应过程中还伴随热量释放。

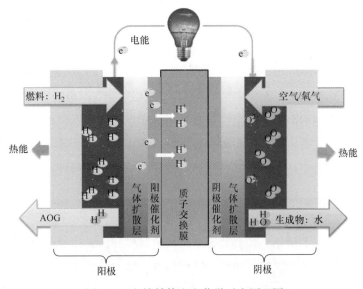

图 4-1 电堆结构和电化学反应原理图

电堆技术主要包含双极板技术、膜电极技术和电堆设计及组装技术,其分解如图 4-2 所示。

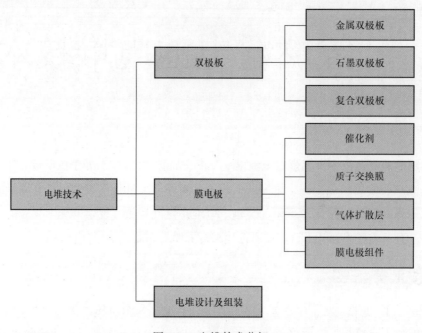

图 4-2　电堆技术分解

4.1.1　双极板

双极板是电堆的关键部件之一,起着分配反应气体、排出生成水并收集电流的作用。双极板设计的关键是流道结构和材质选择(包括表面处理材质),其决定了反应气体到达催化剂反应界面和生成水通过流道出口排出的效率;此外,双极板厚度为毫米级(典型为 0.7～2.5mm),单片电池的其他组件包括膜、催化层、扩散层都为微米级,所以双极板厚度是电堆体积的决定因素之一。目前,双极板约占电堆 60% 的重量和 30% 的成本。国际上按照制造材料来区分,已经发展成 3 条技术路线:石墨双极板、金属双极板与复合双极板。

石墨双极板由石墨材料加工而成,是最早用于质子交换膜燃料电池的双极板,优点是耐腐蚀性强、耐久性高,也是目前实现长寿命电堆的主流技术路线。石墨双极板按照原材料和加工方式不同可分为硬质石墨双极板和柔性石墨双极板。硬质石墨双极板主要是采用高温烧结的人工石墨通过机械加工的生产方式制造;柔性石墨双极板是直接采用膨胀石墨通过模压成型的生产方式制造。

金属双极板由 316 不锈钢、钛合金等金属材料制作并做表面处理加工而成,优点是强度高、韧性好、导电导热性能好、薄板批量化制备容易,是目前实现电堆高体积比功率密度的主流技术路线;但金属双极板易形成导电性差的氧化层,耐电化学和化学腐蚀性弱,

第4章 氢燃料电池电堆技术

电堆寿命短。

复合双极板由高分子树脂、导电填料和功能助剂混合后经模压或注塑等塑料加工方式一次成型，其优点为：相对于石墨双极板，因含有高分子树脂等结构增强组分而具有较高的机械强度；相对于金属双极板，因采用碳材料基体增强而具有更好的耐腐蚀性。其缺点为：由于加入的树脂不导电，其电阻率比金属双极板和石墨双极板要高。相较于当前柔性石墨双极板主流技术路线而言，复合双极板对物料及成型技术要求高，尚未成为当前主流技术。

石墨双极板导电好，耐化学稳定性好，是目前商用车双极板技术主流发展路线，但是其加工相对复杂且力学性能较差。金属双极板易加工，是目前乘用车双极板的主流技术路线，但是金属双极板耐腐蚀性弱、需进行涂层等额外工艺加工且涂层的附着力致密性有待进一步提升。复合双极板具有耐腐蚀性强、质量轻并且易大批量生产等优势，目前复合双极板的低电导率问题正随着复合物料配方及加工等技术的发展而逐渐改善，但是其电导率偏低问题还有待进一步改进。

几类双极板性能及优缺点对比如表4-1所示。

表 4-1 几类双极板性能特性对比

性能 \ 类型	石墨双极板		金属双极板	复合双极板
	硬质石墨双极板	柔性石墨双极板		
工艺	铣削、雕刻加工	模压成型	冲压成型，表面处理	混料，热压成型
抗弯强度 /MPa	> 25	> 40	> 200	> 60
导电性 / (S/cm^2)	> 120	> 150	> 1000	> 100
耐腐蚀性	强	强	弱	强
厚度	厚	厚	薄	中
加工难度	大	小	小	较小
生产周期	长	短	短	短
成本	高	低	受材料及涂层技术影响，目前较高	低
优点	耐久性好	耐久性好	阻气性强，可批量化生产，厚度薄	生产成本低，适合批量化生产
缺点	较脆，厚	较厚	易腐蚀	导电性差
适用范围	对功率密度要求不高而对电堆寿命要求较高的产品，例如备用电源、商用车（公交车、货车等）		对功率密度要求较高的产品，例如乘用车	可同时适用于乘用车、商用车和备用电源

4.1.1.1 石墨双极板

1. 技术现状

（1）研发技术现状

国际上加拿大处于世界领先水平。加拿大巴拉德动力系统公司（简称加拿大巴拉德）2019年推出最新一代石墨双极板电堆（型号FCgen-LCS），该电堆使用柔性石墨双极板，厚度为1.8mm，电导率高于150S/cm，抗弯强度大于30MPa，腐蚀电流密度小于$0.5μA/cm^2$，对应电堆运行寿命达到30000h，电堆功率密度为1.78kW/L。广东省目前处于国内领先、国际跟跑水平，具备较强的研发能力，在原材料和生产设备等方面具有一定优势，在原材料纯度、成形精度等方面有待提升。2020年度广东省重点领域研发计划"新能源汽车"重大科技专项超薄石墨双极板开发由深圳雄韬负责，其石墨板厚度≤1.2mm，接触电阻≤$10mΩ·cm^2$，电导率≥150S/cm；透气率≤$2×10^{-8}cm^3/(cm^2·s)$，双极板寿命≥30000h。

（2）产品类技术现状

石墨双极板大规模的商业化技术主要由加拿大巴拉德、美国步高石墨有限公司（简称美国步高）、日本藤仓橡胶有限公司（简称日本藤仓）、日本九州耐火炼瓦株式会社（简称日本九州）、日本日清纺、英国Bac2等掌握，成本约为200元/片，占据全球80%的市场份额。加拿大巴拉德9SSL使用的石墨双极板是国际上具有代表性的产品，该双极板为柔性石墨双极板，双极板厚度为2.2mm，电导率高于150S/cm、抗弯强度高于30MPa、腐蚀电流密度小于$0.5μA/cm^2$、对应电堆功率密度高达1.52kW/L，并且电堆运行寿命超过20000h。

国内目前已实现国产化和批量化生产，涉及石墨双极板生产和研发的公司超过10家。广东省处于国内领先水平，掌握了柔性石墨双极板批量化生产技术。广东国鸿氢能科技有限公司（简称广东国鸿）自主开发鸿芯电堆柔性石墨双极板，厚度降至1.66mm，电导率高于150S/cm，抗弯强度大于30MPa，腐蚀电流密度小于$0.5μA/cm^2$，年产能为200万片，对应电堆运行寿命超过20000h，功率密度为2.5kW/L；深圳昆龙卓盈的自主柔性石墨双极板量产技术基本实现了关键原材料的国产化，双极板厚度可低至1.45mm，电导率大于170S/cm；深圳雄韬的石墨双极板产品厚度小于1.8mm，接触电阻小于$10mΩ·cm^2$@1.4MPa，电导率大于150S/cm，透气率小于$2×100^{-8}cm^3/(cm^2·s)$，寿命大于20000h。

2. 分析研判

硬质石墨双极板是过渡技术路线，主要应用于电堆开发阶段样堆试制。国内外双极板企业早期多数采用硬质石墨双极板技术。美国步高、英国Bac2、上海弘枫实业有限公司（简称上海弘枫实业）、上海弘竣实业有限公司（简称上海弘竣）、东莞市嘉裕碳素制品有限公司（简称东莞嘉裕碳素）等企业的技术已较为成熟，但主要以样堆开发验证为主，规模化使用还不多。其原因在于相对柔性石墨双极板来说硬质石墨双极板机加工技术门槛较低，容易实现小批量生产，国内外科研单位在早期应用中积累了较多的经验和技术基础。但是，硬质石墨双极板需要经过反复的磨床加工和机床雕刻加工，而柔性石墨双极板只需一步模压即可成形，硬质石墨双极板加工速度是柔性石墨双极板的约 1/100，成本高出约 5 倍。因此，硬质石墨双极板加工时间长、生产工序复杂、能耗高，导致双极板生产成本难以通过批量生产来降低。同时，硬质石墨双极板脆性大、易开裂、改进空间小，导致需要较大的厚度（通常需要 2mm 以上），电堆体积大、体积比功率小，因此硬质石墨双极板被认定为氢燃料电池从技术研发到产业应用的过渡技术路线。

柔性石墨双极板是当前商用车双极板重点发展的技术路线。和乘用车相比，商用车对体积比功率要求不高，而更看重寿命。石墨双极板厚度大于金属双极板，虽然电堆体积比功率较低（目前石墨双极板电堆为 3.0kW/L 左右，金属双极板为 5.0kW/L 左右），但是其耐腐蚀性能更优、寿命更长，因此也是商用车的首选。柔性石墨双极板的原材料为膨胀石墨板，膨胀石墨板经过模压工艺后具备了表面流道结构，再经过树脂高压浸渍填充和固化成型最终得到了柔性石墨双极板。这种工艺方法简单，可同时多片模压加工、成形效率高，生产成本随批量下降幅度大；并且采用膨胀石墨板模压可以避免硬质薄板机械加工易碎的问题，模压后的双极板经过树脂填充增强，极板孔隙极大减少，机械强度、力学强度大大提高，同时模压工艺路线有利于降低双极板的厚度，符合电堆小型化需求。相较于硬质石墨双极板，柔性石墨双极板具有更低的成本、更高的产能、更薄的厚度，因此是当前商用车重点发展的技术路线。

优质原材料和高精度成形工艺是提升柔性石墨双极板寿命和性能的关键。电导率、气体渗透率、尺寸精度和寿命是柔性石墨双极板的关键指标，而原材料决定了电导率、气体渗透率和寿命，加工成形工艺决定了尺寸精度。我国在柔性石墨双极板开发上具有较好的研究基础，但是在基础原材料研发和加工成形工艺方面仍需进一步优化和突破：①研发优质原材料。原材料的纯度、一致性及配方影响到双极板成形后的固有性质，例如强度、气体渗透率、电导率和寿命等。目前国内石墨和粘结剂生产商已经能够生产燃料电池石墨双极板用原材料，但是其技术指标和国际先进水平还有一定差距，主要问题有石墨原材料纯度不够、杂质离子及硫含量较高、粘结剂强度和寿命不够等，需要改进石墨原矿的筛分和提纯工艺，同时优化原材料的配方，例如添加碳纳米管或者碳纤维等对原材料的强度进行提升，另外粘结剂成分也需要进一步优化，降低气体渗透率、提高其粘接性。②提升成形精度。成形精度指的是石墨双极板模压后的几何尺寸和表面形貌与双极板设计图样的尺寸差异。为保证电堆装配后各单电池性能的一致性，双极板的成形精度需要控制在 0.02mm，平面度控制在 0.05mm。目前石墨双极板的成形精度存在较大的误差，主要原因是模压过程存在回弹现象导致成形精度不够，并且双极板在脱模或转移过程中同样会损失精度。提升成形精度需要在设计精密的成形模具的同时考虑材料回弹，同时在模具表面进行涂层处理，使成形后的石墨双极板能顺利脱模减少材料的拉扯对局部成形精度的影响。

3. 关键指标（见表4-2）

表4-2 柔性石墨双极板关键指标

	指标	单位	2025年	2030年	2035年
柔性石墨双极板	寿命	h	> 20000	> 25000	> 30000
	成本	元/kW$_{net}$	300	120	70
	透气率	cm^3/(cm^2·s)	< 2×10^{-8}	< 2×10^{-9}	< 2×10^{-9}
	电导率	S/cm	≥ 150	≥ 200	≥ 300
	腐蚀电流密度	μA/cm^2	≤ 0.5	≤ 0.3	≤ 0.3
	厚度	mm	≤ 1.4	≤ 1.2	≤ 1
	弯曲强度	MPa	≥ 60	≥ 60	≥ 70

4.1.1.2 金属双极板

1. 技术现状

（1）研发技术现状

金属双极板技术研发在国际上是日本处于世界领先水平。国际典型研发类代表是丰田Mirai 2乘用车使用的金属双极板，该金属双极板采用钛合金金属，表面采用碳基涂层，单极板厚度0.4mm、腐蚀电流密度0.5μA/cm^2；其对应电堆的体积比功率超过5.4kW/L，电堆运行寿命超过5000h。国内金属双极板开发已经接近国际先进水平。国内典型研发类代表是上海治臻的金属双极板，该金属双极板采用不锈钢基材，表面采用碳基涂层，双极板厚度最薄0.8mm，腐蚀电流密度小于1.0μA/cm^2，电堆运行寿命超过5000h。广东省虽然在厚度上逐渐接近国际领先水平，但是在金属双极板耐腐蚀性上有待验证，并且金属双极板的涂层材料、涂层工艺、涂层设备及精密焊接技术有待进一步提高。

（2）产品类技术现状

日本丰田、本田，瑞典Cellimpact，德国Grabener、Borit，美国Dana、treadstone等占据全球90%的产能。国际典型产品类代表是丰田Mirai 2乘用车使用的金属双极板，该金属双极板为表面附有π共轭无定形碳涂层的冲压钛金属极板，单极板厚度0.4mm、腐蚀电流密度0.5μA/cm^2，其对应电堆的体积比功率5.4kW/L，电堆运行寿命超过5000h。现阶段国内金属双极板的相关研究机构及企业有上海治臻、武汉理工大学、新源动力等，目前国内金属双极板技术已经接近国际先进水平，并且已经推出多款相关产品。国内典型产品类代表是新源动力股份有限公司的金属双极板，其双极板采用不锈钢工艺制造，双极板厚度1.0mm、腐蚀电流密度小于1.0μA/cm^2，其对应电堆的体积比功率3.3kW/L，电堆运行寿命超过5000h。广东省金属双极板产业化还处于国内跟跑阶段，金属双极板成形加工工艺已经比较成熟，但是涂层技术还有待提高。深圳市长盈精密技术股份有限公司（简称深圳长盈）在金属双极板冲压、焊接方面已经达到国内先进水平，双极板厚度0.8mm、腐蚀电流密度

小于 $1.0\mu A/cm^2$，其对应电堆的体积比功率超过 5.0kW/L。

2. 分析研判

金属双极板是当前乘用车用双极板的主流技术路线。乘用车体积小、空间利用率要求高，因此需要电堆有较高的体积比功率。在满足双极板强度要求的情况下，金属双极板厚度只有石墨双极板的一半，因此所组装的燃料电池体积小、体积比功率高，能满足乘用车空间对电堆的需求。同时，金属双极板机械强度高、导热能力强，采用模压工艺制备适合大批量低成本生产，因此金属双极板是乘用车用双极板的主流技术路线。

原材料和精密成形加工工艺是提升金属双极板寿命和性能的关键。金属双极板普遍存在寿命短的特点，目前运行寿命多在 3000h 左右，尚不能满足乘用车要求 10000h 的技术指标，改进金属基材和防腐涂层等原材料是寿命提升的关键。同时也应重点研究精密成形和焊接工艺来提升金属双极板的尺寸精度。

① 原材料。原材料分为金属基材和防腐蚀镀层。商用金属基材从成本上考虑目前主要以不锈钢基材为主，但是不锈钢电化学腐蚀问题还急需解决，尤其是高电位腐蚀。以日本丰田公司为代表的部分公司为了解决腐蚀问题选择钛合金作为金属基材，但是其存在成本较高、加工成形困难等缺点。另外一个重要的研究方向是通过改进材料的耐酸碱腐蚀性、耐电化学腐蚀性、耐氧化性、高电导率、低面电阻等特性来开发无涂层金属基材材料，这种基材最大的优势是可以不用防腐涂层。典型的无涂层金属基材为浦项大宇为现代汽车NEXO 提供的金属双极板，材质为 Poss470FC 钢，厚度 0.08~0.1mm，采用光亮退火处理。与传统双极板相比，Poss470FC 的耐腐蚀性突出，而且无需额外的涂装作业，也具备较高的导电性。与目前主要采用的镀金工艺相比，成本可以降低 40%，体积减小 50%，重量减轻 30%，且性能更胜一筹。防腐蚀的关键在于合理的涂层材料设计和先进的涂层工艺。涂层材料方面，国外的技术发展趋势由传统的单金属膜层向多组分、复合化方向发展。相比之下，目前国内金属双极板虽然也开发了基于惰性贵金属、碳基材料等复合涂层，但涂层质量（致密性、均匀性、耐久性以及与基材的结合力）、工艺及成本等方面明显落后于国外同类技术，电堆寿命很难达到美国能源部（DOE）要求的 5000h。因此，需要研发合理的复合涂层材料和先进的涂层工艺来对极板进行防护，实现可靠稳定的防腐蚀处理，以达到乘用车要求的寿命指标。

② 精密成形工艺。对于超薄金属板材，其成形精度既影响双极板焊接工艺质量，又决定了电堆的装配精度，进而也决定了电堆的实际运行健康状态和使用寿命。精细化流场是未来发展趋势，对成形精度要求更高；金属材料特性决定了其易受应力影响，因此，精密成形不仅体现在精密模具技术上，也体现在超薄板的应力和局部应变的精准控制上。双极板的焊接指的是将金属阳极板和金属阴极板进行焊接连接形成双极板。目前焊接存在的主要问题是变形大，整体翘曲往往大于 3mm，且焊缝容易漏气。超薄板材在前序工艺中积累

的应变以及焊接过程积累的热应变是双极板焊接形变的主要原因。因此，一方面要提高前序工艺精度，降低应变积累；另一方面要优化散热方案，减少焊接热应变积累，同时也需要提升焊接工艺，采用先进的焊接设备和焊接条件，严格控制双极板在焊接过程中的翘曲小于2mm，实现金属双极板的精密连接。

3. 关键指标（见表4-3）

表4-3　金属双极板关键指标

	指标	单位	2025年	2030年	2035年
金属双极板	寿命	h	>5000	>8000	>10000
	成本	元/kW$_{net}$	700	60	35
	腐蚀电流密度	$\mu A/cm^2$	≤0.8	≤0.7	≤0.5
	体相电阻率	$m\Omega \cdot cm$	≤0.075	≤0.05	≤0.05
	基材厚度	mm	≤0.1	≤0.08	≤0.05
	接触电阻	$m\Omega \cdot cm^2$	≤8.0	≤5.0	≤3.0

4.1.1.3　复合双极板

1. 技术现状

（1）研发技术现状

目前，英国、美国、加拿大及日本在复合双极板的研发上处于国际领先地位。如英国Porvair公司研发的复合双极板材料，采用不饱和树脂与石墨为基体材料；其电导率为500~700S/cm，远高于美国能源部要求的>100S/cm标准；其力学性能接近美国能源部的标准（抗弯强度>40MPa）。相较于石墨复合双极板（密度普遍为1.8g/cm³左右），其比重仅为1.3g/cm³，可以较大幅度减轻设备重量。国内在复合双极板的研发起步较晚，以科研单位和高校为主，尚属于起步阶段，与国际领先水平差距较大。广东省在复合双极板的研发方面主要以高校为主，如中山大学模压一步法制备电导率为159S/cm、抗弯强度为32MPa的复合双极板；南方科技大学制备了电导率为105S/cm、抗弯强度为52MPa的复合双极板。

（2）产品类技术现状

复合双极板已经开始小规模商用化应用，核心技术主要掌握在日本日清坊、美国A. Schulman（前BMC）、德国SGL、荷兰Nedstack等企业手中。日清坊公司已经开发出1mm厚、电导率>100S/cm，并且具有高韧性（抗弯强度>50MPa）的复合双极板。荷兰Nedstack公司采用注射成型方式制备复合双极板，电导率为167S/cm，抗弯强度为42MPa。国内目前能批量生产的主要有北京氢璞创能科技有限公司（简称北京氢璞）和武汉喜玛拉雅光电科技股份有限公司（简称武汉喜玛拉雅），其中北京氢璞采用企业自主知识产权的复合石墨材料进行模压加工，电导率>100S/cm，抗弯强度>40MPa，厚度为1.2mm。武汉喜玛拉雅制备的复合双极板的抗弯强度高达50MPa，厚度为1.0~1.2mm。广东省在复合双极板的产业化上尚未起步。广东省惠州市海龙模具塑料制品有限公司（简称惠州海龙模塑）研发的复合双极板，电导率高达 250S/cm，抗弯强度约为 45MPa，厚度 <1mm。

2. 分析研判

复合双极板是未来潜在的发展方向。复合双极板结合了石墨双极板和金属双极板的优点，具有良好的导电性、机械强度、耐腐蚀性，且加工性能好、成本低，因此是双极板研究的重要方向。目前已采用的复合双极板包括碳基复合双极板和金属基复合双极板，尽管复合双极板的导电性和热导率低于纯石墨和金属双极板，但通过优化复合材料成分、配比及成形工艺，所制备双极板的性能仍可以满足燃料电池的使用要求。广东省在复合双极板方面应该跟踪国际研发趋势 [日本日清坊、美国 A. Schulman（前 BMC）、德国 SGL、荷兰 Nedstack 等企业]，加大基础研究投入。

电导率和电热率是复合双极板需要改善的重点问题。复合双极板由导电填料（一般为石墨、导电碳粉等碳基材料）、聚合物树脂以及功能助剂经过模压或注塑加工成型。其中导电填料的比例需占 70%~80% 以上才能维持较好的电导率，聚合物树脂则充当粘结剂将导电填料粘结为一个牢固的整体以提高整板的力学性能，功能助剂用于帮助导电填料与聚合物树脂分散均匀。两者之间相容性较差会导致导电填料及树脂分散不均匀，造成导电性能变差、极板韧性下降。国外的技术发展趋势是将导电填料进行预处理并同时添加特殊功能助剂，两者都可以提高导电填料与聚合物树脂的相容性。相比之下，我国在导电填料预处理方向上研发投入较少，仅采用增加导电填料的比例以及添加简单的商用助剂来提高其相容性。单纯增加导电填料虽然可以提高双极板的导电性能，但会造成力学性能下降；不合适的功能助剂难以达到改善两者相容性的效果。因此，为提高导电填料和聚合物树脂的相容性，一方面需要研发先进的材料改性技术对导电填料进行表面处理来改善其分散性；另一方面需要开发特定功能助剂来提高两者的相容性，以达到抗弯强度 >50MPa 且电导率 >100S/cm 的标准。复合双极板的材料共混及成型工艺是解决复合材料中导电填料与高聚物树脂分散性差问题的有效手段。不均匀分散的复合材料在成型后会造成双极板面内电导率及面内力学性能的各向异性，故应采用合理设备对其进行均匀混料。因此，应通过开发合理的复合材料共混及加工工艺，来提高导电填料和树脂的相容性，达到提高导电率及力学性能的目的。

3. 关键指标（见表 4-4）

表 4-4 复合双极板关键指标

指标		单位	2025 年	2030 年	2035 年
复合双极板	寿命	h	25000	30000	40000
	成本	元 /kW$_{net}$	100	80	50

(续)

指标		单位	2025年	2030年	2035年
复合双极板	功率密度	kW/L	4	5	6
	腐蚀电流密度	μA/cm²	≤ 0.8	≤ 0.8	≤ 0.8
	电导率	S/cm	≥ 100	≥ 120	≥ 150
	双极板厚度	mm	≤ 1.2	≤ 1	≤ 0.8

4.1.2 膜电极

膜电极（MEA）由质子交换膜、催化层和气体扩散层组成，是电堆进行电化学反应的场所，也是最核心的组件。膜电极的材料及其组件的物理/化学性能与电堆性能指标密切相关，决定了电堆的输出功率、使用寿命以及成本。

质子交换膜位于阴极催化层和阳极催化层之间，起到传导质子、阻隔反应气体，并支撑催化层的功能。质子交换膜要求具有较好的质子传导性、气密性和水扩散能力，同时还需要较好的机械性能和良好的电化学稳定性。质子交换膜的发展经历了三代产品，第一代是熔融挤出流延均质膜，代表性产品是杜邦公司的 Nafion115、117；第二代是溶液流延均质膜，代表性产品是杜邦公司的 Nafion211；第三代是膨体聚四氟乙烯（ePTFE）增强全氟磺酸树脂复合膜，代表性产品包括 Gore 公司的 GORE-SELECT® 膜、科慕（原杜邦）公司的 XL 膜。目前，质子交换膜的主要改进方向是进一步降低厚度和气体渗透率，提高电导率、保水性和寿命。

催化层是由催化剂（Pt/C 等）和离聚物（全氟磺酸树脂等）组成的多孔层，催化剂分为阳极催化剂和阴极催化剂，分别起到氢氧化和氧还原的作用；而离聚物起着质子传导和粘结剂的作用。催化层是反应气体进行电化学反应的场所，要求具有较好的催化活性、较低的氧传质阻力和较高的排水能力，其材料和结构对降低膜电极成本和提高电输出性能具有重要作用。

气体扩散层位于双极板和催化层之间，由碳纤维基底层和微孔层组成，起到输气、排水、传热、收集电流以及支撑催化层等功能。基底层主要起支撑微孔层和催化层的作用，微孔层主要用来改善碳纤维基底层的孔隙结构，降低催化层和基底层间的接触电阻，使气体和水在双极板流场和催化层间再分配。气体扩散层应具有高孔隙度，较好的机械强度，低电阻率，良好的电化学稳定性、导热性和排水性。

膜电极结构示意图如图 4-3 所示。

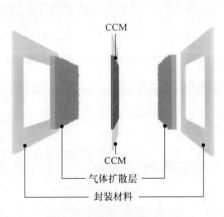

图 4-3　膜电极结构示意图

4.1.2.1 质子交换膜

1. 技术现状

（1）研发技术现状

美国、日本在质子交换膜技术研发上处于世界领先水平。国际典型开发类代表是美国Gore公司开发的增强复合质子交换膜，其厚度达到5μm，寿命超过10000h。国内质子交换膜开发离国际先进水平还有一定差距。国内典型研发类代表是山东东岳集团，其开发的复合质子交换膜最薄达到10μm，运行寿命超过6000h。广东省质子交换膜逐渐接近国际领先水平，但是在寿命上有待验证，并且质子交换膜的批量化制备技术有待进一步提高。佛山仙湖实验室唐浩林教授团队开发的复合质子交换膜最薄达到8μm，运行寿命超过10000h。广东省武理工氢能产业技术研究院、南方科技大学在质子交换膜研发方面具有突破性进展，已经制备出性能和国际先进水平相当的复合质子交换膜样品。

（2）产品类技术现状

美国在质子交换膜产业化上处于世界领先水平。美国戈尔的Gore-Select系列质子交换膜，在厚度上涵盖18μm、15μm和8μm，在机械耐久性上达到了23000次，运行寿命超过20000h。日本丰田Mirar、现代NEXO和本田Clarity等都采用美国戈尔产品，国内新源动力和东方电气等近来推出的电堆也都采用美国戈尔的Gore-Select系列质子交换膜。国内的商业化生产商有山东东岳集团（简称山东东岳）、江苏科润膜材料有限公司等。山东东岳凭借十多年的研发和经验积累，是国内最有希望挑战进口膜的民族企业，其开发的复合质子交换膜产品厚度15μm，运行寿命超过6000h，但是要打消国内膜电极和电堆厂商的疑虑，仍需要在产品的一致性、耐久度上取得研发突破和应用验证。广东省佛山仙湖实验室、广东省武理工氢能产业技术研究院、南方科技大学在质子交换膜产业化方面也开始展开研究和产业化方面的布局。

2. 分析研判

复合质子交换膜仍是今后主要技术路线，进一步降低膜厚度是未来发展重点。由于均质膜（全氟磺酸膜）的机械强度较低、溶胀严重，导致需要较厚的厚度（≥20μm）来保证气密性和强度，因此均质膜已经逐步被市场淘汰。通过引入各种增强基体材料制备的复合质子交换膜具有厚度薄、强度高、溶胀较小等特点，逐步成为市场主流，目前商用燃料电池绝大部分采用复合质子交换膜（例如Gore 15μm复合膜）。复合质子交换膜的厚度越薄，质子传导电阻就越低，其还可以有效提升电堆功率密度，尤其在干燥低湿和大功率负载条件下，更薄的膜将有利于阴极的生成水反渗透回阳极润湿质子膜，使得其性能表现明显优于厚度较高的膜。因此，在不大幅降低气体渗透率和强度情况下，进一步降低复合质子交换膜的厚度是未来发展重点。

离子聚合物材料、多孔基材和制备工艺是复合质子交换膜降低厚度的关键。复合质子交换膜降低厚度的难点主要在于降低厚度后如何保证寿命、气体渗透率和强度不发生变化，而这与材料密切相关，其中离子聚合物材料决定了寿命和气体渗透率，而强度主要和多孔基材相关。同时，如何改进制备工艺来实现超薄复合质子交换膜产业化是另外一个主要难点。

① 离子聚合物材料：复合质子交换膜的离子聚合物材料目前主要是全氟磺酸树脂，而全氟磺酸树脂由聚四氟主链和功能基团侧链两部分组成。在燃料电池运行过程中产生的自由基可以攻击全氟磺酸树脂的侧链和主链端基，从而导致树脂分解，这也是复合膜寿命衰减的主要因素。因此需要改进全氟磺酸树脂的结构来提高抵抗自由基攻击效果。同时，复合膜的气体渗透率和全氟磺酸树脂的分散状态密切相关，可以通过改进分散效果来降低气体渗透率。

② 多孔基材：超薄虽然意味着节省原料、性能更优，但是也意味着强度降低。复合膜中强度主要由多孔基材控制，开发强度更高的多孔基材是复合膜实现超薄的关键。因此，多孔基体增强层及其制备工艺的研发需要进行重点的研发突破。

③ 制备工艺：超薄型复合质子交换膜目前非常依赖进口，原因是国内还没有成熟的超薄复合质子交换膜的制备工艺以及与之匹配的高精度涂布设备，并且缺乏精密的产品质量监控体系和符合汽车行业标准的质量管理体系。因此，超薄质子膜的生产工艺、生产设备、质量监控和管理体系的研发和突破是决定超薄型复合质子交换膜是否可以实现产业化，并决定最终产品成本、产能及市场占有率的核心。

3. 关键指标（见表 4-5）

表 4-5　质子交换膜关键指标

指标	单位	2025 年	2030 年	2035 年
厚度	μm	≤ 8	≤ 5	≤ 5
面电阻	$\Omega \cdot cm^2$	≤ 0.015	≤ 0.01	≤ 0.01
X-Y 方向机械强度	MPa	60	80	100
X-Y 方向溶胀度	%	≤ 2	≤ 2	≤ 2
渗氢电流密度	mA/cm^2	≤ 1.5	≤ 1	≤ 1
化学机械混合寿命（渗氢电流密度 < 15mA/cm²）	循环次数	≥ 25000	≥ 30000	≥ 30000
成本	元 /kW_{net}	≤ 150	≤ 100	≤ 80

4.1.2.2　催化剂

1. 技术现状

（1）研发技术现状

欧洲、日本和美国在催化剂技术研发上处于世界领先水平，其中在质量比活性上美国阿贡实验室制备的 PtCo 合金催化剂已经达到了 1.77A/mgPt（0.9V）。国内催化剂技术的研发以高校和研究所为主力，如中国科学院大连化学物理研究所、厦门大学、武汉大学等在各类新型催化剂方面均取得不错的研究成果，研发的 Pt 合金催化剂质量比活性达到 1.55A/mgPt（0.9V）。这些催化剂尽管在单个（多个）关键指标上接近或者达到国际顶尖水平，但仍处于实验室阶段、缺乏产品长期验证，规模化制备也存在较大的差距。广东省催化剂的研发水平目前属于国内先进水平，华南理工大学廖世军课题组合成的 PtNi 合金催化剂质量比活性可达到 1.02A/mgPt（0.9V）。

（2）产品类技术现状

国外铂基催化剂产业发展较成熟的有英国庄信万丰、德国巴斯夫、德国优美科、日本田中贵金属、日本科特拉等，其中英国庄信万丰和日本田中贵金属是全球铂催化剂的主要供应商，产品质量比活性也达到 0.76A/mgPt（0.9V）水平。国内在催化剂领域处于跟跑阶段，已实现部分国产化和批量化生产，主要有宁波中科科创新能源科技有限公司、苏州擎动动力科技有限公司、上海济平新能源科技有限公司、武汉喜玛拉雅光电科技股份有限公司等。国产催化剂虽然在活性方面可以达到国外同类催化剂的水平，如广东济平新能源科技有限公司生产的铂催化剂活性可达到 0.166A/mgPt（0.9V），但是燃料电池汽车工况条件下的稳定性需要进一步的验证。

2. 分析研判

低铂催化剂是产业化发展的重点，多孔碳载体和铂合金催化剂是实现低铂的关键。燃料电池催化剂的种类繁多，目前已知的催化剂有上千种，但大多数均处于实验室研发阶段而不能实际应用，而最有效的催化剂还是以铂为主。铂是贵金属，成本昂贵并且产量有限。考虑到成本问题，进一步提高铂催化剂活性，以降低铂载量是近几年的研究重点。目前降低铂载量的方法主要有两种：①通过利用多孔碳载体来提高铂的催化活性。目前燃料电池铂载量通常在 $0.5mg/cm^2$，而在这个载量下，有大量的铂并没有发挥作用。因此可以通过采用多孔碳载体方式来提高铂的质量比活性，从而在不降低性能情况下降低铂载量。日本丰田公司 Mirai 2 电堆就是采用这种方式降低铂载量，其铂载量比 Mirai 1 减少 58%。②采用铂合金催化剂。铂合金的活性增强来源于过渡金属（Co、Ni、Fe、Pd、Cr 等）的掺杂，掺杂组成的 PtM 合金催化剂体现出优越的 ORR（氧化还原反应）活性而得到了更为广泛的关注。铂合金催化剂 ORR 性能遵循以下规律：$Pt < Pt_3Ti < Pt_3V < Pt_3Ni < Pt_3Fe \approx Pt_3Co$。但是 Pt-M 二元合金催化剂中过渡金属的溶解电位较低，虽然这会有效地增强合金催化剂的氧还原能力，但是也带来了化学稳定性差的缺点。合金催化剂在使用一段时间后会导致掺杂金属的流失而变为纯铂催化剂，或掺杂金属原子下移而形成 Pt-skin 型结构。因此目前铂合金催化剂还处于进一步开发完善阶段，例如通过适当的后处理（如酸洗），可以有效地缓解过渡金属的溶解，从而提高其耐久性。

非铂催化剂是基础研究的重点研究方向。铂催化剂当前存在两个方面的问题：一是成本高昂；二是铂的储量高度集中（90%在南非和俄罗斯）且产量有限。因此，需要发展非铂催化剂来完全替代铂作为低成本ORR催化剂。目前可用的非铂催化剂主要分为以下几种：Pd基催化剂；金属-氮-碳催化剂；过渡金属氧化物、硫属化合物、金属氧氮化合物和金属碳氮化合物；非金属催化剂。但到目前为止，还没有一种非铂催化剂可以进行商业化应用虽然非铂催化剂具有成本低、储量大等特点，但是由于其催化活性、耐久性等性能均还无法和铂基催化剂相比，因此非铂催化剂是基础研究的重点研究方向。

3. 关键指标（见表4-6）

表4-6 催化剂关键指标

指标	单位	2025年	2030年	2035年
质量比活性（Pt, 0.9V）	mA/mg	≥ 550	≥ 650	≥ 800
单电池性能（0.8V）	mW/cm^2	≥ 450	≥ 500	≥ 600
活性比表面积（Pt）	m^2/g	≥ 80	≥ 90	≥ 100
耐久性 [30000个循环伏安性能衰减（0.6~1.0V @100mV/s）]	质量活性损失 %	≤ 20	≤ 15	≤ 15
非贵金属催化剂活性[①]（0.9V$_{iR-free}$）	A/cm^2	≥ 0.044	≥ 0.06	≥ 0.08

① Gasteiger et al., Test at 80℃ H$_2$/O$_2$ in MEA; fully humidified with total outlet pressure of 150kPa(abs); anode stoichiometry 2; cathode stoichiometry 9.5[J]. Applied Catalysis B: Environmental, 56（2005）9-35.

4.1.2.3 气体扩散层

1. 技术现状

（1）研发技术现状

日本、德国在气体扩散层研发上处于世界领先水平。日本东丽株式会社（简称日本东丽）的TGP-H系列碳纤维基底层的电阻率为4.7mΩ·cm，透气率为4.5Gurley/s，抗拉强度为9MPa。德国西格里碳纤维基底层的平面电阻为4mΩ·cm^2，透气率为4.5Gurley/s，拉伸强度为8.5MPa，1MPa下的压缩率为13%。国内只有江苏天鸟、通用氢能、上海何森、武汉理工氢电等少数企业涉足研发气体扩散层，并且大多处在小批量试产的状态，其中江苏天鸟、通用氢能既做碳纸也做微孔层，可以根据客户需求提供碳纸及气体扩散层成品，而武汉理工氢电只做微孔层。另外，在高校和研究机构中，中南大学粉末冶金国家重点实验室和华南理工大学制浆造纸工程国家重点实验室具有较强的碳纤维原纸研究开发能力，南方科技大学王海江团队也开发了从碳纸到气体扩散层的完整工艺，但是与国际水平有一定的差距。

（2）产品类技术现状

日本、德国在气体扩散层产业化上处于世界领先水平，市场占有率大于60%。日本东丽的 TGP-H-120 系列气体扩散层的电阻率为 4.7mΩ·cm，透气率为 4.5Gurley/s，抗拉强度为 9MPa，该气体扩散层产品已被日本丰田 Mirai 和本田 Clarity 采用。国内深圳通用氢能科技有限公司（简称通用氢能）实现了气体扩散层小批量生产，其产品电阻率为 6.6mΩ·cm，气通量 600m³/(m²·h)，拉伸强度 9MPa。但是，由于碳纤维基体（碳纸或碳布）、乙炔黑碳粉仍需要进口，特别是碳纤维基体采购比较受限，国内和省内气体扩散层尚未形成可持续发展的产业链基础。

2. 分析研判

气体扩散层关键材料的研发是产业突破的关键。全球范围内气体扩散层材料碳纸、碳布的供需已形成一个寡占市场情况，目前全球的碳纸、碳布材料供应商仅有日本东丽、美国艾孚卡及德国西格里三家。为了解决燃料电池产业中气体扩散层不受国外制约，需要进行自主的气体扩散层关键材料的研究：①高孔隙率碳纤维基底层，制备碳纤维基底层需要开发特定原纸，目前我国原材料碳纤维的性能及产量已经满足制备碳纤维原纸的需求，需研究利用国产的碳纤维进行气体扩散层原纸制备技术；②树脂粘合剂，制备碳纸专用的树脂粘合剂，需要具备对碳纤维浸润性好、固化速率快、残碳率高、较易石墨化等特征。

制备工艺开发是当前气体扩散层的产业化发展的重点。目前扩散层碳纸或碳布技术处于国外垄断状态，国内还处于研究阶段，虽然有部分企业已经开始小批量生产，但其性能和国际先进水平还有一定差距。针对燃料电池技术对气体扩散层要求高气通量、低电阻率、高孔隙率、阳极亲水阴极憎水的特点，需要解决气体扩散层面临的关键问题：①气体扩散层基底层，目前国内的气体扩散层原纸生产技术较落后，生产出的气体扩散层原纸的表面状态及机械强度方面还需要改进，需要对原纸的生产工艺及生产设备进行改进研究，便于规模化生产出高性能的气体扩散层基底层，降低基底层成本；②气体扩散层，气体扩散层的水气管理能力较国外先进水平还有点差距，需根据气体扩散层使用工况来开发适合的水气管理气体扩散层，进行气体扩散层的生产工艺研究及优化，便于进行气体扩散层卷对卷生产，实现气体扩散层规模化生产；③产品一致性及成本，提高产品生产效率及产品的一致性、降低成本是气体扩散层产品被市场接受的关键，目前国内的气体扩散层的生产效率较低，这使得气体扩散层成本在电堆的总成本中仍占相当一部分。美国能源局基于加拿大巴拉德生产的气体扩散层进行成本估算，如大量生产（每年批量生产 50 万个电堆），其价格可下降到 4.45 美元/m²（即 1.37 美元/kW），目前气体扩散层的价格平均在 145 美元/m²（44.6 美元/kW），可下降的空间巨大。为了达到大幅下降气体扩散层的价格，需要攻坚产品研发技术问题的同时还应开发气体扩散层原纸及气体扩散层产品的大规模生产工艺及制备技术，这样才可能将气体扩散层的成本降低。

3. 关键指标（见表4-7）

表4-7 气体扩散层关键指标

指标	单位	2025年	2030年	2035年
电阻率（穿透向）	mΩ·cm	65	60	55
电阻率（面向）	mΩ·cm	4.0	3.5	3.0
表面接触电阻	mΩ·cm²	≤5	≤3	≤2
透气率	Gurley/s	5	4.5	4.0
拉伸强度	MPa	≥25	≥30	≥35
弯曲模量	GPa	≥10	≥15	≥20
弯曲强度	MPa	≥10	≥15	≥20
表面粗糙度	μm	7	5	3
成本	元/kW$_{net}$	≤300	≤80	≤30

4.1.2.4 膜电极组件

膜电极组件是电堆最核心的组件，占电堆成本的近70%，由质子交换膜、催化层和气体扩散层组成。目前，国际上已经发展了两类膜电极组件技术路线：一是气体扩散电极（Gas Diffusion Electrode，GDE）法，该方法将催化剂涂覆在气体扩散层上形成催化层-气体扩散层组件，然后通过热压技术将该组件与质子交换膜结合在一起形成膜电极；二是催化膜（CCM）法，该方法将催化剂涂覆在质子交换膜上形成催化层-质子交换膜组件，再通过热压技术将该组件与气体扩散层结合在一起形成膜电极，这是目前国际上主流的膜电极制备方法。

GDE法是最早被采用的膜电极制备技术，其将催化层制备在气体扩散层表面。该方法制备的膜电极催化层较厚导致铂利用偏低，目前部分膜电极制备上还有应用。与GDE法相比，CCM法制备的膜电极性能更好、厚度更薄、催化剂利用率更高，同时该法也更有利于产业化生产，是当前膜电极制备的主流技术。

1. 技术现状

（1）研发技术现状

日本、加拿大、英国在膜电极组件技术研发上处于世界领先水平。日本丰田的膜电极组件，在电极功率密度上达到了1.5W/cm²@0.6V，铂用量达到了0.179g/kW，其主要应用于丰田Mirar 2乘用车。国内膜电极研发目前处于国际跟跑水平，武汉理工大学研发的膜电极功率密度1.5W/cm²@0.6V，铂用量0.3mg/cm²（折合0.187g/kW），基本实现了连续化制备及其封装能力。广东省在膜电极组件研发技术上处于国内先进水平，广州鸿基创能的膜电极功率密度达1.4W/cm²，铂用量为0.4g/kW。

（2）产品类技术现状

国外氢燃料电池膜电极组件已经具备完善的产业链，基本上能满足商业化需求，其中日本、加拿大、英国处于世界领先水平。英国庄信万丰的膜电极功率密度达到了 1.5W/cm²，铂用量低于 0.2g/kW。国内已实现或者将要达成膜电极组件产业化的企业共有广州鸿基创能、大连新源动力、武汉理工氢电等。目前广州鸿基创能推出的膜电极产品 HyKey1.0 的铂载量为 0.45mg/cm²、功率密度 ≥ 1.4W/cm²、寿命在 15000h 以上；大连新源动力推出的膜电极产品功率密度为 0.8W/cm²@1.2A/cm²；武汉理工氢电的膜电极铂载量为 0.3mg/cm²、功率密度 1.5W/cm²@0.6V、寿命在 15000h 以上。

2. 分析研判

寿命是膜电极技术研发的重点，而车载寿命验证测试是考核膜电极寿命的关键。国内目前已经掌握膜电极的设计、制造等关键环节和技术，在膜电极初始性能和设计寿命等指标都达到了国际先进水平，但在膜电极实测寿命方面和国外差距还很大，这主要是由于国外普遍采用实车测试，而国内常采用实验室或加速测试方案。目前国内还没有实际车辆长时间测试的公开数据报道。因此，国内需要在膜电极实车测试方面开展更多的工作，并以此对膜电极研发进行迭代设计。

成本是膜电极产业化的关键，需要重点发展其制备工艺。膜电极成本占电堆成本的一半以上，降低膜电极成本对于燃料电池产业化非常关键。膜电极工艺直接决定了其成本，需要开发以下关键技术：

① 催化剂料浆工艺开发，CCM 是膜电极的核心，而制备 CCM 所用的浆料是制备出性能优越的 CCM 的重中之重。催化剂、离聚物树脂、质子交换膜等关键材料非常昂贵并且依靠进口，国内没有定价权，因此需要通过提升材料利用率来降低成本。催化剂浆料的配方及其完整的制备工艺和材料利用率密切相关，通过优化料浆来提升材料利用率是成本降低的一个重要方向。

② 膜电极制备工艺开发，高速、微米级精密涂布技术有效控制电极催化层的厚度、降低铂载量，实现催化层内颗粒分散均匀。完善对涂层厚度、铂载量、微观形貌等一致性在线监测技术可以有效降低成本。同时，催化层涂布以及膜电极组装的自动化程度是决定膜电极产能的两大要素。实际生产过程中，由于存在不同的密封材料和工艺，加上客户对膜电极尺寸需求不同，使得组装模具不一，给膜电极的批量化生产带来巨大挑战，需开发膜电极批量化制备工艺来提高膜电极产能，降低成本。

3. 关键指标（见表 4-8）

表 4-8 膜电极关键指标

指标	单位	2025 年	2030 年	2035 年
电极输出性能	A/cm² @ 0.8 V	≥ 0.5（150kPa）	≥ 0.6（150kPa）	≥ 0.7（150kPa）
电极输出性能	A/cm² @ 0.6 V	≥ 3.0（150kPa）	≥ 3.5（150kPa）	≥ 4.0（150kPa）
铂用量	g/kW	0.125	0.10	0.10

(续)

指标	单位	2025年	2030年	2035年
性能一致性（@1A/cm^2）	mV	≤ 20	≤ 10	≤ 10
乘用车车用工况寿命（性能衰减10%）	h	10000	15000	30000
成本	元/kW$_{net}$	≤ 1000	≤ 600	≤ 200

4.1.3 电堆设计及组装技术

电堆由数百个单电池通过堆叠而成（其结构见图4-4）。电堆设计及组装技术是指能够使串联的单体电池保持高度均一性和持续稳定工作，并能够使电堆在性能、成本、稳定性及可靠性等方面得到优化。该技术主要包括流场结构设计技术、催化剂等关键材料筛选与匹配技术、电堆封装与密封技术、组堆自动化制造技术等。

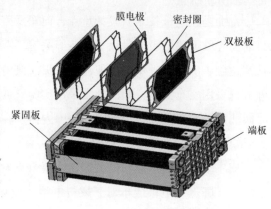

图4-4 电堆结构示意图

1. 技术现状

（1）研发技术现状

日本、加拿大、韩国在电堆技术研发上处于世界领先水平。日本丰田开发的金属双极板电堆体积比功率已超过5.0kW/L，寿命达到5000h；Elringklinger公司开发的NM5功率密度最高达到7.2kW/L。国内电堆技术发展迅速，电堆研发单位数量逐渐增长，主要的研发单位有中国科学院大连化学物理研究所、上海交通大学、武汉理工大学、南京大学、佛山仙湖实验室等，其开发的电堆功率密度均超过4.0kW/L，接近国际最高水平，但是相关电堆还处于样品阶段，还需要得到进一步验证。

（2）产品类技术现状

电堆商业化方面，国际上主要由日本丰田、加拿大巴拉德占据领先地位。日本丰田Mirai 2电堆体积比功率5.4kW/L，寿命大于5000h；加拿大巴拉德模压石墨双极板工艺生产的电堆体积比功率为1.78kW/L，寿命超过20000h。目前国内电堆生产厂商众多，主要生产企业有新源动力、上海氢晨、上海神力、上海捷氢、明天氢能、上海重硕、广东国鸿等，其生产的电堆指标：金属双极板电堆达到3.0～5.0kW/L和5000h，石墨双极板电堆达到1.5～3.0kW/L和20000h。例如广东国鸿开发的鸿芯GI电堆功率范围为6～84kW，功率密度达到3.0kW/L，寿命超过20000h，已在佛山（云浮）产业转移工业园区建立起年产2万台电堆的规模化生产线。

2. 分析研判

石墨双极板电堆的寿命和成本是未来十年商用车和重卡应用关注的重点。石墨双极板电堆主要应用方向为商用车和重卡,因此需要进一步提高其性能和寿命、降低成本。目前,石墨双极板电堆须研发以下关键技术:①通过进一步降低双极板厚度、提高膜电极发电性能来提升电堆体积比功率,同时石墨双极板流场与膜电极匹配技术也需要获得突破;②提升电堆中关键材料(如质子交换膜、催化剂、密封材料、双极板等)寿命是电堆寿命突破需要研发的关键技术,同时电堆密封结构与组装精度也是影响电堆寿命的关键因素;③关键材料(如质子交换膜、碳纸、石墨板粘合剂、催化剂等)国产化是电堆成本降低的关键。

金属双极板电堆的单片一致性和耐久性是乘用车应用需关注的技术重点。金属双极板在运行过程中对工作电压非常敏感,偏离合适电压情况下电化学腐蚀非常严重,从而导致电堆耐久性大幅下降。而在某些不正常运行情况下,尤其是反极过程中金属板的电化学腐蚀非常迅速,通常几秒钟就会出现穿孔,容易出现危险。而当电堆单片一致性较差时,局部容易发生反极行为从而导致单片金属板穿孔。因此金属双极板电堆的单片一致性和耐久性是关键技术研发重点。金属双极板电堆方面需要解决以下关键问题:①单片一致性。电堆单片一致性同电堆组装工艺密切相关,在电堆装配过程中金属双极板变形带来的装配精度问题是金属双极板电堆可靠性的关键问题。通过激光定位/照相定位、机械臂自动组装等方式进行高精度组装是需要研发的关键技术,同时适应高精度组装的电堆密封结构也是研发重点。②耐久性。金属双极板电堆耐久性远远低于石墨双极板电堆,其主要和金属双极板材质相关。需要通过合理的涂层材料设计和先进的涂层工艺开发来获得高耐久性防腐蚀涂层,同时也需要提高金属双极板基材的反极高电位腐蚀能力,如选用钛板(丰田二代电堆技术路线)。

4.2 技术创新路线图

到 2025 年,实现电堆性能的提升,通过大功率电堆设计与制备技术的突破,将金属双极板电堆的体积比功率提高到 5kW/L 以上,将石墨双极板电堆的体积比功率提高到 3kW/L 以上,且具备量产的能力。

到 2030 年,稳步实现电堆寿命的提升,通过改善电堆关键部件的一致性、优化电堆的水热管理技术等,将金属双极板电堆寿命提高到 8000h,将石墨双极板电堆寿命提高到 20000h;与此同时,将金属双极板电堆的体积比功率提高到 6kW/L,将石墨双极板电堆的体积比功率提高到 4kW/L,并实现量产。

到 2035 年,全面实现电堆成本的优化,通过优化电堆的结构,减少关键材料的用量,开发和批量化应用国产材料和部件等,使成本降低到 300 元/kW;使乘用车电堆体积比功率达到 7kW/L 且寿命提高到 10000h;使商用车电堆体积比功率达到 5kW/L 且寿命提高到 30000h;各项指标全面达到商业化量产要求,并实现电堆及其关键部件和材料的国产化批量生产。

图 4-5 为氢燃料电池电堆技术创新路线图。

年份		2025年	2030年	2035年
技术内容	燃料电池电堆技术			
	①石墨双极板技术 ⑤催化剂技术 ②金属双极板技术 ⑥质子交换膜技术 ③复合双极板技术 ⑦膜电极组件技术 ④气体扩散层技术 ⑧电堆设计及组装技术			
技术分析		①电堆寿命和成本指标在国内处于领先水平；冷启动温度，比功率等方面略显不足 ②双极板能够小范围生产，但技术水平与国际领先水平有一定的差距 ③膜电极方面，基本掌握铂催化剂技术、质子交换膜技术和气体扩散层生产制造技术，铂用量与国际领先水平有较大差距	①电堆寿命和成本指标在国内处于领先水平；冷启动温度，比功率进一步提升，但仍有差距 ②双极板能够小规模生产，但技术水平与国际领先水平有一定的差距 ③膜电极方面，基本掌握铂催化剂技术、质子交换膜技术和气体扩散层生产制造技术，并实现小范围应用，铂用量与国际领先水平有较小差距，可靠性进一步提升	①电堆相关指标处于国内领先水平，但仍有待提高 ②双极板能够大规模推广应用，但技术水平与国际领先水平有一定的差距 ③膜电极方面，基本掌握铂催化剂技术、质子交换膜技术和气体扩散层生产制造技术，并实现大规模推广应用，铂用量较低，并实现新材料的使用
技术目标	电堆	金属双极板电堆：寿命5000h，体积比功率5kW/L，材料成本1000元/kW 石墨双极板电堆：寿命15000h，体积比功率3kW/L，材料成本1000元/kW	金属双极板电堆：寿命8000h，体积比功率6kW/L，材料成本500元/kW 石墨双极板电堆：寿命20000h，体积比功率4kW/L，材料成本500元/kW	金属双极板电堆：寿命10000h，体积比功率7kW/L，材料成本300元/kW 石墨双极板电堆：寿命30000h，体积比功率5kW/L，材料成本300元/kW
	双极板	柔性石墨双极板：寿命＞20000h，成本300元/kW，厚度≤1.4mm，腐蚀电流密度≤0.5μA/cm² 金属双极板：寿命＞5000h，成本700元/kW，基材厚度≤0.1mm，腐蚀电流密度≤0.8μA/cm² 复合双极板：寿命＞25000h，成本100元/kW，厚度≤1.2mm，腐蚀电流密度≤0.8μA/cm²	柔性石墨双极板：寿命＞25000h，成本120元/kW，厚度≤1.2mm，腐蚀电流密度≤0.3μA/cm² 金属双极板：寿命＞8000h，成本60元/kW，基材厚度≤0.08mm，腐蚀电流密度≤0.7μA/cm² 复合双极板：寿命＞30000h，成本80元/kW，厚度≤1.0mm，腐蚀电流密度≤0.8μA/cm²	柔性石墨双极板：寿命＞30000h，成本70元/kW，厚度≤1.0mm，腐蚀电流密度≤0.3μA/cm² 金属双极板：寿命＞10000h，成本35元/kW，基材厚度≤0.05mm，腐蚀电流密度≤0.5μA/cm² 复合双极板：寿命＞40000h，成本50元/kW，厚度≤0.8mm，腐蚀电流密度≤0.8μA/cm²
	膜电极	电极输出性能≥3.0(150kPa) A/cm²@ 0.6 V，铂用量0.125g/kW，性能一致性(@ 1 A/cm²) ≤20 mV，寿命10000h，成本≤1000元/kW	电极输出性能≥3.5(150kPa) A/cm²@ 0.6 V，铂用量0.1g/kW，性能一致性(@ 1 A/cm²) ≤10mV，寿命15000h，成本≤600元/kW	电极输出性能≥4.0(150kPa) A/cm²@ 0.6 V，铂用量0.1g/kW，性能一致性(@ 1 A/cm²) ≤10mV，寿命30000h，成本≤200元/kW
	质子交换膜	厚度≤8μm，面电阻≤0.015Ω·cm²，*X–Y*方向机械强度60MPa，渗氢电流密度≤1.5mA/cm²，化学机械混合寿命≥25000循环，成本≤150元/kW	厚度≤5μm，面电阻≤0.01Ω·cm²，*X–Y*方向机械强度80MPa，渗氢电流密度≤1.0mA/cm²，化学机械混合寿命≥30000循环，成本≤100元/kW	厚度≤5μm，面电阻≤0.01Ω·cm²，*X–Y*方向机械强度100MPa，渗氢电流密度≤1.0mA/cm²，化学机械混合寿命≥30000循环，成本≤80元/kW
	催化剂	质量比活性(Pt, 0.9 V)≥550mA/mg，活性比表面积(Pt)≥80m²/g，单电池性能(0.8V)≥450mW/cm²	质量比活性(Pt, 0.9 V)≥650mA/mg，活性比表面积(Pt)≥90m²/g，单电池性能(0.8V)≥500mW/cm²	质量比活性(Pt, 0.9 V)≥800mA/mg，活性比表面积(Pt)≥100m²/g，单电池性能(0.8V)≥600mW/cm²
	气体扩散层	电阻率65(穿透向) /4.0(面向) mΩ·cm，表面接触电阻≤5mΩ·cm²，透气率5.0 Gurley/s，拉伸强度≥ 25MPa，弯曲强度≥ 10MPa，成本≤300元/kW	电阻率60(穿透向) /3.5(面向) mΩ·cm，表面接触电阻≤3mΩ·cm²，透气率4.5 Gurley/s，拉伸强度≥ 30MPa，弯曲强度≥ 15MPa，成本≤80元/kW	电阻率55(穿透向) /3.0(面向) mΩ·cm，表面接触电阻≤2mΩ·cm²，透气率4.0 Gurley/s，拉伸强度≥35MPa，弯曲强度≥ 20MPa，成本≤30元/kW

图 4-5　氢燃料电池电堆技术创新路线图

4.3 技术创新需求

基于前面的综合分析,按照《中国制造2025》的总体目标和《节能与新能源汽车技术路线图2.0》的指导,结合广东省氢燃料电池汽车相关产业基础,需要按照表4-9所示实施创新研究,实现技术突破。

表4-9 氢燃料电池电堆技术创新需求

方向	创新需求
电堆	高效率增程式电堆开发
	无外增湿高可靠性电堆开发
	高均一性长寿命电堆开发
	高功率密度(≥3kW/L)石墨极板电堆开发
	高功率密度(≥5kW/L)金属极板电堆开发
	轻量化高强度燃料电池封装材料开发
膜电极	高稳定性、高分散度催化剂浆料工程化制备技术和工艺研究
	低铂载量、长寿命膜电极高效催化层构筑及膜电极层间连接技术研究
	膜电极高精密涂布技术及高通量组装工艺技术研究
	膜电极高通量一致性质检及工程化封装技术和工艺研究
	超低铂长寿命自增湿膜电极结构设计及工程化制备技术研究
催化剂	新型阳极抗反极添加剂的规模化制备以及抗反极机理研究
	铂基催化剂宏量制备一致性的关键技术
	超薄低铂抗反极梯度化催化层的可控构筑
	车用工况下催化剂毒化机理以及抗毒化催化剂规模化制备
	非贵金属催化剂氧还原活性机理以及稳定性影响规律研究
	基于金属-氮-碳结构的高活性高稳定性非贵金属催化剂批量化制备技术
质子交换膜	超薄复合质子交换膜批量化制备技术及工艺开发
	质子交换膜用高强度、超薄ePTFE双拉膜工艺研究
	结构可控、高分子量PFSA树脂的研究开发
	适于低湿操作的高电导、高传水质子交换膜的研究开发及批量化制备技术
	适于高温低湿操作的高保水、热稳定的质子交换膜的制备技术
气体扩散层	高通量气体扩散层的性能研究及制备工艺研究
	适于低压低湿操作气体扩散层的性能研究及生产工艺开发

（续）

方向	创新需求
气体扩散层	高强度、高韧性、均一性气体扩散层基材的研究及规模化制备研究
	超薄高性能气体扩散层研究及规模化生产工艺开发制备
	低成本规模化气体扩散层生产工艺及成套装备研制
双极板	低成本柔性石墨双极板精密成形技术及批量开发
	密封圈原位成形技术及工艺开发
	金属双极板耐腐蚀涂层（≥20000h）材料及涂层技术开发
	高强度高韧性石墨极板工艺开发
	金属极板精密激光焊接技术开发
	石墨/树脂复合双极板关键原材料改性技术与特殊功能助剂的研究开发
	高导电、高抗弯、耐腐蚀复合双极板关键配方技术与成型工艺开发
	超薄（<1.0mm）石墨/树脂复合双极板制备技术的研究开发
	石墨/树脂复合双极板的批量化制备技术开发

第5章 氢燃料电池系统（发动机）技术

车用氢燃料电池系统是一种将氢能转化为电能的复杂电化学集成装置，是燃料电池汽车的心脏，目前成本占整车的 50%～70%。掌握自主核心技术、降低成本对推动燃料电池系统规模化应用至关重要。

5.1 技术分析

为了让电堆能够正常运行、高效发电，需要与相应的辅助零部件（Balance of Plant，BOP）所组成的系列子系统共同工作，通过控制这些子系统为电堆提供合适的运行条件。通常，燃料电池系统由燃料电池控制子系统、空气供应子系统、氢气供应子系统、热管理子系统及电力调节子系统（DC/DC 变换器）等五大子系统组成。

在燃料电池控制子系统的监控下，空气供应子系统为电堆提供特定流量、压力、温度和湿度的空气；储存在车载高压储氢系统的氢气通过氢气供应子系统为电堆提供特定流量与压力的氢气；氢气和空气中的氧气在电堆的阴极与阳极中进行电化学反应，将化学能直接转化为电能；同时，热管理子系统对电堆的运行温度进行监测与调节，实现系统的稳定可靠运行，燃料电池所发出的电能通过 DC/DC 变换器对整车输出。

燃料电池系统的基本结构和工作原理如图 5-1 所示。

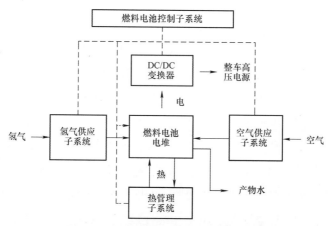

图 5-1　燃料电池系统基本结构示意图

燃料电池系统技术组成复杂，涉及燃料电池电堆控制、氢气供应、空气供应、尾气与水的排放控制、温度/压力/流量/湿度控制、电力调节、辅助动力、监控、系统控制等诸多因素，涵盖了化学/化工、电化学/电化学工程、材料学、流体力学、机械工程、电力电子学与控制/系统工程、结构学、工程设计与计算机仿真辅助设计等多学科的交叉，还需要完善的测试方法作为支撑。

本章主要对五大子系统、燃料电池系统集成技术以及系统测试技术进行相关技术分析和研判。燃料电池系统技术分析分解如图5-2所示。

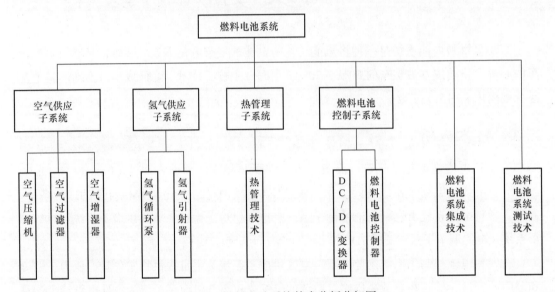

图5-2 燃料电池系统技术分析分解图

5.1.1 空气供应子系统

5.1.1.1 空气压缩机

空气供应子系统是对进入电堆的空气进行调节的关键组成部分，主要由空气压缩机（简称"空压机"）、空气过滤器（简称"空滤"）、空气增湿器、气水分离器、中冷器、进气节气门、排气节气门、空气流量计、压力传感器和温度传感器等组成。目前空压机成本约占燃料电池系统总成本的10%~20%，能耗占电堆输出功率的15%~25%，是燃料电池系统的核心辅助部件之一。基本结构如图5-3所示。

空压机的主要作用是通过对进入电堆的空气进行增压，增加进入燃料电池阴极的氧气分压来提高氧气的传质效率，从而提升电堆的能量转换效率和功率密度。同时，较高的工作压力对燃料电池内的水管理有重要的帮助，电堆需水量显著减低，可大幅度减小增湿器体积甚至取消增湿器。由于空压机是BOP中能耗最大的设备，所以对燃料电池系统的综合性能影响很大。双级增压离心式燃料电池专用空压机实物如图5-4所示。

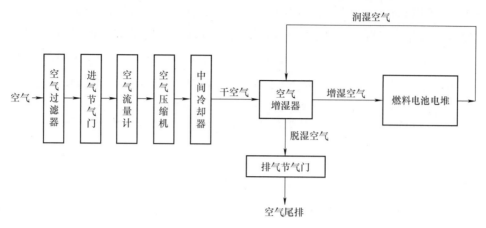

图 5-3 空气供应子系统基本结构示意图

空压机按结构形式分为速度式（包括离心式）和容积式（包括螺杆式、罗茨式、涡旋式）两大类型。离心式空压机属于速度式空压机，其工作原理是通过蜗壳中的高速旋转叶轮能在气体进出口之间产生一定的压力差进行工作，具有结构紧凑、响应快、流量大、寿命长和效率高等特点。速度式空压机具有效率高、流量大、压比高、体积小、全无油和噪声低等优点，综

图 5-4 双级增压离心式燃料电池专用空压机实物

合性能相比其他类型空压机具有明显优势，是业界公认的燃料电池空压机主要发展方向，是实现高比功率燃料电池系统的关键核心零部件；但存在转速高、流量范围较窄、技术难度较大、成本较高等问题。容积式空压机转速较低、流量大、流量调节范围宽；但在能耗、体积和噪声等技术指标上与速度式空压机有一定差距，未来有可能被速度式空压机所逐步替代。

最近几年，采用空气轴承和超高速电机直驱技术的离心式空压机，逐渐突破了转速高、流量范围较窄、技术难度较大、成本较高等问题。类似势加透博公司生产的双级离心式空压机经历了大量的整车路试验证，综合性能良好，相比其他类型空压机具有明显优势，逐渐明晰了离心式空压机是氢燃料电池大功率系统需求的发展趋势，所以本路线图主要对离心式空压机进行技术分析和研判。

1. 技术现状

美国、德国、瑞士等国将离心式空压机作为主流发展方向，对超高速电机、气体轴承、

超高速机械转子系统等关键部件及相关技术已开展深入研究。美国 Honeywell（Garrett）、瑞士 Fischer 和德国 Liebherr 等企业推出基于超高速永磁电机直驱、动压气体轴承支撑的离心式空压机产品，均采用了高速电机直接驱动技术，最高转速 20 万 r/min、最高压比 ≥ 4.2、最高效率 ≥ 75%、最大空气流量 ≥ 150g/s，空压机起停次数 ≥ 20 万次，综合性能指标好，具有效率高、重量轻、体积小和噪声低等优点，2016～2018 年期间已用于多款燃料电池系统，但是由于早期的燃料电池电堆对空压机的要求较低，同时这些国家的氢燃料电池行业发展速度相对缓慢，导致这些国家空压机的技术没有出现快速的突破。进入 2019 年以来，燃料电池行业高速发展，对空压机成本、技术水平、性能指标的要求不断提高，这些国外的产品已经开始出现了竞争力下降的趋势。

国内离心式空压机技术与欧洲、美国、日本、韩国等日益接近，北京稳力科技、福建雪人股份、江苏毅合捷、河北金士顿、山东潍坊富源、北京伯肯节能等企业正在通过收购国外公司、引进国际技术等方式开展离心式空压机产品开发。以势加透博的双级增压离心式空压机现有产品为例，其技术指标达到最大流量为 125g/s、最大升压比为 3、功耗小于 20kW。国产离心式空压机在实际应用上已经略微领先，国外燃料电池领军企业也大量采购我国生产的离心式空压机，如巴纳德、PLUGPOWER、康明斯这些企业 2020 年采购了超 200 台以上的势加透博产品。广东省广顺新能源从 2009 年开始研发燃料电池用空压机，自主开发了多款离心式高速空压机产品，代表性产品的最高转速 ≥ 10 万 r/min。

2. 分析研判

离心式空压机下一步的发展方向是更高的效率、更高的压缩比、轻量化和低噪声。进一步提高转速是离心式空压机提高压缩效率、实现高压比、减轻重量和降低成本的主要途径之一。15 万 r/min 以上的超高速电机及电机控制技术一直掌握在美、欧、日企业手中，国内目前处于接近 10 万 r/min 的水平。同时，超高速电机离心式空压机的动压气体轴承技术只掌握在欧美少数企业手中，国内尚无成熟的自主技术。未来研究重点包括超高速电机的永磁定子技术、转子振动抑制技术、动压气体轴承等无油高精密承载部件的设计与制造技术，以及超高速电机高效驱动与自适应控制技术等。

降低功耗是燃料电池空压机未来发展的重中之重。空压机功耗对燃料电池系统效率的影响很大，随着空压机压比的提高，其影响将越来越大。国外离心式空压机未来发展的重要趋势是通过增加涡轮回收燃料电池排气能量减小空压机能耗，需要开展回收燃料电池排气能量的涡轮技术研究，利用涡轮辅助电机驱动压气机，大幅度降低空压机的整机功耗。同时，通过重点研究先进高效压气机叶片设计、改进五轴加工机的叶片精密加工工艺，提高压缩效率，降低功耗。采用高速直驱技术取消增速齿轮，可以减少机械摩擦阻力。

解决部件核心材料国产化和突破精密加工工艺瓶颈是实现离心式空压机低成本、大规模推广应用的关键。其中高速电机与驱动控制器、叶轮及涡轮、空气动压轴承、轴芯等部件的核心材料、涂层和制造工艺是"卡脖子"技术，必须攻克先进高效压气机叶片设计、高速叶轮及涡轮蜗壳、高速空气动压轴承、高速电机控制、膨胀机与离心式空压机一体化设计，以及五轴以上的叶片精密加工工艺设计与制造的难关，而高速电机低电磁损耗的电机结构优化设计等关键部件设计优化、加工制造等技术的攻克，是实现产业化的基础。

3. 关键指标（见表5-1）

表5-1 燃料电池系统用空压机关键指标

指标	单位	2025年	2030年	2035年
效率	%	75	95	105[①]
最高压比	—	2.5	3.0	3.5
流量	g/s	80	180	220
功耗占比（空压机功耗/电堆功率）	%	17	15	13
噪声	dB at 1m（加消音器）	75（科技部指南）	70	65
重量（包括空压机和控制器）	kg	≤15	≤15	≤15
功耗	kW	10	21	27

① 涡轮辅助能量回收。

5.1.1.2 空气过滤器

空气供应系统中的空气过滤器的主要作用是用来过滤空气中的固体颗粒物、吸附有害气体，保护和延长燃料电池系统的性能及使用寿命。空气中的各类粉尘、颗粒、气溶胶、悬浮物，以及 SO_2、CO、NH_3、NO、NO_2 和 H_2S 等有害气体，都会对燃料电池造成不良影响。如阴极 CO 和 SO_2 气体会造成催化剂中毒，燃料电池性能随着 CO 或 SO_2 浓度的增加而显著下降，甚至中断燃料电池的运行。空气过滤器的过滤介质主要包括物理滤芯和化学滤芯。物理滤芯主要采用纸质材料、无纺布、活性炭等作为滤芯材料，可对空气中的微粒进行物理过滤隔离；化学滤芯则采用化学吸附剂为滤芯材料，可对空气中的有毒有害气体状的化学污染物进行化学吸附或分解。科威尔燃料电池专用空气过滤器实物如图5-5所示。

1. 技术现状

目前，在国际上，德国科德宝和曼胡默尔处于氢燃料电池空气过滤器产品市场领先地位。他们具有丰富的过滤器设计经验，针对燃料电池系统空气进气的特殊需要，对空气过滤滤材进行了改进，使其具备颗粒物过滤吸附能力和化学气体

图5-5 科威尔燃料电池专用空气过滤器实物

吸附功能，可将空气中的有害物质进行有效过滤和吸附，对燃料电池系统零部件和电堆中的膜电极实现安全防护。德国科德宝开发的 micronAir 系列燃料电池过滤器能够覆盖 30～150kW 等不同功率等级燃料电池需求，流量达到 500m³/h，使用寿命 ≥ 800h 或 ≥ 1 万 km，能满足燃料电池轿车、卡车、公共汽车和有轨电车等各类车型的应用需求，市场占有率高。国外在燃料电池空气过滤滤材上的设计、制造工艺、检测检验等方面进行了深入的研究，掌握了化学吸附剂材料技术，具体技术实现路线和参数并未公开。

相比国外，国内研究燃料电池空气过滤器的起步时间相当，安徽科威尔早在 2016 年就开始研发，其产品温度适应范围 -30～85℃、流量范围 0～500N·m³/h、0.3μm 的过滤效率达到 97%、SO_2 的吸附效率达到 91%、容灰量达到 220g（压差不大于 2kPa）。平原滤清器、北京国鸿、江苏优冠等也涉足空气过滤器研发，目前这几家处于氢燃料电池空气过滤器产品市场领先地位。平原滤清器开发的活性炭空气过滤器、北京国鸿采用新型 MOF 材料开发的燃料电池空气过滤器，能够适配 30～120kW 的电堆，流量达到 400m³/h，正常使用寿命 ≥ 500h 或 ≥ 1 万 km，基本能满足各类车型的应用需求。

2. 分析研判

空气过滤器是延长氢燃料电池电堆使用寿命不可缺少的辅助部件。虽然空气过滤器的物理过滤技术相对成熟，所占成本比例很低，但是在化学吸附过滤方面仍有较大的提升空间，主要是要扩展对空气中不同有害化学物质种类的吸附能力，也即无论是滤材还是产品本身在满足电堆对空气中多种有害气体的不同浓度的要求上需要进一步提升。现阶段进口产品价格高，交付周期长，国内产品在成本和交付上具备明显优势。由于空气过滤器的使用寿命较短，属于易耗品，是值得关注并重点发展的关键零部件。

复合过滤方式是氢燃料电池空气过滤系统的主要技术方向。国际上现阶段采用的主流技术是物理过滤层与化学吸附过滤层叠加的组合方式，这种组合过滤可以在一定使用周期内实现过滤要求（NO_x < 10PPb、NH_3 < 5PPb、SO_2 < 3PPb、硫化物 < 0.3PPM、碳氢化合物 < 50PPM、颗粒物 < 25μm、液态水 < 0.1%）。在化学吸附过滤方面目前主流产品是采用活性炭和化学涂层的方向，不具有可再生功能，在未来需要开发将物理过滤与化学吸附结合在一起的复合过滤芯，以及开发可再生的复合过滤技术方案。

空气过滤系统化学吸附过滤材料是需要重点突破的方向。目前国内的厂商在化学吸附过滤材料方面多处于送样、路试以及小批试生产阶段，均未形成规模供应。对多种有害气体具有强化学吸附能力的新涂层材料是需要重点突破的技术。

国内需要建立空气过滤系统的性能与寿命检测以及测评体系。目前车用燃料电池专用空气过滤器在关键技术指标与测试方法方面还缺乏国家标准，在建立过滤效率、使用寿命、失效定义、失效评估方法等测评体系方面的工作才刚刚开展，与国际先进水平还存在差距，需要建立科学化的测评体系。

第5章 氢燃料电池系统(发动机)技术

3. 关键指标(见表 5-2)

表 5-2 燃料电池空气过滤器关键指标

指标	单位	2025 年	2030 年	2035 年
流量	m³/h	120~720	100~1000	100~2000
压差	kPa	≤ 2.5	≤ 2	≤ 1.5
过滤效率(1μm)	%	≥ 99	≥ 99	≥ 99
体积容尘量密度	g/cm²	0.23	0.3	0.4
吸附杂质总类	—	SO_2、CO、NH_3、NO、NO_2 和 H_2S	SO_2、CO、NH_3、NO、NO_2 和 H_2S	SO_2、CO、NH_3、NO、NO_2 和 H_2S
吸附效率(@5min)	%	≥ 50	≥ 85	≥ 90
使用寿命	h	≥ 500	≥ 800	≥ 1500

5.1.1.3 增湿器

空气供应系统中增湿器的作用是保持燃料电池电极内部的水热平衡,这对燃料电池系统的效率、性能、安全和寿命有重大影响,其主要作用是为进入电堆的干空气加湿,通过使用电堆出口所排出的湿润气体在增湿器内部与进入的干空气进行水分交换来增加干空气的相对湿度,实现电极区域内部的加湿与水平衡优化,以提高反应气体的传质效率与质子的传导性、提高系统效率、保证运行的稳定性,并延长电池寿命。

增湿器是提供燃料电池系统所需气体湿度的关键部件,直接影响燃料电池系统的效率、性能和寿命。目前市场上最常见的是水分交换膜式增湿器,主要有平板膜型和细管膜型两类。平板膜增湿器结构类似于燃料电池电堆的内部结构,由多个带有流道的薄板组合而成,干空气与电堆出来的湿润空气分别从膜的两边成对流方向流过,电堆出口的湿润空气中的水分透过膜传递到干空气侧。细管膜增湿器是将水分交换膜制成纤细的小管并捆绑成束,干空气与电堆出来的湿润空气分别从膜管的内侧与外侧成对流方向流过,电堆出口的湿润空气中的水分透过膜传递到干空气侧。膜式增湿器工作原理如图 5-6 所示。

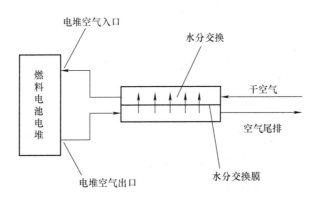

图 5-6 膜式增湿器工作原理示意图

除了采用外加湿装置的方法之外，还可采用电堆阴极的反应生成水在电堆内部进行自增湿的办法，开发这类技术需要对膜电极，尤其是气体扩散层的结构进行有针对性的专门开发与设计。这种技术路线可以简化系统、减小体积和降低成本，其优势明显，是目前研发的热点方向之一，但是目前在大功率燃料电池系统应用领域仍然处于较为初始的研发阶段，很难满足全功率状态下瞬态特性的需求。现在较为可行的方案是"自增湿技术+辅助增湿器"的方式，自增湿能满足平稳工况或较低的功率输出需求，在遇到大功率与复杂工况的瞬态特性需求时由外辅助增湿器来满足，这种技术方案能够大幅度地减小外辅助增湿器的尺寸和重量，同时成本也较低。膜式增湿器实物如图5-7所示。

图5-7 膜式增湿器实物

1. 技术现状

国际上，日本丰田、美国博纯、韩国KOLON、德国Mann-Hummel和Freudenberg FCCT等开发了增湿器产品。美国博纯采用管式膜增湿技术，使用Nafion薄膜微管，产品气体流量可达5500alpm（气对气）和15000alpm（水对气），寿命高达20000h；德国Mann-Hummel和Freudenberg FCCT同样使用Nafion膜，有板式膜和管式膜两种技术，产品开始批量化生产。韩国KOLON采用中空纤维膜，中空纤维膜对水蒸气分子具有高选择透过性特性，具有较高的增湿效率，且价格较低，目前在我国的市场占有率较高。中空纤维膜具有较高的增湿效果，且成本较低。韩国在中空纤维膜气体增湿器生产制造技术方面占据领先的地位，韩国KOLON气体增湿器的技术指标可满足120kW燃料电池系统的需求，工作温度−30~90℃、最大工作压力0.3MPa、最大压差50kPa、增湿效率可达到42%~60%。深圳伊腾迪的气体增湿器开始量产，增湿效果接近国外产品，但是可靠性与耐久性等整体水平与国外相比仍有较大差距。

2. 分析研判

中空纤维膜式增湿技术是增湿器的主要技术方向。国际上现阶段采用的主流技术是气对气膜式加湿器，目前广为使用的主要有 Nafion 膜和中空纤维膜。其中 Nafion 膜的技术路线比较成熟，但是价格较高。中空纤维膜是较为新颖的技术路线，具有成本低、湿交换效率较高的优点，代表未来的主流技术方向，但是目前仅有韩国厂家生产的中空纤维膜能够满足燃料电池系统增湿的要求，国内虽已推出中空纤维膜产品，但是制造工艺还不完善，批量生产质量不稳定，缺乏必要的可靠性与耐久性验证。目前韩国厂家生产的中空纤维膜仍占有国内的绝大部分市场份额，需要尽快突破国产中空纤维膜的批量化生产的瓶颈。

膜管材料的国产化是膜式增湿器成本控制的关键。尽管国内企业已经开发出中空纤维膜增湿器的核心部件中空纤维膜管材料，但是制管的生产工艺仍不成熟，质量不稳定，水气分离效果不够好，容易出现干湿气体回路间的串气，以及端口密封泄漏等问题。目前膜式增湿器的价格昂贵，急需通过国产化方可有效降低成本。

3. 关键指标（见表 5-3）

表 5-3 增湿器关键指标

指标	单位	2025 年	2030 年	2035 年
适应功率范围	kW	120	240	300
最大空气流量	SLPM	12000	24000	30000
工作温度范围	℃	$-30 \sim 90$	$-35 \sim 95$	$-40 \sim 95$
最大工作压力	MPa	3	3.5	4
最大压差	kPa	50	75	100
寿命	h	10000	20000	30000
内泄漏量	%	0.5	0.25	0.1
增湿效率	%	$40 \sim 60$	$45 \sim 65$	$50 \sim 70$
最大干气侧压降	kPa	7.7	6.5	6
最大湿气侧压降	kPa	7.5	6.5	6

5.1.2 氢气供应子系统

氢气供应子系统的作用是满足电堆正常运行时对氢气的流量、压力与湿度等需求，将电堆阳极侧的氢气操作条件调节到适当范围内，是保证氢气供应安全可靠和系统运行稳定高效的关键子系统。氢气供应子系统主要由氢气供应比例阀、氢气循环泵和/或引射器、气水分离器、泄压阀和尾排电磁阀等组成，其中氢气循环泵和引射器为关键部件。

氢气供应子系统基本结构如图 5-8 所示。

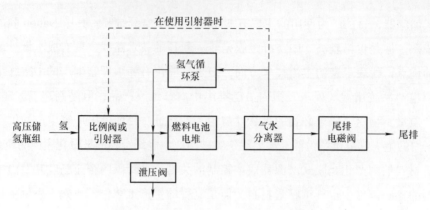

图 5-8　氢气供应子系统基本结构示意图

氢气循环泵的主要功能是将电堆出口未消耗完的氢气回送至电堆入口再次进行反应，并且可借此调节电堆内氢气的流量与压力、辅助排水或加湿以及预热新进入的氢气，具有提高燃料利用率、延长燃料电池寿命等重要作用，是燃料电池系统的重要零部件之一。氢气循环泵主要分为罗茨式、爪式、涡旋等结构。氢气循环泵具有体积小、噪声低和功耗小等优点，但同时存在带液压缩困难、对密封部件和防爆功能要求高等缺点，其技术难点在于防腐蚀涂层材料、氢气密封、水汽腐蚀和冲击防爆。

引射器是依靠高速喷射工作流体造成的压差将被喷射气体不断吸入混合后再喷出的原理进行工作，它利用储氢瓶内的高压氢气流进入电堆入口时将电堆出口端的低压、低流速氢气引射进来形成具有一定压力和流速的混合气一起重新进入电堆进行工作。引射器包括工作喷嘴、接收室、混合室和扩散室等结构。技术参数包括压力、温度、质量流量和最大引射系数等。引射器具有质量体积小、结构简单、噪声低、维护成本低、密封性好等特点，但同时存在回氢量小、工作范围窄等缺点，其技术难点是在小流量以及复杂工况下效果差，控制困难，单独使用往往循环效果不佳，通常需要多个引射器组合或者是与氢气循环泵联合进行工作。爪式氢气循环泵叶片示意图如图 5-9 所示。

氢气循环泵实物如图 5-10 所示。

图 5-9　爪式氢气循环泵叶片示意图

图 5-10　氢气循环泵实物

氢气引射器结构示意图如图 5-11 所示。

图 5-11　氢气引射器结构示意图

氢气引射器实物如图 5-12 所示。

图 5-12　氢气引射器实物

5.1.2.1　氢气循环泵

1. 技术现状

国际上，德国、美国和日本处于世界领先水平，德国普旭、KNF、AirSquared，美国 VAIREX、BNI 和日本小仓等处于垄断地位。罗茨氢气循环泵具有大流量、结构简单、运行可靠、压缩比高的特点，但噪声较大，适合于物流、重卡等载货汽车。爪式氢气循环泵的噪声水平较低（75dB），适合载人的轿车、大巴车等汽车。德国普旭采用爪式氢气循环泵，具备良好的密封性，能维持较高的体积流量，最大流量为 476NL/min、质量为 6.5kg、压比为 0.04～0.09MPa、噪声为 70 dB（A）、效率高于 60%、寿命为 15000h，市场占有率较高，是我国氢燃料电池汽车行业目前装车使用的主要机型。由于国外燃料电池汽车的产业化发展速度的限制，给大功率氢气循环泵的研发带来一定影响。

国内有多家公司涉足氢气循环泵研发、生产和销售，例如苏州瑞驱科技开发的罗茨式氢气循环泵，拥有1000NL/min的大体积流量，质量为7.5kg，压比为0.04～0.09MPa，于2020年开始快速占领大功率燃料电池电堆系统市场，目前已被国内部分燃料电池系统厂家采用。但是其产品仍处于早期阶段，还没有通过氢安全相关的测试认证，在密封、安全防爆方面技术的欠缺会带来安全性的隐患。同时厂家使用的结果也表明这些氢气循环泵用于大功率电堆时的综合性能和可靠性还需进一步提升，才能满足大功率燃料电池动力系统的氢循环需求。

2. 分析研判

氢气循环泵产品逐渐由进口转为国产化。国内试制的产品目前主要以罗茨式为主，爪式较少。与爪式相比，罗茨式的主要优势在于流量较大，可兼容低温破冰、液态水等各种复杂的应用工况，但还存在以下问题：叶片型线加工过程中会形成突点或不光滑点，造成磨损变形；转子型线与转子、转子与泵腔之间间隙较大，降低了循环效率；无油密封部件寿命较短，以及加工工艺及装配工艺精度不高。另外，腔内接触氢气材料的涂层材料与工艺还需提升优化以提高表面硬度以及抗氢脆能力。目前市场急需多种规格的氢气循环泵系列产品，以满足不同输出功率的燃料电池系统的需求。虽然依然存在上述问题，由于罗茨式的设计与制造门槛相对较低，成本也较低，而成为国内相关厂商的首选产业化技术路线，以苏州瑞驱科技为代表的国产罗茨式氢气循环泵在国内的市场份额逐年递增，有快速增长的势头。

氢气循环泵需重点解决高安全性与高可靠性问题的核心技术。氢气循环泵属于涉氢产品，对安全性要求很高，密封和防爆性能显得尤为重要，需要重点解决油封设计及选取、壳体材质及加工工艺、电机防爆等技术问题，还需要加快产品的技术验证与安全性验证。

3. 关键指标（见表5-4）

表5-4 氢气循环泵关键指标

指标	单位	2025年	2030年	2035年
寿命	h	25000	30000	40000
泄漏率	$Pa \cdot m^3/s$	1×10^{-8}	5×10^{-9}	2×10^{-9}
噪声	dB	75	65	60
最大流量	m^3/h	60	80	100
压升	kPa	40	60	80
质量	kg	7	7	7
EMC	—	Class 3	Class 4	Class 4
出口端含油量	ppb	30	20	10
最大带液水平	水/气比	0.5/1	1/1	2/1

5.1.2.2 引射器

1. 技术现状

国际上，美国和日本处于世界领先水平。美国 Nuvera Fuel Cell 公司开发了被动式引射器，该装置依靠阳极进气流的压力，被动地控制引射器的循环流量。美国 Argoone 国家实验室开发了氢气引射装置，本田 Clarity 车用燃料电池系统在阳极侧使用了引射器。国内有多家机构开展了引射器的研发与试生产，已有部分公司通过采用电控喷氢与引射回氢相结合的技术方案，以求扩大工况范围，额定供氢流量达到 450L/min，压力调节精度达到 ±0.002MPa。在使用引射器与共轨喷氢阀串联的实验室测试中，在 25%～95% 的额定功率引射范围内可达到 2.0 额定引射当量比。

2. 分析研判

引射器技术是氢气循环系统的核心技术。引射器无移动部件，减少了机械部件伴随的振动和噪声，具有结构简单、运行可靠、无能耗和安全等优点，在使用过程中能有效加湿氢气，提高氢气利用率。目前国内外都在探索采用增加引射器移动部件、开发双引射器氢循环模块、开发引射器+喷射旁路氢循环模块、尝试可变喷嘴引射器、采用引射器与循环泵并联等方法实现更好的氢气循环功能。虽然上述方案可以改善引射器不能有效覆盖从低负载到高负载工况的痛点问题，但不可避免也会导致氢循环系统的复杂化和成本上升，需要进行大量的研究与验证工作，不断优化方案。

全功率引射范围、精确稳定控制是引射器当前研究的重点。电堆的阳极区压力、温度和湿度都会直接影响引射器的引射比和压升，设计引射器时需要根据燃料电池发动机的需求考虑电堆最恶劣的实际工作条件，避免不同复杂工况条件下造成引射效率恶化的情况发生。虽然目前的引射器产品还无法有效覆盖燃料电池系统的全部工作区间，但是从成本低、效率高、质量体积小、设计简单、无寄生功耗等角度考虑，引射器方案具有明显的优势，研发工作范围从怠速到额定功率范围的引射器是未来发展的热点。

与引射器工作条件相关的氢回路的控制缺乏相应的理论研究与实验验证。国内多采用流体力学建模技术、CFD 三维仿真技术、虚拟测试技术、带电堆测试和系统性能验证技术来开发引射器，并通过采用数值仿真方法对燃料电池引射器的结构进行辅助设计，虽然用这些方法设计出来的引射器具有一定的氢气回流效果，但是由于严重缺乏在实际车载工况条件下的测试验证方法与手段，难以开展集引射回氢、氢气喷射及压力调节三种功能于一体的控制理论研究，也就无法快速精准地进行设计优化，进而改善引射器的实际使用效果。

3. 关键指标（见表5-5）

表5-5 引射器关键指标

指标	单位	2025年	2030年	2035年
当量比	—	2.0	1.7	1.4
最大氢回流量	L/min	500	800	1000
出口压升	MPa	0.02	0.03	0.05
引射比①	@120kW	2.1	3	5
压力精度	MPa	0.002	0.001	0.0005
工作温度	℃	-30	-35	-40

① 引射比 = 二次进流混合气体质量流量／一次进流氢气质量流量。

5.1.3 热管理子系统

热管理子系统的主要目的是将燃料电池发电过程所产生的热量散发出来，同时还具有在寒冷条件下对冷却回路进行加热以维持电堆正常运行所需要的温度，保障电堆内膜电极处于最佳工作温度区间。热管理子系统主要通过快速精确控制燃料电池电堆进出口冷却液的温度来维持电堆的运行温度（通常为75～90℃），该系统主要由冷却液循环泵、主/辅散热器、电加热器、离子过滤器和节温器等部件构成，其基本结构如图5-13和图5-14所示。热管理子系统还需要保证冷却液的电导率维持在较低水平，保证系统的电气安全性。热管理子系统的能耗约占燃料电池电堆发电功率的8%左右，提高散热效率意义重大。

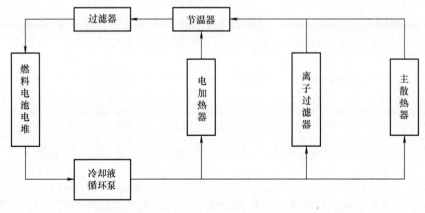

图5-13 主散热回路基本结构示意图

第5章 氢燃料电池系统（发动机）技术

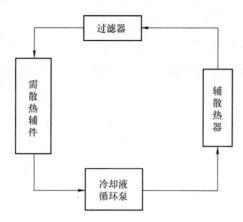

图 5-14 辅散热回路基本结构示意图

1. 技术现状

热管理子系统主要包括主散热回路（为电堆提供热管理）和辅散热回路（为燃料电池系统辅件提供热管理）两个部分，在不同的系统设计中，主散热回路和辅散热回路有共用散热器、部分共用散热器、不共用散热器等多种布局形式。通常热管理子系统回路在长时间运行后，冷却液（一般为去离子水和水乙二醇的混合物）中会出现包括 $CaCO_3$、SiO_2、Al_2O_3、SiO_2、Fe、Cu、Ag、Sn、PbF_2 等金属离子和金属钙镁化合物的析出物。这些不同的析出物会造成燃料电池电堆的绝缘电阻下降从而影响了安全性，并且还恶化了散热效果进而降低了系统效率。因此，燃料电池系统冷却液需满足较低的电导率（<5μs/cm）、较高的抗冻性（-40℃不结冰）、较低的腐蚀性（抑制冷却系统部件析出金属离子）等要求。

冷却液循环泵方面，日本和美国处于领先地位。日本电装、美国亿姆匹（EMP）、美国戴纳林（Dynalene）等企业均有优秀产品推出。其中日本电装为丰田第二代 Mirai 的燃料电池系统提供的低噪声冷却液循环泵使用内装式永磁同步电机，工作温度为 -45~95℃，最大流量为 180L/min；美国 EMP 冷却液循环泵的运行温度为 -40~95℃，最大流量为 180L/min，功耗 ≤ 1.8kW，效率均达到 95% 以上。国内基本上处于并跑阶段，但是在噪声、体积与重量方面仍有明显差距。

散热器方面，国内也基本上处于并跑阶段，但是在体积、重量等方面仍有一定差距。离子析出物方面，日本、美国和德国在散热器等直接接触冷却液的零部件的表面处理方面处于领先地位，离子析出物较少，而国产的离子析出物较多。

2. 分析研判

迫切需要研发低成本的散热回路方案，解决离子析出、锈蚀和结垢的问题。目前国内的散热水箱均采用传统内燃发动机用散热器的铝合金结构，对内壁冷却液接触面的表面钝化处理不足以满足燃料电池系统的要求，需要针对散热器的选材进行优化，进行物理与化学钝化处理相结合的研究，开发新型低成本钝化工艺方案，显著降低接触面的化学活性，减少析出物的产生。

热管理子系统中散热模块的发展趋势是小型化和高效化。因为氢燃料电池发动机工作温度较低，相比传统燃油发动机散热系统液气温差小，导致散热器需要更大的散热面积、所需风扇数量更多、热管理子系统尺寸更大，所以研发高效冷却器、高效低噪声风扇等高效小型化散热模块至关重要。

冷却液循环泵的发展方向是轻量化、降低功耗、减小体积和降低噪声。车用冷却液循环泵对功耗、体积、重量以及噪声要求较高，需要对泵头壳体与叶轮的材质选型、设计及加工工艺等技术问题进行研究，重点是提高加工精度与装配精度，才能够达到提升效率、降低功耗与噪声，以及减小体积与实现轻量化的目标。

高精度、快速响应是热管理子系统控制技术的研究重点。燃料电池电堆在运行过程中对水温要求较为敏感，对进出水口的温度控制精度要求较高，由于受燃料电池电堆内部的温度分布不均匀性的影响，进出水口处的温度变化会造成电堆内部的温度分布不均匀性增加，在目前不断追求更高运行温度的潮流的影响下，控制系统受水泵、节温器、风扇等因素影响会导致温度控制滞后，还会进一步加剧这些不均匀性，乃至于形成局部温控失控出现烧干现象，所以需要更为先进的优化控制策略与算法。

燃料电池系统热管理需要和整车热管理进行融合设计。燃料电池热管理系统作为整车热管理的重要组成部分，在未来的设计过程中需要考虑与整体系统的深度融合。将燃料电池的热管理系统与整车热管理系统一体化设计有助于简化结构、减轻重量、减少功耗与降低成本。同时考虑将余热回收用于车厢内的采暖是寒冷地区用车的重要研究方向。

3. 关键指标（见表 5-6）

表 5-6　热管理子系统关键指标

指标	单位	2025 年	2030 年	2035 年
环境温度范围	℃	−30～45	−35～45	−40～55
电导率/离子析出率	μS	4	2	1
最大散热量（最高环境温度时）	kW	80	150	300
能耗	kW	1	0.5	0.3
精度	±℃	2	1	1

5.1.4　燃料电池系统控制器

燃料电池系统控制器（Fuel Cell Control Unit，FCCU）对空压机、氢循环泵、冷却水泵、DC/DC 变换器、各种传感器和电堆等进行控制，对燃料电池系统运行中的各环节进行管理、协调、监测、控制和通信，以保证系统的正常运行，其控制技术直接决定了整个系统的性能及稳定性。燃料电池系统控制器需要具备较强的计算能力、较快的响应速度、较丰富的

第5章 氢燃料电池系统（发动机）技术

资源接口，需要具有较强的智能化功能，能够对燃料电池电堆与系统进行健康诊断、故障预判、寿命预测。燃料电池发动机系统控制总体框图如图5-15所示。

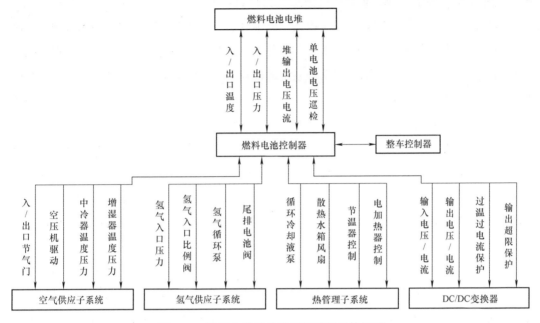

图5-15 燃料电池发动机系统控制总体框图

1. 技术现状

目前国内外的车用燃料电池系统控制器基本处于同一技术水平，大都采用32位或64位汽车工业级芯片，软硬及控制策略设计开发需符合ISO 26262功能安全要求，并需要符合EMI与EMC的相关标准。目前车用燃料电池系统控制器都具有高效快速的计算能力，具有丰富的资源和多功能的可配置接口。通常还会包含完备的开发工具包，采用自动化代码生成技术一键完成硬件驱动和模型算法的集成，无须关注底层实现细节，只需专注于应用策略及控制算法开发，实现算法高效性和正确性的快速验证。

日本丰田与本田在Mirai和Clarity车型上采用了部分功率集成设计的燃料电池系统控制器，其中功率控制部分采用新兴的碳化硅功率器件，在效率、性能与可靠性等多方面都显示诸多优越性，与当前广泛使用的硅半导体相比，验证了新型碳化硅功率半导体器件所带来的节能效果。与传统的分立功率驱动设计相比，集成了功率控制的多合一控制器在整体结构方面大为简化、体积与重量明显减少。国内方面瑞驱科技等企业正在积极开发包括基于全碳化硅驱动方案的200kW DC/DC变换器、35kW超高速空压机控制器（Air Compressor Controller，ACC）、氢气循环泵控制器（Hydrogen Circulator Controller，HCC）、功率分配器（Power Distribution Unit，PDU）、电堆内阻抗识别以及EMC处理单元等，推动一体化多合一控制器的开发。

2. 分析研判

高集成度的燃料电池系统多合一控制器是技术发展趋势。氢燃料电池系统中的电堆、电堆巡检系统、各子系统、高低压电源都是相对独立的系统，相互之间通过电缆（功率）线束与控制线束相连接，因此存在体积大、成本高、可靠性差、功能重叠和无法规模化制造等问题。开发高集成度的一体化多合一控制器，整合弱电控制与强电控制，实现直接功率控制，有利于减少燃料电池汽车动力系统的体积、重量和成本，可以进一步提高系统的可靠性、可制造性和 EMC 性能。未来多合一集成化设计将向高功率密度、小型化、大集成化方向发展。

氢燃料电池动力系统多合一集成控制器需要解决系统兼容性及稳定性等问题。自主功率器件及驱动保护技术、高效率 DC/DC 变换器技术、燃料电池交流阻抗在线检测等关键技术集成容易导致系统中兼容性及稳定性等问题，如超高速运行空压机电流谐波干扰问题、无线传感器稳定控制问题等。研究多合一的新型电路拓扑结构，实现各子系统结构高度集成，优化燃料电池在线检测与协调控制策略，是解决未来氢燃料电池动力系统多合一集成控制器兼容性及稳定性等问题的主要技术方向。同时还需要对空压机用高速电机的高频谐波抑制算法、空压机用高速电机高性能控制技术、氢气循环泵电机控制、散热器控制、DC/DC 变换器多项交错并联控制技术、宽频多域电堆阻抗检测技术、系统控制方法等策略和算法进行一体化集成可行性研究，并进行相应的技术验证，方能提升多合一控制器的性能与可靠性。

提升系统寿命与提高氢燃料使用效率是控制系统研究的重点。燃料电池系统控制器与其他系统控制器的基础元器件差异不大，但是燃料电池汽车发展晚、开发经验不足、验证程度不高，目前所积累的控制策略方法和经验不多，急需进行算法优化。需要从电堆工作状态管理优化方面进行控制策略与算法的优化，实现各个子系统之间的快速响应与精确参数匹配，严格确保电堆在实际车载工况运行过程中所需要的最佳工作条件，开发较为完善的故障诊断与故障预判算法，以确保燃料电池的正常运行、提高氢燃料利用率、减少衰退、延长使用寿命。

车载燃料电池宽频多域分区交流阻抗实时检测与健康诊断技术是提升燃料电池系统耐久性的关键。电化学阻抗谱（EIS）法是对燃料电池电堆内部的膜电极进行健康诊断的一项重要手段，开发基于 EIS 法的电堆交流阻抗在线检测技术并集成到一体化多合一控制器中，对于分析燃料电池内部水热分布、局部电化学反应情况、内部分区的一致性及优化燃料电池的水热操作条件等研究具有极其重要的指导意义。基于交流阻抗在线检测和辨识技术，研究高精度低延时的阻抗测量处理算法、宽频多域电堆交流阻抗在线检测技术、基于 DC/DC 变换器拓扑的电堆交流阻抗检测方法，精确建立车载燃料电池健康状态估计算法，实现实时高可靠控制将进一步提升车载燃料电池动态循环寿命。

3. 关键指标（见表5-7）

表5-7 燃料电池系统控制器关键指标

指标	单位	2025年	2030年	2035年
最高转换效率	%	97	97.5	98
全负载转换效率	%	90	92	95
体积功率密度	kW/L	7	8	10
质量功率密度	kW/kg	3	4	5
最低输入电压	V	150	130	100
最高输出电压	V	500	700	800
输入电流	A	500	600	700
输入与输出电流纹波	%	≤3	≤1	≤1
电压精度	%	≤1	≤0.5	≤0.02
电堆交流阻抗测试精度	%	优于1	优于0.5	优于0.2
可靠性（平均无故障运行时间）	h	3000	5000	6000
安全性	安全等级	ASIL-C	ASIL-D	ASIL-D

5.1.5 DC/DC 变换器

DC/DC 变换器的主要功能是用来调节燃料电池的输出电压以满足整车电驱动系统的需求。根据不同的工况要求，通过 DC/DC 变换器控制燃料电池系统的工作点（伏安特性曲线上的特定点），再通过整车功率分配器（PDU）向整车的高压母线供电，进而驱动主驱动电机，实现能量的传递。燃料电池 DC/DC 变换器的主要性能指标包括输入/输出电流与电压范围、转换效率、电流/电压控制精度、动态响应特性、功率密度、输入/输出电流与电压纹波等。车载 DC/DC 变换器工作原理如图 5-16 所示。

图 5-16 DC/DC 变换器工作原理示意图

从 DC/DC 变换器的工作原理来看，可分为电气隔离型与非隔离型两种。其中隔离型可以做到电气绝缘、安全性高，但体积大、成本高；非隔离型在转换效率、动态响应特性及大功率拓扑方面较隔离型优，但不能隔离整车与燃料电池电气系统，会直接影响整车的绝缘性能，带来安全性隐患。隔离型与非隔离型 DC/DC 变换器工作原理如图 5-17、图 5-18 所示。

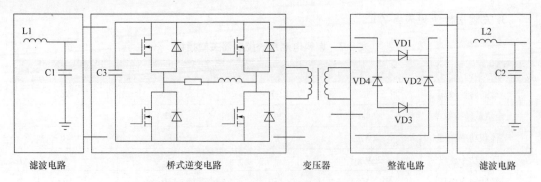

图 5-17 隔离型 DC/DC 变换器工作原理示意图

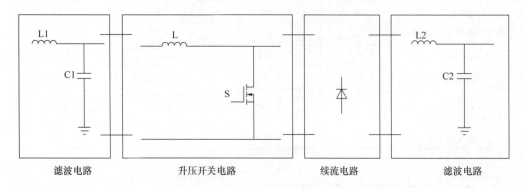

图 5-18 非隔离型 DC/DC 变换器工作原理示意图

燃料电池汽车用 DC/DC 变换器实物如图 5-19 所示。

图 5-19 燃料电池汽车用 DC/DC 变换器实物

1. 技术现状

国际上，日本和瑞士处于世界领先水平。日本电装和瑞士 BRUSA 是燃料电池 DC/DC 变换器的主要供应商。日本电装是丰田燃料电池乘用车 Mirai 的 DC/DC 变换器供应商，在技术

第5章　氢燃料电池系统（发动机）技术

研发和产品商业化方面具备领先优势。在转换效率指标方面基于 IGBT 器件的平均效率 96%，基于 SiC 器件的平均效率 98%，额定工作点超过 96%；在功率密度指标方面，目前国际先进水平在 8~9kW/L。

国内处于国际并跑阶段，目前国内燃料电池汽车基本都采用国产 DC/DC 变换器，燃料电池 DC/DC 变换器产品进步快速，产业化应用的产品规格不断升级。广东省福瑞电气与欣锐科技在 DC/DC 变换器领域有非常好的产业基础，已研发了 150kW 级 DC/DC 变换器产品，效率超过 94%，其他技术指标也与国际先进水平相当接近，并经过充分的磨合与验证，产品已相对成熟。

与传统硅半导体功率器件相比，SiC 功率器件在效率、性能与可靠性等多方面都具有明显优势。国内的高能效和高功率密度用 SiC MOSFET 仍受制于人，国外主流供应商包括美国 CREE、日本罗姆、欧洲意法半导体等；目前国产厂商如深圳青铜剑开始批量提供 SiC 器件，但是功率依然偏小，还不能完全满足燃料电池系统的需求。其他如上海锗沃、亦动未来等通过消化吸收欧美日等国的技术，开发 SiC MOSFET 芯片集成及封装、大电流驱动技术，研制高性能驱动单元，开发 SiC 芯片设计技术、功率模块封装及驱动保护技术，开发驱动控制技术，力争填补国内相关领域的技术空白。

2. 分析研判

非隔离型 DC/DC 变换器是目前低成本化的最可行方案，但是技术还有待完善，需要进一步提高其安全性。目前国内几乎所有的燃料电池企业都采用非隔离型 DC/DC 变换器进行装车。整体而言，非隔离型是业界认为更好的低成本解决方案，但需要在短路保护、高压对低压的反灌等方面有完善的技术方案及保护措施。

DC/DC 变换器需要开展高功率密度、高升压比拓扑结构及控制技术研究。提高升压 DC/DC 变换器的功率密度不管从体积还是成本方面都有着非常积极的意义，当前主流产品虽然以 IGBT 等传统硅基开关器件为主，但已有加快向 SiC 器件转换的趋势；SiC 器件目前以单管封装为主，额定电流在 60A 左右，为了达到电堆所需要的电流，必须采用开关管并联或者功率模组并联的方式，这带来了并联开关管的动态均流或功率模组之间的均流控制问题，因此研究多开关管并联、多功率模组并联的均流控制技术以及功率模组之间电磁兼容性设计是提高 DC/DC 变换器功率密度的关键所在。

急需我国的半导体产业在 SiC MOSFET 集成及封装技术、大电流驱动保护技术等方面取得突破。构建国产化高可靠 SiC 栅介质材料、芯片集成、功率器件及驱动技术成套设计体系及方法，开发车规级 SiC MOSFET 芯片集成及封装技术、SiC 大电流驱动保护技术等，进一步研发 SiC-IPM（智能功率模块）来提高效率和功率密度，满足集成控制器全负载范围的效率，并由此开发下一代燃料电池升压高效 DC/DC 变换器、空压机用高速电机控制器，可进一步提高整个燃料电池系统的功率密度及转换效率。需要紧抓 SiC 栅介质材料、SiC

MOSFET芯片集成、SiC-IPM及大电流驱动技术等燃料电池汽车半导体材料、芯片、器件等核心技术研发和攻关。

3. 关键指标（见表5-8）

表5-8 DC/DC变换器关键指标

指标	单位	2025年	2030年	2035年
最高转换效率	%	97	98	99
功率密度	kW/L	7	8	10
输入电压范围	DC V	100～450	100～450	100～450
输入电流	A	500	600	700
升压比	—	5	6	7
工作温度范围	℃	-40～85	-40～85	-40～85
冷却需求	℃	-40～60	-40～65	-40～70
输入与输出电流纹波	%	<3	<1	<0.5
输入与输出电压纹波	%	<3	<1	<0.5

5.1.6 系统集成技术

燃料电池系统集成技术是通过系统的匹配设计，将电堆与其他子系统有机结合起来，融合信号、功率、控制、诊断等信息，实现系统的结构、性能、寿命、成本的综合指标最优的技术，主要包括系统集成设计和系统控制技术。系统集成设计以系统的总目标和需求为导向，以电堆为核心，通过解析电堆与子系统、子系统与部件之间的特性匹配关系和参数耦合关系，确定系统比功率、寿命、成本等约束条件下的工作流程、部件边界条件、结构设计和运行策略等；系统控制技术通过实时获取系统中各测量点的信号，建立燃料电池系统运行状态评估模型，分析系统的当前运行性能与健康状况，基于评估结果和被控对象的动态特性模型，实现对系统中控制量的有效控制，最终实现系统性能与寿命的多目标优化运行。此外，通过逐步完善故障特征数据库来构建基于特征匹配的故障诊断方法，设计容错控制策略，提高系统运行的稳定性和可靠性。

燃料电池系统集成技术主要采用氢质子交换膜燃料电池，根据具体需求分为商用车和乘用车系统集成技术。在商用车方面，燃料电池系统集成需要满足良好的耐久性、环境适应性和可靠性、合适的经济性。在乘用车方面，还需要满足较高的体积比功率、良好的动态响应特性。以下进行技术现状描述以及技术研判时将商用车与乘用车一并介绍。

1. **技术现状**

燃料电池系统集成国际上以日本、韩国和加拿大处于世界领先水平。日本丰田、韩国现代、日本本田、加拿大巴拉德等公司的燃料电池系统相关指标基本满足商业化运行的要求。加拿大巴拉德开发的商用车燃料电池系统寿命达25000h，冷起动温度-30℃。日本丰田2015年发布的第一代燃料电池乘用车Mirai搭载113kW驱动电机，续驶里程500km，电堆体积比功率达到3.1kW/L，系统集成后的体积密度为1.4kW/L，峰值功率达到114kW。目前的第二代Mirai续驶里程搭载135kW驱动电机，续驶里程提升至650km，燃料电池的输出功率提高到了134kW，功率密度也有了较大幅度的提升。

国内燃料电池系统集成正处于跟跑阶段，多家公司开发出较为成熟的商用车系统集成技术，产品覆盖至200kW，质量功率比200～400W/kg，目前已实现氢燃料电池发动机批量化生产，有多家公司产能达到千台级或以上。国内燃料电池系统集成技术与国外先进水平的差距主要体现在与整车相匹配的集成度、系统效率、功率密度、低温起动、可靠性与耐久性等多个方面。

2. 分析研判

正向开发系统架构是燃料电池系统集成技术的发展方向。目前的燃料电池系统集成还处在拼装设计阶段，拼装集成设计的优势是能快速完成产品集成设计，适应目前技术快速迭代的产品开发，小批量生产时成本较低，适合现阶段产业小规模推广。下一代系统集成设计，是要适应大规模量产一致性要求；同时将要求有更高的集成功率密度、更好的抗振性能、更强的抗冲击性能，系统集成的技术方向必然开始向正向、体系化的架构化设计方向发展。架构化设计将不再受关键零部件的外形所制约，将根据系统集成设计的要求，与零部件开发深度整合，正向改进设计零部件；系统集成将采用模块化开模设计，适应规模化量产需求，全面提高产品集成功率密度及安全性能。

高效率、高可靠性、高功率和长寿命的系统集成技术是市场的需求。目前还存在以下几个制约燃料电池汽车的瓶颈，首先是现有的燃料电池系统的输出功率普遍偏小，还不能完全满足其对动力的需求，和国外差距较大，需要开发大功率系统集成技术；第二是燃料电池系统的可靠性偏低，寿命较短，平均无故障时间间隔短，需要改进系统集成技术以提高系统的可靠性与寿命；第三是需减小辅助系统功耗，提高系统的总体效率。急需开发先进系统集成技术，针对大功率输出的需求，优化BOP设计与选型，采用各种控制策略，合理协调电堆与BOP的运行参数，全力提升氢燃料的使用效率，提升系统控制的响应速度，减少响应延误对电堆寿命的影响，保障电堆的使用寿命。

需提升燃料电池系统的功率特性、冷起动指标。燃料电池系统在功率响应速度方面，国内目前仅能达到10kW/s左右的水平，未来需达到20kW/s，方能满足未来燃料电池系统作为主驱动系统的要求。这需要开发快速响应的系统控制技术，重点突破在实际工况下，燃料电池系统变工况下供氢不足、高电极电位等技术难题，避免影响到燃料电池系统的耐久性、经济性和动力性等综合性能。在低温冷起动方面，国内目前仅能实现-30℃隔夜储存后的起动，且达到额定功率的80%耗时长达数十分钟，还不能够满足北方冬季的使用要求。需要开发系统低温自起动技术，重点突破电堆膜电极防冰冻与氢空自增热技术、优化低温起动辅助装置设计、选择具有优良低温特性的起动电池并进行系统匹配,在不依赖车外能源与设施的情况下真正实现极寒条件的快速起动。

系统零部件标准化、模块化和集成化是燃料电池技术发展趋势。燃料电池系统集成的关键是通过系统匹配设计将电堆及其附属水、电、热、气部件有机整合,零部件的模块化、集成化、标准化是重要的实现途径。如空气供应子系统里中冷器与增湿器的集成化以减少体积与重量;水热管理子系统中多向阀和加热器集成、散热器和水箱集成等可显著减少零部件的种类和数量;电堆模组与氢气循环子系统的整合可大幅度简化系统设计;减少各个零部件的电压等级种类以简化电源供电降低能耗;匹配高充放电倍率(C 数)的电池系统减小动力电池容量以降低成本。通过以上研究,实现高集成度、低成本的燃料电池系统开发,促进燃料电池汽车的商业化发展。

3. 关键指标(见表 5-9)

表 5-9 系统集成关键指标

指标	单位	2025 年	2030 年	2035 年
额定工作点效率	%	50	55	60
比功率	kW/kg	0.5	0.55	0.65
功率密度	kW/L	0.4	0.6	0.85
冷起动温度	℃	−30	−40	−40
冷起动时间	min	30	10	2
商用车系统寿命	h	10000	15000	20000
乘用车系统寿命	h	5000	7500	10000
商用车系统成本	元/kW	3500	2200	800
乘用车系统成本	元/kW	3200	2000	600

5.1.7 系统测试技术

燃料电池系统测试是其研发、生产、应用过程中的重要环节,是评价燃料电池系统性能优劣及寿命的主要手段。燃料电池系统测试包括裸堆/模块对标测试、BOP 对标测试以及系统总成测试等;按其测试场所和测试环境的不同分为实验室台架测试、整车运行调试和特殊性测试。其中,特殊性测试是指在特殊环境下的测试,如高寒、高温、高海拔、湿热、盐雾、振动和电磁干扰(EMC)等环境下的可靠性实验。燃料电池系统测试台架工作原理示意图如图 5-20 所示,实物如图 5-21 所示。目前,在部件测试方面国内已经具备较好的基础,而系统测试方面仍存在技术难点。因此,本路线图主要对系统测试技术进行分析和研判。

1. 技术现状

系统测试设备国际上以加拿大、德国、美国处于世界领先水平。加拿大绿光创新

第5章 氢燃料电池系统（发动机）技术

（Greenlight）、德国 FuelCon 等公司是全球燃料电池测试技术和测试设备领先的供应商，绿光创新测试平台能够精确控制燃料电池加湿，具有先进的自控语言；加拿大巴拉德公司拥有电池电堆、燃料电池发动机测试技术和设备；加拿大绿光创新、德国 FuelCon 在质子交换膜燃料电池、加湿、氢流量、冷却系统和电堆泄漏方面测试技术领先，以上公司的测试平台功率可达百千瓦级别、设备产品精度及配备的测试软件的稳定性得到业界的广泛认可。

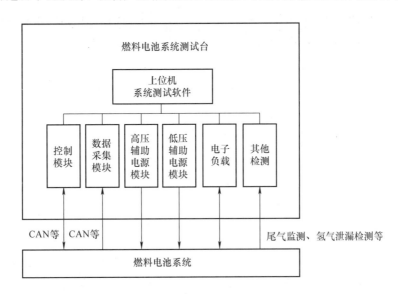

图 5-20　燃料电池系统测试台架工作原理示意图

图 5-21　燃料电池系统测试台实物

目前国内处于跟跑阶段，已有多家系统测试技术研发机构和系统测试设备供应商，具有 30～250kW 的测试台架，可进行燃料电池系统输出性能和工况适应性，以及燃料电池系统的起动特性、额定/峰值功率、稳态特性、气密性、电阻、可靠性、耐久性以及系统效率等多项试验测试。但是由于燃料电池测试台架的关键核心零部件，例如各类质量流量计、压力调压阀件、传感器均严重依赖进口，同时关键设备例如高稳定度低纹波的电子负载、用于进行电堆阻抗测量的高精度大电流电化学工作站同样依赖进口，整体测量控制软件的匹配水平不高，控制精度和运行稳定性方面与国际先进水平存在较大差距，仍需在燃料电池系统测试技术和测试设备研发上大力投入。

在系统测试技术方面，目前的测试方法与手段均仅关注燃料电池本身的纯技术指标上，例如对系统的输出电性能、耗氢量、相对应的其他流体物理量等进行直接的测量，而且测量结果基本上是用在相对稳态的情况下进行表述的，还缺乏针对燃料电池汽车的实际工况下对燃料电池系统高精度智能化的测试方法与评价方法，需要在多层级测试方法、高动态监控测试、多功能诊断分析方面进行深入研究，构建科学合理的测评体系，重点解决燃料电池健康诊断、故障预判与寿命预测等难题。

2. 分析研判

国内急需突破先进高精度燃料电池系统测试设备依赖进口的困境。燃料电池系统在研发、生产和使用环节都需要进行大量的测试工作，这些测试涉及燃料电池系统与零部件以及环境模拟等方面。虽然我国的燃料电池测试技术随着氢能产业的发展在不断的提高，但是由于进口的燃料电池测试台架在测试精度、重复性、可靠性与安全性方面有较大的优势，仍占据着大部分国内燃料电池测试的高端市场，国内企业的产品目前很难进入高端市场，同时，燃料电池测试台架的核心零部件严重依赖进口，还存在相互之间的性能参数匹配以及软硬件之间的控制匹配问题，这会造成复杂测试过程中的不稳定性。

燃料电池系统测试设备将从单一功能向多功能综合测试台架方向发展。一个完整的燃料电池测试系统包括气体供应系统、温度和压力控制系统、增湿系统、安全报警系统、电子负载、数据采集及控制系统以及热管理系统。单一功能的测试并不能满足燃料电池系统的全面测试和标准法规的全部要求，随着氢燃料电池测试行业的不断发展，将诞生一些系统专业化强、功能多元化、智能化和使用方便的测试设备，如燃料电池气密性检测设备、电堆测试台和燃料电池发动机测试台等专业化的测试设备将朝着模块化、可扩缩、易维护的多功能综合测试台架和"物理+数字"的共性联合仿真测试平台方向发展。

测试设备将朝着大范围、高精度、响应快、高安全的技术方向发展。随着燃料电池系统在重型卡车、商用车、公交车等领域的大范围推广使用，系统的功率将变得越来越大，相对应的测试系统将朝着 500kW 大功率、大范围方向发展。燃料电池系统的运行状态受氢气和氧气的浓度、压力、温度以及湿度等众多物理量影响，因此需要对这些因素进行持续

第5章 氢燃料电池系统（发动机）技术

检测和监控，为获得精确测量值，需要提高温度、压力、流量、湿度等测试精度，以及提高气体流量调节、温度压力调节、气体相对湿度调节的响应能力。相对湿度、背压、质量流量等测试精度更高，测试范围更广，调节控制更加精确。其中测试精度、数据采集、控制策略与控制算法和安全防护是燃料电池测试系统领域的关键技术。另外，安全防护措施也需更加完善，比如氢气泄漏报警、过热保护、限流保护、水位警示等。

建立全面的燃料电池系统标准及测试评价体系迫在眉睫。燃料电池系统的测试方法、标准、测试项目及要求没有形成广泛的统一认识。据统计，现有燃料电池领域国家标准约36项，国家标准指导性技术文件3项，团体标准2项，无论从测试评价体系以及测试标准的数量等都无法支撑快速发展的燃料电池汽车开发验证需求，建立全面的标准及测试评价体系迫在眉睫。测试机构需深入开展先进燃料电池测试技术研究，开发先进燃料电池测试设备，积极参与氢燃料电池行业的规范及标准制定，建立从"材料—部件—系统"全面完整的标准体系，使整个燃料电池测试有参考的依据和标准。

推动第三方检测评价服务体系建设。第三方检测认证是燃料电池系统走向市场的必要步骤，尤其强检测项是每个型号的系统必须要通过的测试。目前，国内的车用燃料电池系统的第三方测试与评价机构主要分布在上海、天津、重庆，其他一些机构也成立了燃料电池测试实验室，具备一定的资质能力，未来仍需要对标国际先进水平建立完整的从材料、部件、系统的有效检测体系和第三方检测服务机构，提供国际级水平的服务与解决方案，为氢燃料电池的技术发展、产品应用提供基础保障。

3. 关键指标（见表5-10）

表5-10 测试系统关键指标

指标	单位	2025年	2030年	2035年
测试系统最大容量	kW	250	350	500
直流电压	V	600	1200	1600
直流电流	A	1000	1200	1600
温度控制精度	℃	±1	±0.5	±0.3
流量测试精度	%FS	0.1	0.5	0.35
气体流量调节响应时间	s	1	0.5	0.2
气体相对湿度调节响应时间	s	30	20	10
耗氢量评估	±%	8	5	1

5.2 技术创新路线图

广东省制定的技术目标如图 5-22 所示。

到 2025 年，燃料电池系统相关指标基本满足商用车批量装车应用、乘用车商业化示范需求，比功率、效率、冷起动温度、寿命和成本等指标在国际上处于并跑水平。

系统整体技术：商用车用燃料电池系统比功率达到 0.4kW/L 或 0.5kW/kg，最高效率达到 55%，最低冷起动温度达到 -30℃，在整车功率需求工况下系统寿命达到 15000h，系统成本为 4500 元/kW（5000 套）；乘用车用燃料电池系统比功率达到 0.6kW/L 或 0.55kW/kg，最高效率达到 60%，最低冷起动温度达到 -30℃，在整车功率需求工况下系统寿命达到 5000h，系统成本为 3500 元/kW（3000 套）。

系统控制关键技术：优化燃料电池系统集成与控制技术，实现可靠性、耐久性等系统性能全面提升。具体包括：①水管理由气-气增湿逐步过渡到无堆外增湿，实现进一步降低系统成本；②攻克低能耗 -30℃快速冷起动技术；③研发超高速电机高频控制器等关键部件。

系统部件关键技术：加大辅助系统关键零部件技术研发力度，重点突破空压机、氢气循环泵、超高速电机、气体动压轴承、引射器、增湿器、DC/DC 变换器等关键零部件技术。具体包括：①加强专用空压机产品及高速电机、气体轴承、增压涡轮等关键部件的研究工作，高速无油小型专用空压机技术取得突破，压缩比达到 2.4；②研发 20 万 r/min 的超高速电机；③加快研发气体轴承和增压涡轮、建立测试评价装置及软件平台；④用于氢气循环的循环泵技术，回流比达 2.0 以上，标准状况下循环量大于 24m^3/h，实现阳极压力动态控制；⑤研发宽域全功率范围工作的引射器及控制技术；⑥突破低成本的中空纤维膜管等技术攻关，水管理由膜增湿器逐步过渡到无堆外增湿，进一步降低系统成本；⑦加快研发气体轴承、建立测试评价装置及软件平台。

到 2030 年，燃料电池系统性能持续提升，可靠性大幅度提升，系统成本持续下降，比功率、效率、冷起动温度、寿命和成本等指标在国际上处于并跑水平。

系统整体技术：商用车用燃料电池系统比功率达到 0.6kW/L 或 0.55W/kg，最高效率达到 60%，最低冷起动温度达到 -35℃，在整车功率需求工况下系统寿命达到 20000h，系统成本为 2500 元/kW（2 万套）；乘用车用燃料电池系统比功率达到 0.75kW/L 或 0.7kW/kg，最高效率达到 65%，最低冷起动温度达到 -30℃，在整车功率需求工况下系统寿命达到 6000h，系统成本为 2000 元/kW（1 万套）。

系统控制关键技术：优化燃料电池系统集成与控制技术，实现可靠性、耐久性等系统性能全面提升。具体包括：①实现以氢气循环泵为特征的无外部增湿水管理技术，实现进一步降低系统成本；②实现利用引射器进行氢气循环及控制技术。

第5章 氢燃料电池系统（发动机）技术

系统部件关键技术：加大辅助系统关键零部件技术研发力度，重点突破空压机、氢气循环泵、超高速电机、气体动压轴承、引射器、增湿器、氢气传感器、阀件、DC/DC变换器等关键零部件技术，打造自主研发优势。具体包括：①突破离心式空压机高效气动设计、转子动力学设计、气体轴承、泵头、叶轮及涡轮转子、高速电机及控制理论研究，实现专用小型空压机的量产，其中压缩比达到2.6，流量不低于90g/s；②开始研究大流量循环泵技术，循环泵进出口压力比大于2.0，标准状况下循环量大于40m^3/h；③实现无外部增湿的水管理技术；④研发空气过滤器、离子交换过滤器，空气过滤器实现过滤粒径大于0.3μm，SO_2浓度低于$0.25×10^{-6}$（体积分数），NO_2浓度低于$0.53×10^{-6}$（体积分数），H_2S浓度低于$0.2×10^{-6}$（体积分数），离子交换过滤器操作温度达到100℃，实现高的离子去除、低电导率冷却；⑤解决引射器工作范围较窄、小流量循环工作问题；⑥研发氢气传感器技术。

到2035年，突破燃料电池系统的集成设计及制造技术，大功率燃料电池系统达到产业化要求，比功率、效率、冷起动温度、寿命和成本等指标在国际上处于领跑水平。

系统整体技术：商用车用燃料电池系统比功率达到0.8kW/L或0.75W/kg，最高效率达到65%，最低冷起动温度达到-40℃，在整车功率需求工况下系统寿命达到30000h，系统成本为1000元/kW（50万套）；乘用车用燃料电池系统比功率达到0.85kW/L或0.8kW/kg，最高效率达到70%，最低冷起动温度达到-40℃，在整车功率需求工况下系统寿命达到8000h，系统成本为800元/kW（20万套）。

系统控制关键技术：优化燃料电池系统集成与控制技术，实现可靠性、耐久性等系统性能全面提升。具体包括：①无增湿水含量闭环控制技术；②阴极高压工作条件的压力/流量优化控制；③阳极泵氢回流结合氢气压力喷射控制等控制技术。

系统部件关键技术：突破空压机、氢循环系统、引射器等燃料电池系统关键零部件的性能与品质满足车用指标要求，并实现自主研发、批量生产和商业应用。具体包括：①突破空压机噪声、转速、体积、效率、寿命可靠性等研究，实现压缩比大于3.5、流量大于150g/s小型空压机的批量生产；②循环泵进出口压力比大于2.0，标准状况下循环量大于60m^3/h，实现循环泵的批量生产；③研发无增湿水含量动态控制技术；④攻克空压机关键部件加工制造等技术；⑤突破全功率引射器技术。

图5-22为燃料电池系统技术创新路线图。

年份		2025年	2030年	2035年
技术内容		燃料电池系统(发动机)技术 ① 空压机技术 ② 空气过滤器技术 ③ 增湿器技术 ④ 氢气循环泵技术 ⑤ 引射器技术 ⑥ 热管理系统技术 ⑦ 燃料电池系统控制器技术 ⑧ DC/DC变换器技术 ⑨ 燃料电池系统集成关键技术 ⑩ 燃料电池系统测试技术		
技术分析		① 空压机处于国内领先水平，但与国际相比仍有较大差距；基本掌握加压系统的流量压力控制技术 ② 基本掌握阳极压力调节技术、氢气循环泵技术、水热管理技术 ③ 系统寿命处于国内领先水平，但与国际相比仍有较大差距，比功率、冷起动等指标与国际相比略显不足	① 空压机处于国内领先水平，但与国际相比仍有较大差距 ② 基本掌握氢气循环泵技术、水热管理技术，并实现小范围应用 ③ 系统寿命处于国内领先水平，冷起动温度、比功率进一步提升，但仍有差距 ④ 检测体系能够示范运行	① 空压机处于国内领先水平 ② 基本掌握氢气循环泵技术、水热管理技术，并实现大规模推广应用 ③ 系统寿命处于国际领先水平，但仍有待提高 ④ 检测体系能够商业化运行
技术目标	空气子系统	空压机：最高压比2.5，流量≥80g/s，效率75%，功耗≤10kW，功耗占比17%，噪声≤75dB at 1m(加消音器) 空气过滤器：流量120~720m³/h，压差≤2.5kPa，吸附效率(@5min)≥50%，寿命≥500h 增湿器：适应功率120kW，增湿效率40%~60%，最大空气流量12000SLPM，寿命10000h	空压机：最高压比3.0，流量≥180g/s，效率95%，功耗≤21kW，功耗占比15%，噪声≤70dB at 1m(加消音器) 空气过滤器：流量100~1000m³/h，压差≤2kPa，吸附效率(@5min)≥85%，寿命≥800h 增湿器：适应功率240kW，增湿效率45%~65%，最大空气流量24000SLPM，寿命20000h	空压机：最高压比3.5，流量≥220g/s，效率105%(涡轮辅助能量回收)，功耗≤27kW，功耗占比13%，噪声≤65dB at 1m(加消音器) 空气过滤器：流量100~2000m³/h，压差≤1.5kPa，吸附效率(@5min)≥90%，寿命≥1500h 增湿器：适应功率300kW，增湿效率50%~70%，最大空气流量30000SLPM，寿命30000h
	氢气子系统	氢气循环泵：最大流量≥60m³/h，压升40kPa，泄漏率1×10^{-8}Pa·m³/s，噪声75dB，寿命25000h 引射器：当量比2.0，最大氢回流量500L/min，出口压升20kPa，引射比2.1@120kW	氢气循环泵：最大流量≥80m³/h，压升60kPa，泄漏率5×10^{-9}Pa·m³/s，噪声65dB，寿命30000h 引射器：当量比1.7，最大氢回流量800L/min，出口压升30kPa，引射比3@120kW	氢气循环泵：最大流量≥100m³/h, 压升80kPa, 泄漏率2×10^{-9}Pa·m³/s，噪声60dB，寿命40000h 引射器：当量比1.4，最大氢回流量1000L/min，出口压升50kPa，引射比5@120kW
	热管理子系统	环境温度范围−30~45℃，最大散热量80kW，电导率/离子析出率4μs/cm，能耗1kW，精度±2℃	环境温度范围−35~45℃，最大散热量150kW,电导率/离子析出率2μs/cm，能耗0.5kW，精度±1℃	环境温度范围−40~55℃，最大散热量300kW，电导率/离子析出率1μs/cm，能耗0.3kW，精度±1℃
	燃料电池系统控制器	最高转换效率97%，全负载转换效率90%，最低输入电压150V，最高输出电压500V，输入电流500A，电堆交流阻抗精度优于1%，硬件平均无故障运行时间3000h，安全等级ASIL-C	最高转换效率97.5%，全负载转换效率92%，最低输入电压130V，最高输出电压700V，输入电流600A，电堆交流阻抗精度优于0.5%，硬件平均无故障运行时间5000h，安全等级ASIL-D	最高转换效率98%，全负载转换效率95%，最低输入电压100V，最高输出电压800V，输入电流700A，电堆交流阻抗精度优于0.2%，硬件平均无故障运行时间6000h，安全等级ASIL-D
	DC/DC变换器	最高转换效率97%，体积功率密度7kW/L，输入电压范围DC 100~450V，输入电流500A，升压比5，输入与输出电流(电压)纹波＜3%	最高转换效率98%，体积功率密度8kW/L，输入电压范围DC 100~450V，输入电流600A，升压比6，输入与输出电流(电压)纹波＜1%	最高转换效率99%，体积功率密度10kW/L，输入电压范围DC 100~450V，输入电流700A，升压比7，输入与输出电流(电压)纹波＜0.5%
	系统集成技术	乘用车：成本3200元/kW，额定工作点效率50%，功率密度0.4kW/L，比功率0.5kW/kg，冷起动温度−30℃，冷起动时间30min，寿命5000h 商用车：成本3500元/kW，额定工作点效率50%，功率密度0.4kW/L，比功率0.5kW/kg，冷起动温度−30℃，冷起动时间30min，寿命10000h	乘用车：成本2000元/kW，额定工作点效率55%，功率密度0.6kW/L，比功率0.55kW/kg,冷起动温度−40℃，冷起动时间10min，寿命7500h 商用车：成本2200元/kW，额定工作点效率55%，功率密度0.6kW/L，比功率0.55kW/kg，冷起动温度−40℃，冷起动时间10min，寿命15000h	乘用车：成本600元/kW，额定工作点效率60%，功率密度0.85kW/L, 比功率0.65kW/kg, 冷起动温度−40℃，冷起动时间2min，寿命10000h 商用车：成本800元/kW，额定工作点效率60%，功率密度0.85kW/L, 比功率0.65kW/kg, 冷起动温度−40℃，冷起动时间2min，寿命20000h
	系统测试技术	测试系统最大容量250kW，直流电压600V，直流电流1000A，温度控制精度±1℃，流量测试精度0.1%FS，气体流量调节响应时间1s，气体相对湿度调节响应时间30s，耗氢量评估±8%	测试系统最大容量350kW，直流电压1200V，直流电流1200A，温度控制精度±0.5℃，流量测试精度0.5%FS，气体流量调节响应时间0.5s，气体相对湿度调节响应时间20s，耗氢量评估±5%	测试系统最大容量500kW，直流电压1600V，直流电流1600A，温度控制精度±0.3℃，流量测试精度0.35%FS，气体流量调节响应时间0.2s，气体相对湿度调节响应时间10s，耗氢量评估±1%

图 5-22　燃料电池系统技术创新路线图

5.3 技术创新需求

基于前面的综合分析，按照《节能与新能源汽车技术路线图 2.0》，广东省 2018 年 46 号文、2020 年氢能工作方案、科技厅重点领域研发计划，在调研广东省氢燃料电池汽车相关企业、联盟、产业基础上，需要在表 5-11 所示方向实施创新研究，实现技术突破。

表 5-11 燃料电池系统技术创新需求

序号	项目名称	研究内容	预期成果
1	燃料电池发动机用超高速无油空压机开发	开发 100kW 及以上、压缩比 3.5 的燃料电池用空压机及驱动系统；开发适用于高速电机的气体动力箔片轴承或动压气体轴承；研究电机转子磁钢紧固设计与加工工艺，开发长寿命、超高速无油离心式空压机，研究批量化制备技术；研究涡轮增压技术。建立燃料电池空压机综合测试平台及规范标准等	实现小型空压机批量生产
2	低成本、长寿命燃料电池发动机研发	开展燃料电池发动机的总体布置和模块化结构集成设计技术的研发、全尺寸电池单体和电堆的研发；研究发动机系统匹配设计技术；开发燃料电池辅助系统（包括空气系统、氢气系统和热管理系统）和燃料电池发动机控制系统；开展燃料电池发动机系统集成与关键工艺技术的研发；开展燃料电池发动机系统可靠性提升的关键技术（在线辨识、故障诊断、容错控制）研究；研究燃料电池发动机核心部件及整机的测试与评价技术	实现长寿命燃料电池模块化
3	燃料电池系统测试平台	重点开展中外氢燃料电池汽车核心零部件技术指标评价方法的研究，建立面向规模化制造的零部件测试与评价体系。联合国外相关机构开展关键零部件技术指标的试验验证，氢燃料电池汽车主、客观条件下的适应性研究，包括温度、湿度、气压等环境因素，以及交通路况、驾驶习惯等；开发氢燃料电池汽车发动机及其动力系统的控制策略，建立氢燃料电池汽车发动机及其混合动力系统全工况仿真及试验平台；建立氢燃料电池汽车测试规范及标准	建设燃料电池系统测试评价平台和指标评价方法体系
4	超高速永磁同步电机测试评价体系	开发 20 万 r/min 以上超高速永磁同步电机测试平台；开发超高速气动轴承测试平台及相关设备装置；研究永磁同步电机高效率控制技术；建立面向规模化生产的超高速永磁同步电机测试与评价体系；研究空压机系统集成技术	成功开发 20 万 r/min 以上超高速永磁同步电机测试平台
5	高安全性燃料电池系统安全性测试	进行氢气系统单侧惰性气体保压测试；进行氢、空同时惰性气体保压测试；测出 1min 内最高可达浓度、20s 内最高可达浓度和绝缘电阻值	参数达到 2025 年目标，实际上车测试达到 2 万 km

（续）

序号	项目名称	研究内容	预期成果
6	高集成度燃料电池系统乘用车燃料电池动力系统正向开发	开发燃料电池多合一控制器；开展燃料电池系统集成与关键工艺技术的研发；建立燃料电池系统运行状态评估模型；开展燃料电池系统稳定性和可靠性测评技术研究（实时分析、故障诊断、容错控制）；开发90kW/120kW燃料电池系统。研究商用车燃料电池动力系统匹配设计技术；开展燃料电池动力系统集成与关键工艺技术的研发；建立燃料电池动力系统测试评估体系；开发燃料电池动力系统，并达到系统集成后功率密度＞4kW/L，总效率＞55%，寿命＞10000h，系统成本（除电堆）＜300元/kW，冷起动温度-40℃	建立高集成度燃料电池系统的配套生产线。近期推出90kW轻型燃料电池商用动力系统；中期推出180kW中型燃料电池商用动力系统；远期推出300kW重型燃料电池商用动力系统
7	燃料电池发动机用氢气循环器件开发	开发150kW及以上、循环比达到3的燃料电池用氢气引射器与控制器、循环泵及驱动系统；开发适用于涉氢环境下的氢气循环泵防爆驱动马达，研究传动密封设计与加工工艺，开发长寿命氢气循环泵，研究批量化制备技术；建立燃料电池氢气引射器与氢气循环泵综合测试平台及规范标准等	实现高功率燃料电池专用氢气引射器与氢气循环泵小型化批量生产
8	燃料电池发动机用增湿器件开发	开发150kW及以上、阴极增湿效果达到相对湿度70%的燃料电池用阴极增湿器；开发适用于高流量高压差环境下的中空纤维膜，研究端口密封设计与加工工艺，开发长寿命增湿器，研究批量化制备技术；建立燃料电池增湿器综合测试平台及规范标准等	实现高功率燃料电池专用增湿器小型化批量生产

第6章

整车技术

氢燃料电池汽车本质上是电驱动汽车。其与纯电动汽车在车身、底盘、电气等方面基本相通,主要区别在于氢燃料电池汽车由搭载的车载储氢系统和氢燃料电池发动机系统提供电力来源。本章主要基于燃料电池汽车特有的整车技术特点进行探讨和论证。此外,燃料电池汽车按照用途的不同,可划分为燃料电池商用车和燃料电池乘用车。两者在动力系统方案设计上类似,只是基于使用场景和开发目标的不同,在整车集成技术上略有差异,本章着重对燃料电池商用车进行讨论。

6.1 技术分析

低碳化已经成为全球能源发展的主旋律,电驱动已经被认为是汽车工业发展的战略方向。燃料电池汽车作为电驱动的一种,具有零碳排放、无污染、燃料加注快等优点。我国的燃料电池汽车产业发展与国外存在明显差异。在国外,以美国、日本、韩国及欧盟为代表的国家的燃料电池汽车产业起步早,着力发展燃料电池乘用车;在国内,则充分借鉴前期纯电动汽车发展的成功经验,选择兼顾技术、政策和市场的三驱动发展模式,同时基于商用车电气化和碳减排需求,以及商用车运行线路相对固定、对加氢站数量依赖小等特点,着力推动燃料电池商用车规模应用,以助推燃料电池汽车产业发展和技术进步。

相比纯电动汽车,燃料电池汽车增加了燃料电池系统和车载储氢系统。其中,燃料电池系统负责将氢气的化学能转换为电能,为驱动系统提供电力;车载储氢系统相当于传统汽油车供油系统,负责储存并提供燃料。燃料电池商用车的结构示意图如图6-1所示。

燃料电池整车关键技术主要包括以下几个方面:

动力系统与整车正向开发技术:燃料电池汽车通常包括多个动力源,不同动力系统构型方案对整车性能及成本等均有不同影响。同时,不同的动力系统构型方案对零部件的需求差异较大。比如,以燃料电池驱动为主和以燃料电池作为增程器使用的汽车对燃料电池系统的峰值功率需求及动态功率响应能力要求有明显差异。同时,不同动力系统的控制策略对整车性能尤其是对燃料电池系统效率及寿命也会产生不同的影响。另外,国内燃料电池汽车目前多基于燃油车或纯电动汽车改造而来，一方面，不利于机舱、车身等空间的利用，另一方面，也无法通过依托正向设计实现动力总成及部件之间的模块化应用而降低成本。再者，燃料电池汽车成本较高是当前制约燃料电池汽车产业化推广的重要因素，尤其是大功率燃料电池系统以及高容量车载储氢系统的成本，急需研发平台化和模块化方案以降低成本。因此，合理的动力系统设计与整车正向开发及平台化和模块化技术是提升燃料电池整车综合竞争力的关键。

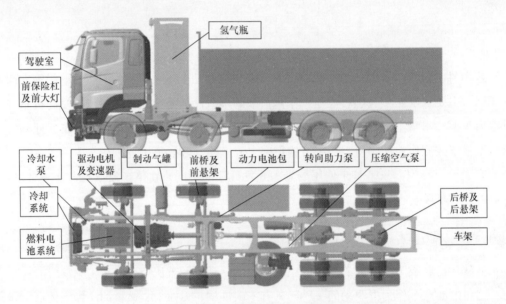

图 6-1　燃料电池商用车结构示意图

整车热管理与综合热效率提升技术：燃料电池汽车的热管理是一个技术难点，主要是由于当前车用质子交换膜燃料电池正常工作温度相较内燃机来说明显偏低（与环境温度相比温差较小），且正常工作温度区间较窄（50～90℃），但其工作过程会产生大量热量，故热负荷高，对整车散热技术提出更高要求，因此大功率燃料电池面临热管理技术方面的挑战。在零下冷起动方面，燃料电池系统冷起动次数对其寿命的影响也不容忽视，主要是由于关机吹扫后内部残余水分将使其在零度以下的环境温度静置时产生结冰现象，以及快速低温起动等操作易对电堆及内部核心部件造成不可逆损伤。此外，提升废热利用效率，减少由于废热导致的能量损失，有利于降低整车能量消耗，也是整车热管理与综合热效率提升的关键。

车载氢系统技术：车载储氢存在多种技术路线，如高压气氢、固态储氢、有机液体储氢等，综合成本、储氢密度和加氢释氢难易程度等因素，目前国际主流仍以高压气态储氢为主。车载储氢系统关系到整车搭载的能源量，直接影响整车续驶里程。同时，由于加氢技术路线的不同，与之相应的加氢基础设施也有所不同。另外，高压气态储氢压力要求极高,对储氢瓶、瓶阀、减压阀、管路接头等密封工艺设计提出了很高要求,对零部件的耐氢脆以及长期使用工况条件下的可靠性、耐久性也都提出了挑战。

整车氢电安全技术:燃料电池汽车以氢作为燃料且产物只有水的特点使其成为零碳清洁车辆的最理想的技术解决方案,但也由于氢的易燃、易爆、爆炸极限宽等原因,使得整车氢电安全成为影响燃料电池汽车应用推广至关重要的因素,严重制约燃料电池汽车产业发展。因此,从整车设计开始,既需要针对燃料电池汽车氢泄漏、氢排放等客观问题提出正向设计与解决方案,又需要对碰撞条件下的氢电安全进行系统评估,并制定准确的测试评价体系,以达到碰撞条件下的氢电安全要求。

整车测试评价技术:动力性、经济性、可靠耐久性、成本等都是评价整车的关键指标。目前燃料电池汽车的测试评价体系仍不完善,测试设备以及测试评价标准不统一,尤其是耐久性测试评价方面,由于使用场景、应用工况、燃料电池技术路线等均有差异,导致对燃料电池汽车的耐久性测试提出了更高的要求。

6.1.1 动力系统与整车正向开发技术

燃料电池汽车动力系统包括燃料电池系统、动力电池、电驱动系统等,其中燃料电池系统,主要将车载储氢,通过电化学反应,持续将化学能转化为电能,为车辆驱动提供电力;动力电池,主要用于起动时的辅件供能、急加速时的功率调节以及制动过程中的能量回收;电驱动系统则承担驱动车辆的主要作用。

根据燃料电池与动力电池的功率配比不同,将燃料电池汽车主要分为燃料电池全功率型和电-电混合型两种构型方案,如图6-2所示。全功率型:燃料电池系统功率基本可覆盖燃料电池汽车整车所有功率需求,动力电池主要起制动能量回收及短时间提供动力补偿的作用,无需外接充电;电-电混合型:燃料电池与动力电池为双动力源,动力电池可满足一定续驶里程的纯电动驱动,通常需要外接充电。

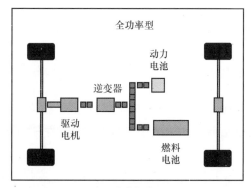
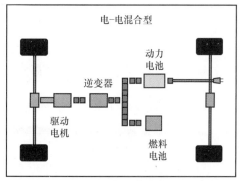

a) 全功率型　　　　　　　　　　b) 电-电混合型

图6-2　燃料电池汽车动力系统构型示意图

整车正向开发是实现燃料电池汽车最优设计的根本保证。对于整车开发工作，无论基于何种现有平台进行改装及搭载，都无法实现燃料电池汽车的最优设计。整车正向开发应遵循 Top-Down 原则，完成机械结构开发及集成、电子电气架构、控制系统架构及热管理架构开发，从整车需求层面向各层级部件提供详细的技术要求。平台模块化本质上是合理地实现动力总成部件的"规格化"，实现通用、替换和组合，形成模块化应用从而降低成本，为用户带来高质量、高性能的混合动力产品，这是最大程度实现对燃料电池电堆及系统零部件跨车型应用的根本路径，是实现燃料电池系统规模化应用及降低燃料电池汽车设计和制造成本的关键。

1. 技术现状

动力系统设计方面：大部分商用车以及部分乘用车如戴姆勒、上汽大通 G20、广汽 Aion LX Fuelcell 采用电 - 电混合型方案；大部分燃料电池乘用车，如丰田 Mirai、本田 Clarity、现代 NEXO，以及丰田燃料电池大巴采用燃料电池全功率型方案。由图 6-3 所示的燃料电池商用车动力系统数据可见，丰田采用以燃料电池为主动力输出的全功率型方案，而国内燃料电池商用车均采用以燃料电池和动力电池相叠加的电 - 电混合型方案。由图 6-4 所示的目前主流燃料电池乘用车主要动力系统数据可见，丰田、本田、现代等采用了以燃料电池为主动力的全功率型方案，而奔驰、上汽、广汽采用的则是以燃料电池和动力电池为双动力的电 - 电混合型方案。

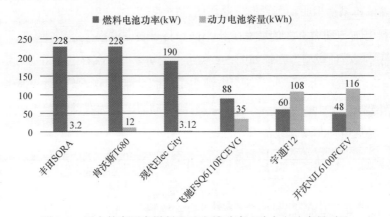

图 6-3　国内外商用车燃料电池电堆功率 / 动力电池容量对比

动力性能及控制方面，国外主要采用燃料电池系统功率跟随整车功率需求调整的策略，而国内主要采用燃料电池系统功率平稳输出以延长燃料电池系统寿命的策略。在动力系统功率密度及效率方面：国内主流产品燃料电池电堆比功率已超过 3.5kW/L，燃料电池系统功率密度达到 500W/L，燃料电池动力系统功率密度接近 200W/L，已接近国际先进水平。动力系统寿命方面，国内燃料电池汽车可靠性、耐久性还需进一步验证与提升，相比国外，还存在较大的差距，国内公布出来的燃料电池商用车耐久性已达 20000h，燃料电池乘用车可达到 5000h 寿命，均达到国外主流的先进水平，但实际上我国在燃料电池领域的耐久性验证方面的实测数据还非常少。

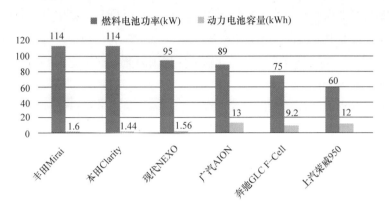

图 6-4 国内外乘用车燃料电池电堆功率/动力电池容量对比

在整车正向设计开发方面，基本上国内仍是基于纯电动平台、传统燃油车或者混合动力平台进行改装并搭载，平台化和模块化的设计对提高某一单系列产品量级的推广应用具有显著作用。目前在动力系统成本方面，燃料电池系统仍占整车成本 50% 以上，国内小批量燃料电池系统售价约为 1 万元/kW，其中电堆为 3000～5000 元/kW；系统辅件成本已大幅降低，并逐步结合量的增加仍有不小的下降空间，因此，国内急需发展基于整车正向开发的平台化和模块化设计技术。

2. 分析研判

中重型燃料电池商用车将迎来重要发展机遇。对于功率需求高、持续工作时间长，特别是在特定区域范围内运行的中重型商用车，氢燃料电池动力系统将是电气化的主要解决方案。2020 年 9 月五部委发布的《关于开展燃料电池汽车示范应用的通知》明确指出，要考虑燃料电池汽车技术特点及优势，重点推动中远途、中重型商用车示范应用。这是由氢燃料电池动力系统的输出特性决定的，氢燃料电池特别适合长续驶、工作时间长的汽车，在燃料补给时间和续驶里程方面具有优势。同时，加氢站建设对燃料电池汽车推广应用具有直接影响作用，而商用车运行在相对固定的线路上，对加氢站依赖远低于乘用车。因此在燃料电池产业发展的初期，发展燃料电池商用车更易于实现规模应用。市场需求方面，目前主流的燃料电池企业都已推出更大功率的燃料电池电堆及系统，整车企业也推出了包含各类环卫和工程车辆的燃料电池中重型商用车车型。在政策导向、技术进步、市场需求等多因素强力驱动下，在接下来 5～10 年内，燃料电池中重型商用车有望迎来重要发展机遇。

商用车适合电-电混合型方案，乘用车更适合全功率型方案。由于商用车对整车峰值功率要求较高，尤其是重型商用车，其整车功率需求 200～300kW，甚至更高，而目前国内主流燃料电池发动机系统功率普遍在 100kW 级，距离商用车的实际需求仍然相差较大，因此，当前燃料电池商用车仍需较大的动力电池作为补充功率，除了大功率燃料电池发动机在技术本身方面仍存在开发难度以外，高功率带来的高成本也是限制其发展的主要障碍。未来随着燃料电池技术进步尤其在成本大幅降低的情况下，燃料电池全功率型商用车也有其优越性和便利性。而乘用车领域，峰值功率在100kW级的燃料电池系统已基本可以满足一般乘用车动力性要求，再配合一个主要起到辅助性作用的无需外接充电的动力电池，即可覆盖乘用车的全部动力需求。

整车正向开发与平台化和模块化开发是重要趋势。燃料电池汽车动力驱动部分与纯电动基本一致，而燃料电池发电系统与二次动力电池的配合又与混合动力具有较大的相似性，但无论基于纯电动平台，还是混合动力平台或在现有平台上进行改装或搭载，都难以实现燃料电池整车开发的最优设计。另外，特别是对商用车而言，车型分类多，不同车型对燃料电池系统及车载储氢系统的性能以及空间布置要求差异较大，迫切需要起动基于燃料电池整车的正向开发，并最大程度利用平台化和模块化技术实现对燃料电池系统、电堆、核心零部件、氢瓶等的跨车型应用，从而通过燃料电池系统、电堆、核心零部件、氢瓶规模化应用实现系统和整车的成本降低。

基于整车要求的高性能动力总成开发是关键。燃料电池汽车除了动力系统方案设计优化外，动力总成系统功能以及性能也是提高整车性能的关键。同时，零部件国产化及产业化也是降低成本的主要途径。对于燃料电池汽车来说，电机、动力电池等与纯电动、混合动力等车型要求基本相近，主要区别是从整车角度提出对燃料电池系统、电堆和零部件的要求。燃料电池系统的功率、效率、动态响应速度、耐久性都会极大影响整车性能表现，国内整车企业在对燃料电池系统性能需求的描述和要求方面，仍不够细致、全面，对燃料电池系统、电堆、核心零部件企业的引导远远不够，需加以重视和提升。

3. 关键指标（见表6-1和表6-2）

表6-1　商用车整车与动力系统关键指标（以49t牵引车为例）

	指标	单位	2025年	2030年	2035年
整车性能指标	燃料电池系统峰值功率	kW	≥150	≥250	≥350
	燃料电池系统额定功率	kW	≥100	≥120	≥150
	燃料电池系统效率	%	≥60	≥62	≥65
	系统功率动态响应能力	kW/s	≥20	≥40	≥80
	动力系统功率密度	W/L	≥150	≥180	≥250
	百千米氢耗	kg/100km	≤6	≤5.5	≤5
	续驶里程	km	≥500	≥600	≥800
	燃料电池寿命	h	≥10000	≥25000	≥30000
	整车成本[①]	万元	≤100	≤80	≤60

① 整车成本按照当年度的产能和保有量作为参考。

表 6-2 乘用车整车与动力系统关键指标

	指标	单位	2025 年	2030 年	2035 年
整车指标	燃料电池系统峰值功率	kW	≥ 80	≥ 100	≥ 120
	燃料电池系统额定功率	kW	≥ 50	≥ 60	≥ 75
	燃料电池系统效率	%	≥ 60	≥ 65	≥ 68
	系统功率动态响应能力	kW/s	≥ 40	≥ 80	≥ 100
	动力系统功率密度	W/L	≥ 200	≥ 250	≥ 350
	百公里氢耗	kg/100km	≤ 0.8	≤ 0.75	≤ 0.7
	续驶里程	km	≥ 600	≥ 700	≥ 800
	燃料电池寿命	h	≥ 5000	≥ 6000	≥ 10000
	整车成本①	万元	≤ 30	≤ 20	≤ 18

① 整车成本按照当年度的产能和保有量作为参考。

6.1.2 整车热管理与综合热效率提升技术

整车热管理是影响燃料电池系统运行以及能量利用效率、驾乘舒适性的关键技术，它不仅有整车零部件的加热保温和散热降温作用，还兼具乘员舱温度调节功能，为整车动力系统提供适宜的工作温度以使其发挥最佳性能，使乘员舱处于人体舒适温度提升驾乘体验，同时保障车辆的动力性和经济性。

纯电动汽车的整车热管理主要涉及动力电池、电机及功率电子系统和空调系统，相比而言，燃料电池汽车增加了一个特有的发热单元——燃料电池系统，其散热模块通常布置在前舱，如图 6-5 所示。由于燃料电池系统工作温度相对较低，通常低于 85℃，而燃料电池工作过程中会放出大量的热量，热负荷高，此外还需要在低温环境下将冷却液温度提高至适宜的温度范围，保证整车的动力性能，从而对整车热管理技术提出了更高的要求。

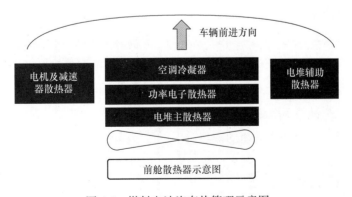

图 6-5 燃料电池汽车热管理示意图

燃料电池汽车的整车热管理是针对燃料电池系统、动力电池系统、功率电子系统、空调系统等多个系统的热管理，需要特别考虑燃料电池的工作温度特性，并根据各系统对温度控制的不同需求，通过整车热管理的耦合控制，实现对各系统热管理的精准控制，从而提升整车综合热效率。图 6-6 所示为燃料电池汽车热管理回路图。

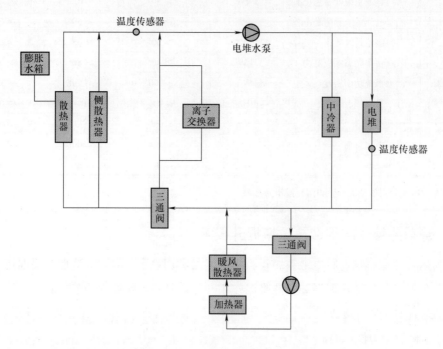

图 6-6　燃料电池汽车热管理回路图

1. 技术现状

目前燃料电池汽车整车普遍采用相对独立的燃料电池热管理系统，以丰田 Mirai、现代 NEXO 及本田 Clarity 等燃料电池汽车为例，动力电池由于散热少，常采用风冷散热，功率电子热管理系统完全独立，燃料电池热管理系统仅与空调暖风系统耦合，且未见热泵空调系统在燃料电池汽车上实现量产应用。国内包括广汽 AION LX FUEL CELL 等部分车型，也仅将燃料电池热管理系统与空调暖风系统耦合，热管理系统耦合技术有待进一步提高。

燃料电池电堆工作温度条件明显低于传统内燃机，对整车散热提出了更高要求，目前包括丰田在内的国内外整车企业均主要通过增加散热器体积、增大风扇风量、优化各系统散热器布局等方式提高整车散热能力，但是在车辆有限空间内仍难以满足整车的散热需求，特别是无法满足长时间大功率输出的散热需求。目前国内与国外的主要差距在于电堆允许运行温度，国内车载燃料电池一般允许运行温度在 85℃以下，而国外，丰田车载燃料电池允许长时间运行温度高于 90℃。

目前，国内燃料电池汽车基本实现 -30℃的冷起动，但起动时间相对较长，大多在 3min 以上，或者以牺牲电堆寿命为代价缩短冷起动时间，且通常需要辅助加热。国外丰田公司在无外加热源情况下可以实现约 75s 完成冷起动，现代公司采用特殊设计的阴极氧消耗加热器并通过电加热及化学反应产热两种方式为冷起动过程提供辅助加热以实现快速冷起动。如何通过整车热管理技术为燃料电池冷起动提供辅助加热成为新的研究热点。

国外丰田 Mirai、现代 NEXO 热管理相关零部件几乎均由其国内企业为其定制开发，而国内热管理相关零部件企业虽具备开发能力，但技术尚不成熟，原材料严重依赖进口或国外技术，产品设计仍相对粗糙，且搭载整车的耐久性验证不够充分，仍存在较多质量问题。以燃料电池冷却液为例，需要具备极低的电导率，传统的 EPDM、PA66 等橡胶、塑料材料均有较多导电离子析出，需要对传统材料做特殊的工艺处理，国外企业已开发出低离子析出材料，且性能达到大规模量产应用水平，国内企业目前仍存在差距。

2. 分析研判

整车热管理高度耦合的一体化设计将是重点方向。对于燃料电池汽车整车来说，商用车、乘用车都可以通过研究不同热管理系统之间合理的耦合系统，实现整车运行过程中燃料电池系统余热传递给其他热管理系统，比如热泵空调系统、动力电池系统等。同时，在低温条件下通过共用系统中的加热器或热泵空调系统为电堆和电池加热保温提供热源。除了机械耦合，还需要研发设计相应的耦合控制系统并集成在现有的整车控制系统中，从而通过整车一体化热管理耦合结构及控制系统，将燃料电池余热调节到动力电池系统及热泵空调系统，维持其最佳工作温度区间，实现燃料电池热能高效利用，提升整车综合热效率，充分发挥出燃料电池在低温环境下的优越性能，降低整车能耗。因此，需开展燃料电池热管理系统、动力电池热管理系统、功率电子热管理系统和车用空调系统的高度耦合方案及控制策略的研究，从而实现整车热管理系统的一体化设计。

开展低温静置条件下的燃料电池自唤醒加热保温技术研究具有重要意义。进一步探索燃料电池汽车长期低温环境静置条件下的自唤醒加热保温技术研究，开展燃料电池系统快速冷起动策略研究，对优化冷起动策略，以及提高整车的低温性能和低温响应速度具有重要意义。由于加热器功率限制，在 $-30℃$ 环境下，通过外部加热器加热实现燃料电池冷起动的冷起动方式所需时间较长，起动时间可能超过 10min。为了减少冷起动所需时间，一方面可以通过改变冷起动策略来缩短冷起动时间，即通过复杂的冷起动控制策略拉低电堆单体电压，以使电堆产热增加为冷起动快速提供热量，从而实现快速冷起动，但在此过程中生成的水在膜电极内结冰会影响气体与催化剂接触，从而导致冷起动失败，另外，频繁的结冰/融化过程会使膜电极受到不可逆破坏，从而导致燃料电池的寿命降低。另一方面可以通过合适的燃料电池长期低温环境静置条件下的自唤醒加热保温措施来减少冷起动时间，但该方法也存在一定问题，如自唤醒加热保温结构的设计困难、隔热材料的技术限制以及保温成本高等，目前尚不成熟。因此，开展低温静置条件下燃料电池自唤醒加热保温策略的研究，一方面可减少冷起动所需时间，另一方面可减少过冷水结冰对膜电极造成的破坏作用，最终减少冷起动失败概率和时间及降低冷起动引起的燃料电池电堆寿命衰减，具有重要的进一步研究的意义。

整车热管理相关零部件及其原材料新技术开发是改善整车热管理的重要方向。解决相关零部件材料和工艺问题对推动整车热管理的改善至关重要，比如开发纳米流体冷却液以强化冷却液传热性能以提高冷却系统散热能力；开发低离子析出的改性橡胶和塑料材料，探索真空钎焊或无钎剂焊接的散热器及中冷器焊接工艺，从源头降低材料的离子析出；开发高压风扇，以提高散热器进风量，进而提高单位体积的散热能力；开发高体积交换容量及耐高温特性的离子交换树脂，以提高离子交换树脂的可靠性及耐久性，延长离子交换器的更换周期；开发高压屏蔽水泵、水冷水泵控制器，以彻底解决水泵目前仍存在的漏液及控制器过热问题，同时可减小水泵尺寸，实现空间的高效利用；开发多通集成式电动水阀，节省更多管路空间的同时，让热管理各支路的流量及温度实现更精准的控制。

3. **关键指标**（见表6-3）

表6-3　整车热管理关键指标

指标	单位	2025年	2030年	2035年
燃料电池最高工作温度	℃	≥ 85	≥ 90	≥ 95
冷起动温度（无辅助加热）	℃	−30	−40	−40
冷起动时间（乘用车）	s	≤ 150	≤ 100	≤ 60
冷起动时间（商用车）	s	≤ 200	≤ 120	≤ 60

6.1.3　车载氢系统技术

车载氢系统的主要作用是储存燃料电池系统反应所需的氢气，由储氢瓶、组合式瓶阀、减压阀、安全阀、加氢口、放空阀、高压管路、快速连接器等部件构成。典型的车载氢系统结构如图6-7所示。车载氢系统的核心部件是储氢瓶，由于储氢瓶的工作温度范围宽、工作压力高且车载工况复杂，导致其设计制造难度较大。因此，本节主要对储氢瓶相关技术进行分析和研判。

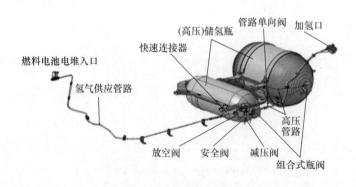

图6-7　车载氢系统结构

1. 技术现状

目前，国际主流的车载储氢技术路线为高压气态储氢瓶储氢，车载储氢瓶主要有铝内胆纤维缠绕瓶（Ⅲ型）和塑料内胆纤维缠绕瓶（Ⅳ型）2个类型。国内已有70MPa的Ⅲ型瓶标准法规出台，并已开始在乘用车中小范围应用，但仍处于前期开发阶段；国外主流的车载氢系统产品则基本采用Ⅳ型瓶，国内在Ⅳ型瓶应用标准方面目前处于团体标准阶段，有望得到进一步推广实施。

Ⅲ型瓶按照公称压力等级，分为35MPa和70MPa两种规格。商用车主要采用35MPa车载氢系统，储氢瓶数量通常为4～10个，布置在车顶或物流货箱前面；乘用车空间紧凑、对储氢密度要求更高，一般采用70MPa氢系统，包含2～3个储氢瓶，布置在底盘位置。成本方面，目前国内70MPa/120L的Ⅲ型瓶价格为2万～5万元/个，35MPa/52L价格为7千～8千元/个，其中物料成本约占60%。典型整车厂燃料电池汽车储氢瓶参数如表6-4所示。

表6-4 典型整车厂燃料电池汽车储氢瓶参数

项目	单位	丰田 Mirai	现代 NEXO	上汽荣威950燃料电池汽车	广汽AION LX Fuel Cell	飞驰 FSQ6860FCEVG3
储氢瓶类型	—	Ⅳ	Ⅳ	Ⅲ	Ⅲ	Ⅲ
压力	MPa	70	70	70	70	35
容积（单只）	L	60	52	52	53	140
重量（单只）	kg	42.8	37	52	52	85
质量储氢密度	wt%	5.7	5.65	4.0	4.0	3.6

2. 分析研判

气态储氢在未来10年仍将是车载储氢的主要方式。综合对比目前气态、固态和液态等储氢方式在汽车整车上的应用情况，不论是从储氢密度还是加氢、用氢的便利性方面，未来5～10年仍将以气态储氢为主。气态储氢系统方面，最重要的是储氢瓶，相比Ⅲ型瓶，Ⅳ型瓶的内胆为塑料材质，明显降低气瓶重量，在质量储氢密度方面有较大优势；同时在成本方面，Ⅳ型瓶仅为Ⅲ型瓶的50%，即使Ⅲ型瓶批量生产后降低成本，仍有30%左右的成本差距。因此，随着国内政策的放开，Ⅳ型瓶将取代Ⅲ型瓶成为车载储氢瓶的主流技术方向。碳纤维占储氢瓶原材料成本的70%以上，是储氢瓶降本的关键，因此，需进一步加快高性能碳纤维的国产化开发，同时推进减压阀和瓶阀等关键零部件的国产化开发。

车载有机液态储氢和低温液氢都值得重点关注。车载有机液态储氢具有压力小、比密度高、不会使材料发生氢脆等优点，可避免高成本的高压储氢瓶的使用，在降低车载储氢系统成本方面具有很大的发挥空间。在有机液体储氢方面，重点在于提高低温下有机液体储氢介质的脱氢速率与效率、催化剂反应性能、改善反应条件、降低脱氢成本。综上所述，有机液态储氢具有高压气态储氢所不可比拟的优势，但目前有机液态储氢尚不具备商用化应用的技术条件。液态储氢有低温液态储氢、高压低温液态储氢，低温液态储氢是将氢气压缩后冷却至-252℃以下，使之液化并存放于绝热真空储存器中，从储氢质量、体积储氢密度角度分析，低温液态储氢是较理想的储氢技术，但是，低温液态储氢瓶的绝热问题、氢液化能耗是低温液态储氢面临的两大技术难点。高压低温液态储氢是在低温下增加压力的一种储存方式。在高压下，液氢的体积储氢密度随压力升高而增加，如在-252℃下液氢的压力从0.1MPa增至23.7MPa后，其储氢密度从70g/L增至87g/L，质量储氢密度也达到了7.4%，与常压液态储氢相比，高压低温液态储氢的氢气挥发性更小、体积储氢密度更大，但成本、安全性等问题急需解决。

3. 关键指标（见表6-5）

表6-5　70MPa车载氢系统关键指标

指标		单位	2025年	2030年	2035年
储氢瓶	气瓶型式	—	Ⅲ型	Ⅳ型	Ⅳ型
	储氢密度	wt%	4.0	6.0	7.5
	循环寿命	次	A类：11000 B类：7500	11000	> 20000
其他零部件	国产化比例	%	30	80	100
	压力循环寿命	万次	5	7.5	15
车载氢系统	成本	万元/kg	2	1	0.4

注：公称工作压力≤35MPa为A类储氢瓶，公称工作压力>35MPa为B类储氢瓶。

6.1.4　整车氢电安全技术

燃料电池汽车以氢为主要动力燃料，而氢气具有易燃、易爆等特点，氢气泄漏、排放、氢系统管路发生氢脆等均会造成一定的安全隐患。燃料电池汽车的整车氢电安全技术是指如何防止氢气泄漏、燃烧乃至爆炸，以及如何处理氢气和高压电之间的关系的技术。主要体现在：

燃料电池汽车车载氢系统和高压电系统的失效容易触发连锁反应，促使危险升级，造成伤害进一步扩大。比如高压线束绝缘层破损产生的电弧以及动力电池热失控着火易引起氢气燃烧；储氢瓶温度驱动安全泄压装置（TPRD）受热起动后高速喷出的氢气可能自燃引发动力电池热失控等，因此，如何避免氢电之间相互触发和连锁反应就变成了氢电安全技术的一大重点。

氢气的爆炸极限范围是体积浓度达到4.0%～75%，遇明火即爆炸，爆炸极限范围宽，而相同情况下大然气的爆炸极限范围仅为5.3%～15%。此外，氢气分子直径仅为氧气分子的1/3，也即氢气更容易产生泄漏，同时由于目前主流的燃料电池汽车均采用高压气态储氢，压力增加则意味着能量密度的提升，但更增大了氢气泄漏的风险，并增大了氢气燃烧爆炸的影响范围。因此，需关注氢气泄漏风险。

氢脆主要指在一定条件下，因为氢气的存在，导致与氢气接触的材料表面产生裂纹，显著降低材料的强度，这种失效往往从与氢气接触的管路或储氢瓶内部出现裂纹，进而延伸到外部直至整个材料开裂，极难从外部探测。燃料电池车载氢系统发生氢脆可导致严重的安全事故。

1. 技术现状

在燃料电池汽车氢电安全设计方面，日本已经开展了大量研究工作，而国内目前仍主要停留在氢气泄漏检测等相对前期阶段，主要体现在以下方面：

在零部件布置结构设计方面，国外主要对储氢瓶、瓶阀、电堆等重点部位进行保护，如本田 Clarity 额外增加单独的燃料电池系统高强度纵梁固定装置；丰田 Mirai 在电堆两侧设计了梯形专用防护支架用于保护电堆。而国内目前均是在已有车型上进行开发，结构设计上还不能完全满足氢电安全的设计要求。

在主动安全控制策略方面，国外主要进行主动控制，如丰田在加氢口盖上设置了 2 个位置检测开关，保证在加氢时车辆无法起动，防止加氢枪因误操作被拉脱；而国内相关产品还停留在过电压、过电流保护等被动安全保护阶段，还不能提前识别或防止风险。

在零部件集成化、模块化方面，国外主要是不断提高集成度，减少氢管路长度和接口数量，降低氢气泄漏风险；而国内主要在氢气泄漏检测上优化传感器的数量和位置，如上汽集团在荣威 950 第二代燃料电池乘用车上布置了 5～6 个氢浓度传感器，而在第三代 FCV80 则已经优化为 4 个。表 6-6 所示为部分燃料电池汽车上氢浓度传感器应用情况。

表 6-6 部分燃料电池汽车上氢浓度传感器应用情况

车型	数量	布置位置		
		前舱	乘员舱	氢系统
现代 IX35 FUEL CELL	4 个	前舱电堆上方 1 个；前舱供气系统 1 个	乘员舱 1 个	底盘储氢瓶上方 1 个
现代 NEXO	3 个	前舱电堆上方 1 个；前舱供气系统 1 个	—	底盘储氢瓶上方 1 个
丰田 Mirai	2 个	前舱雨刮下方 1 个	—	两瓶组储氢瓶中间的上方 1 个
本田 Clarity	4 个	前舱 3 个	—	加氢口上方 1 个
荣威 950 Fuel Cell	5～6 个	前舱 1 个	乘员舱 1 个	储氢瓶附近 1 个；减压阀 1 个；加氢口 1 个
上汽大通 FCV80	4 个	前舱 2 个	—	氢系统中部 1 个；瓶阀上方 1 个
广汽 Aion LX Fuel Cell	3 个	前舱氢进管路上方 1 个	—	后储氢瓶阀上方 1 个；前储氢瓶阀上方 1 个

2. 分析研判

零部件布置结构优化仍是氢电安全的有效手段。由于氢气具有易燃易爆、点燃能量低的特性，在氢气发生泄漏时，微小的电弧或火花即可引发氢气的燃烧和爆炸，因此，通过物理隔绝等方式防止氢电之间产生影响是实现氢电安全的有效手段，控制涉氢零部件接头位置与高压零部件的相对位置，保证氢-电之间的相对隔离，对重点薄弱部位，如瓶阀及电堆，设计专门的结构性防护，防止碰撞后因零部件损伤而产生的二次伤害，仍是氢电安全防护的最有效措施。

主动的氢电安全控制策略仍是关键。目前国内氢电安全多为被动安全策略，如超压泄放、过热过电流报警；对应的处理策略多为直接关闭瓶阀，切断源头，该种策略简单有效，但在某些工况下易引起整车失去动力，产生更大的安全风险，因此，未来应朝着多级诊断的控制策略方向进行氢电安全设计，实行分级预警的方式对故障进行处理，以有效减少车辆的故障误诊断概率，提升车辆稳定性。同时，随着智能网联、大数据技术的发展，燃料电池汽车可逐步根据车辆实时运行状态实现对系统气密性、电堆衰减状态、储氢瓶状态等在线分析，实现提前预警，从源头上杜绝和主动防范安全事故发生。

零部件高度集成化和模块化是应遵循的基本设计原则。对于涉氢零部件来说，其失效部位几乎均集中在各零部件的连接点上，一个零部件意味着至少两个连接点，一个连接点即意味着多一个可能的失效点，同时更多的零部件也意味着更高的装配工艺要求、系统复杂度以及更高的单车成本，因此，提高零部件集成度、减少零部件数量是降低系统失效概率和保证整车氢电安全的根本要求。另外，零部件高度集成化和模块化设计可以减少氢浓度传感器的需求数量，降低整车成本。

自主可控、低成本、高强度的抗氢脆材料仍是氢电安全的基础和关键。预防燃料电池系统内部材料发生氢脆是保证氢电安全的重要方面，对于该方面需要开发有效的抗氢脆材料。抗氢脆材料的核心技术长期以来被掌握在欧美日等发达国家手中。目前国内已基本掌握6系铝合金材料作为零部件基材的相关制造工艺，但铝合金存在成本高、硬度不足等问题。另外，抗氢脆不锈钢材料与国外还具有较大差距，国内在低温渗碳等重要制备工艺上存在较多薄弱环节，不锈钢材料严重依赖进口。在抗氢脆材料评价标准体系方面，国标中也缺乏对于燃料电池汽车专用抗氢脆材料的标准体系。综上，一旦燃料电池或氢能行业进入大规模产业化阶段，抗氢脆材料会成为制约行业发展的一大问题，急需开发自主可控、低成本、高强度的抗氢脆材料。而发展抗氢脆材料的关键在于耐腐蚀、耐高压、高强度、低成本的抗氢脆材料的合成、配方以及加工工艺的研究，低成本材料的应用能够有效降低氢管路、氢系统阀门等的成本，另外，所选材料的可加工性、工艺复杂度和产业化难度也严重影响着抗氢脆零部件的成本，需从这些方面考虑去开发研究自主可控、低成本、高强度的抗氢脆材料。

3. 关键指标（见表 6-7）

表 6-7　氢电安全关键指标

指标	单位	2025 年	2030 年	2035 年
氢探测系统响应速度	s	<2	<1.6	<1
氢浓度传感器精度	%	10	8	5
密闭空间储存氢气泄漏量	%	<1	<0.8	<0.5

6.1.5　整车测试评价技术

与纯电动汽车相比，燃料电池汽车增加了燃料电池系统和车载储氢系统。在开展整车测试评价时，除需满足纯电动汽车相关的标准外，还需开展基于燃料电池系统和车载储氢系统的部分专项测试。本节重点梳理国内外整车测试的相关标准，并进行分析和研判。

1. 技术现状

在车载氢系统的安全方面，我国主要依据 GB/T 24549—2020、GB/T 26990—2011 和 GB/T 29126—2012 三个标准进行认证。GB/T 24549—2020 主要对氢系统部件的安装及防护、燃料加注、氢气压力保护等方面提出要求；GB/T 26990—2011 和 GB/T 29126—2012 则规定了管路设计、氢气泄漏检测、压力示范等方面的要求。国际上主要依据 ISO 23273—2013、SAE J2579—2013 等标准对氢系统进行检测，其中 ISO 23273—2013 规定了燃料电池汽车的基本要求，主要是保护车辆内外的人员免受与氢有关的危害；而 SAE J2579—2013 则较为全面地规定了从燃料层级到整车层级的安全要求，如压力/温度要求、燃料质量检测、氢系统振动/翻转试验、材料的氢气相容性等。但随着储氢技术的不断发展，现行标准已不能满足技术发展，需要进一步修订。

测试标准方面，我国从 2009 年开始制定燃料电池汽车相关标准，GB/T 24554—2009《燃料电池发动机性能试验方法》主要规定燃料电池系统的基本性能和安全性能的测试方法，主要内容包括起动、额定功率、峰值功率、动态响应、稳态特性等性能测试项目和气密性、绝缘电阻等安全测试项目。GB/T 25319—2010《汽车用燃料电池发电系统技术条件》主要规定燃料电池系统环境适应性的测评方法，主要内容包括高低温适应性、高低温贮存、低温冷起动和耐振性等测评项目。GB/T 33978—2017《道路车辆用质子交换膜燃料电池模块》对燃料电池系统的电磁兼容性提出了要求，主要内容包括传导发射、辐射发射、电磁抗扰度、静电抗扰度等测试项目。GB/T 31467.3—2015《电动汽车用锂离子动力蓄电池包和系统第 3 部分：安全性要求与测试方法》主要规定燃料电池系统可靠性的测评方法，主要内容包括防水、防尘、高原适应性等项目。GB/T 34593—2017《燃料电池发动机氢气排放测试方法》

规定燃料电池系统尾气排放中氢气的浓度和氢气的消耗量的具体测试方法。由于早期燃料电池汽车技术并不成熟，根据当时行业技术情况制定的一些标准已不能很好地契合现今燃料电池汽车的性能特征和使用需要，目前已有多项标准正在修订中。

氢安全检测方法及评价标准方面，国外 SAE J2578-2014《燃料电池汽车一般安全推荐规程》和 GTR13-2013《氢燃料电池汽车全球技术法规》规定了燃料电池汽车碰撞后的气体泄漏要求及检测方法，以及碰撞后密闭空间内的氢气浓度要求及检测方法；而国内还没有针对燃料电池汽车碰撞后的专项要求。针对燃料电池汽车碰撞试验，当前仅能参考传统汽车标准，即 GB 11551—2014《汽车正面碰撞的乘员保护》和 GB 20071—2006《汽车侧面碰撞的乘员保护》分别规定了汽车在发生正面和侧面碰撞时和碰撞后整车结构等方面的安全要求，GB/T 31498—2015《电动汽车碰撞后安全要求》规定了带有 B 级电压的汽车碰撞后要满足的电安全要求。目前，针对燃料电池汽车整车的测评体系中还缺乏关于碰撞后如何检测整车氢安全的内容，急需国家出台相关标准。

2. 分析研判

整车氢气泄漏测试评价技术是整车氢安全的研究重点。当车辆在密闭或半密闭空间内，如在隧道内行驶、驶入地下停车场或车库停放时，如果整车氢气泄漏浓度达到一定程度后，将可能发生燃烧或燃爆，从而造成重大的氢安全事故，因此，应确保车辆行驶时的氢气排放浓度和停车时的氢气泄漏浓度在规定的浓度范围内。可用整车密闭仓模拟上述场景，测试评价燃料电池汽车在不同的运行工况下，如起动、怠速、停机、长时间停放等，以及在不同的环境条件下，如高温、高寒、高湿、高原等的氢气泄漏浓度。另外，还需利用整车密闭仓模拟整车碰撞试验以检测评价整车在遭遇碰撞后的氢气泄漏浓度是否满足安全要求。根据不同整车氢气泄漏浓度制定灵活的不同的安全控制策略，以形成一整套完善的整车氢气泄漏测试评价体系，并通过测试评价体系提前设计相关控制策略以预防整车发生严重氢气泄漏，并在发生严重氢气泄漏后采取对应措施。

燃料电池汽车整车测试评价体系需进一步完善。由于氢气和金属长时间接触后会发生氢脆现象，而目前燃料电池系统内多数零部件为金属材料，如氢气管路、阀门等，因此，在与氢气长时间接触后对金属零部件的可靠性和耐久性测试评价显得尤为重要。另外，车载储氢系统为高压系统，其密封元件在高压、高浓度氢气的环境下，能否达到车规级的寿命要求还有待验证，并且通过寿命测试方法对密封元件的测试评价结果是否与其真正寿命一致，也有待更多的实车验证。此外，实车在道路上可能会经历急加速、急减速、高速、爬坡等各种复杂工况，整车需求功率不断变化，车载氢系统以及燃料电池系统及其零部件在如此严苛的工况下能否达到传统汽车的发动机寿命水平，也需要通过试验来验证。

第6章 整车技术

3. 关键指标（见表6-8）

表6-8 燃料电池汽车测试评价关键指标

指标	单位	2025年	2030年	2035年
密闭空间平均泄漏量	NmL/h	9	5	2
强化耐久试验评价方法置信度	—	初步形成	相对成熟	完全可信
检测设备核心部件国产化率	%	30	60	80

6.2 技术创新路线图

广东省制定的技术目标如图6-8所示。

到2025年，燃料电池汽车整车相关指标基本满足商用车批量装车应用、乘用车商业化示范需求，冷起动温度、寿命和成本等指标处于国际并跑水平。

关键技术指标：①动力系统设计与整车正向开发及平台化、模块化技术方面，燃料电池系统峰值功率≥150kW，额定功率≥100kW，系统效率≥60%，动态响应能力≥20kW/s，动力系统功率密度≥150W/L，百千米氢耗≤6kg，续驶里程≥500km，系统寿命≥10000h，整车（商用车）成本≤100万元；②整车热管理方面，燃料电池最高工作温度≥85℃，冷起动温度-30℃，冷起动时间≤200s（商用车）、≤150s（乘用车）；③车载氢技术方面，储氢瓶形式仍采用Ⅲ型，储氢密度4.0wt%，循环寿命11000次（A类）、7500次（B类），国产化率30%，压力循环寿命5万次，成本2万元/kg；④整车氢电安全技术方面，氢弹出系统响应速度<2s，氢浓度传感器精度10%，密闭空间储存氢气泄漏量<1%；⑤整车测试及评价方面，密闭空间平均泄漏量<9NmL/h，强化耐久试验评价方法置信度初步形成，检测设备核心部件国产化率30%。

到2030年，燃料电池系统整车性能持续提升，可靠性大幅度提升，成本持续下降，冷起动温度、寿命和成本等指标处于国际并跑水平。

关键技术指标：①动力系统设计与整车正向开发及平台化、模块化技术方面，燃料电池系统峰值功率≥250kW，额定功率≥120kW，系统效率≥62%（商用车），系统效率≥65%（乘用车），动态响应能力≥40kW/s，动力系统功率密度≥180W/L，百千米氢耗≤5.5kg，续驶里程≥600km，系统寿命≥25000h，整车（商用车）成本≤80万元；②整车热管理方面，燃料电池最高工作温度≥90℃，冷起动温度-40℃，冷起动时间≤120s（商用车）、≤100s（乘用车）；③车载氢技术方面，储氢瓶形式仍采用Ⅳ型，储氢密度6.0wt%，循环寿命11000次，国产化率80%，压力循环寿命7.5万次，成本1万元/kg；④整车氢电安全技术方面，氢弹出系统响应速度<1.6s，氢浓度传感器精度8%，密闭空间储存氢气泄漏量<0.8%；⑤整车测试及评价方面，密闭空间平均泄漏量5NmL/h，强化耐久试验评价方法置信度相对成熟，检测设备核心部件国产化率60%。

氢燃料电池汽车整车技术

年份: 2025年 / 2030年 / 2035年

技术内容
氢燃料电池汽车整车技术

技术分析

2025年：
- ①动力系统性能设计与整车正向开发平台化、模块化技术
- ②燃料电池汽车整车相关指标基本满足商用车批量装车应用，乘用车商业化示范需求
- ③冷起动温度、寿命和成本等指标处于国际先进水平

2030年：
- ①整车热管理和综合热效率提升技术
- ②车载氢系统及其零部件产品工程化设计技术
- ①燃料电池系统整车性能持续提升，可靠性大幅度提升，动力系统大规模推广商用，基本满足大规模推广商用需求
- ②冷起动温度、寿命和成本等指标处于国际先进水平

2035年：
- ①整车氢电安全技术
- ⑤整车测试评价技术
- ①突破燃料电池汽车整车的集成设计及制造技术，大功率燃料电池系统达到产业化要求，满足大规模推广应用需求
- ②比功率、效率、寿命和成本等指标在国际处于领跑水平

技术目标

2025年

整车动力系统性能
- 商用车：系统峰值功率≥150kW，额定功率≥100kW，系统效率≥62%，系统功率动态响应能力≥150kW/s，续驶里程≥500km，百千米氢耗≤6kg/100km，系统寿命≥10000h，整车成本≤100万元
- 乘用车：系统峰值功率≥80kW，动力系统功率动态响应能力≥40kW/s，续驶里程≥600km，百千米氢耗≤0.8kg/100km，系统寿命≥5000h，整车成本≤30万元

整车热管理系统
燃料电池最高工作温度≥85℃，冷起动温度-30℃，冷起动时间≤200s（商用车），冷起动时间≤150s（乘用车）

车载氢系统
储氢瓶形式采用Ⅲ型，储氢密度4.0wt%，循环寿命11000次（A类），7500次（B类），压力循环寿命30%，压力循环5万次，成本2万元/kg

整车氢电安全
氢弹出系统响应速度≤2s，氢浓度传感器精度10%，密闭空间平均泄漏量≤1%

整车测试评价
密闭空间平均泄漏量9NmL/h，强化耐久试验评价方法掌握初步成熟，检测装备核心部件国产化率30%

2030年

整车动力系统性能
- 商用车：系统峰值功率≥250kW，额定功率≥120kW，系统效率≥62%，动力系统功率动态响应能力≥180kW/s，续驶里程≥600km，百千米氢耗≤5.5kg/100km，系统寿命≥25000h，整车成本≤80万元
- 乘用车：系统峰值功率≥100kW，系统效率≥65%，动力系统功率动态响应能力≥60kW/s，续驶里程≥80kW/s，续驶里程≥700km，系统寿命≥6000h，百千米氢耗≤0.75kg/100km，整车成本≤20万元

整车热管理系统
燃料电池最高工作温度≥90℃，冷起动温度-40℃，冷起动时间≤120s（商用车），冷起动时间≤100s（乘用车）

车载氢系统
储氢瓶形式采用Ⅳ型，储氢密度6.0wt%，国产化率80%，循环寿命20000次，压力循环寿命7.5万次，成本1万元/kg

整车氢电安全
氢弹出系统响应速度≤1.6s，氢浓度传感器精度8%，密闭空间储存氢气泄漏量≤0.8%

整车测试评价
密闭空间平均泄漏量5NmL/h，强化耐久试验评价方法相对成熟，检测装备核心部件国产化率60%

2035年

整车动力系统性能
- 商用车：系统峰值功率≥350kW，额定功率≥150kW，系统效率≥65%，动力系统功率动态响应能力≥250W/L，续驶里程≥800km，百千米氢耗≤5kg/100km，系统寿命≥30000h，整车成本≤60万元
- 乘用车：系统峰值功率≥120kW，额定功率≥75kW，系统效率≥68%，续驶里程≥800km，动力系统功率动态响应能力≥350W/L，续驶里程≥100kg/100km，百千米氢耗≤0.7kg/100km，系统寿命≥10000h，整车成本≤18万元

整车热管理系统
燃料电池最高工作温度≥95℃，冷起动温度-40℃，冷起动时间≤60s（商用车），冷起动时间≤60s（乘用车）

车载氢系统
储氢瓶形式采用Ⅳ型，储氢密度7.5wt%，循环寿命20000次，国产化率100%，压力循环寿命15万次，成本0.4万元/kg

整车氢电安全
氢弹出系统响应速度≤1s，氢浓度传感器精度5%，密闭空间储存氢气完全可控量≤0.5%

整车测试评价
密闭空间平均泄漏量2NmL/h，强化耐久试验评价方法掌握完全成熟，检测装备核心部件国产化率80%

图 6-8 整车技术创新路线图

到 2035 年，突破燃料电池整车集成设计及制造技术，大功率燃料电池系统达到产业化要求，比功率、效率、冷起动温度、寿命和成本等指标处于国际领跑水平。

关键技术指标：①动力系统设计与整车正向开发及平台化、模块化技术方面，燃料电池系统峰值功率≥350kW，额定功率≥150kW，系统效率≥65%（商用车），系统效率≥68%（乘用车），动态响应能力≥80kW/s，动力系统功率密度≥250W/L，百千米里氢耗≤5kg，续驶里程≥8000km，系统寿命≥30000h，整车（商用车）成本≤60万元；②整车热管理方面，燃料电池最高工作温度≥95℃，冷起动温度-40℃，冷起动时间≤60s（商用车）、≤60s（乘用车）；③车载氢系统技术方面，储氢瓶形式仍采用Ⅳ型，储氢密度7.5wt%，循环寿命20000次，国产化率100%，压力循环寿命15万次，成本0.4万元/kg；④整车氢电安全技术方面，氢弹出系统响应速度<1s，氢浓度传感器精度5%，密闭空间储存氢气泄漏量<0.5%；⑤整车测试及评价方面，密闭空间平均泄漏量2NmL/h，强化耐久试验评价方法置信度完全可靠，检测设备核心部件国产化率80%。

6.3 技术创新需求

整车技术创新需求如表6-9所示。

表6-9 技术创新需求

序号	需求	研发内容	指标
1	燃料电池整车测试平台	重点开展氢燃料电池汽车技术指标评价方法的研究，建立面向量产应用的整车测试与评价体系，包括氢燃料电池汽车测试规范、标准及试验平台	建设燃料电池整车测试评价平台和指标评价方法体系
2	燃料电池乘用车动力系统集成技术及整车工程化技术开发	掌握燃料电池乘用车能量管理、能耗优化、动态响应、整车热平衡、故障诊断与容错控制等关键集成技术；开发燃料电池乘用车整车控制器软硬件系统及其标定平台；突破高储氢密度的车载储氢技术及氢-电安全技术；建立燃料电池汽车动力系统及关键零部件的优化匹配测试、集成测试及试验验证体系	冷起动温度达到-40℃ 燃料电池系统额定功率≥90kW 系统最高效率≥60% 装车使用寿命≥6000h 最高车速≥180km/h 最大爬坡度≥30% 续驶里程≥700km 平均无故障里程≥8000km 储氢密度5.7wt% 氢系统整体寿命6000h
3	燃料电池商用车动力系统集成技术及整车工程化技术开发	突破基于大功率燃料电池系统的整车动力系统集成技术；开发燃料电池商用车整车控制器软硬件系统及其标定平台；突破高储氢密度的车载储氢技术及氢-电安全技术；建立燃料电池汽车动力系统及关键零部件的优化匹配测试、集成测试及试验验证体系	冷起动温度达到-40℃ 燃料电池系统额定功率≥160kW 装车使用寿命≥10000h 30min最高车速≥90km/h 最大爬坡度≥20% 续驶里程≥600km 平均无故障里程≥8000km 储氢密度5.7wt% 氢系统整体寿命20000h

（续）

序号	需求	研发内容	指标
4	燃料电池整车热管理、车载储氢、氢探测及通用平台	热管理系统、车载储氢（液氢、有机溶液储氢、固态储氢、甲醇、深冷高压）、氢气浓度传感器、重载车通用平台、乘用车通用平台	燃料电池最高工作温度≥95℃，冷起动温度-40℃，冷起动时间≤60s（商用车）、≤60s（乘用车）；气瓶储氢密度7.5wt%，循环寿命20000次，国产化率100%，压力循环寿命15万次，成本0.4万元/kg；氢探测系统响应速度<1s，氢浓度传感器精度5%，密闭空间存储氢气泄漏量<0.5%；燃料电池系统峰值功率≥350kW，额定功率≥150kW，系统效率≥65%（商用车）、系统效率≥68%（乘用车），动态响应能力≥80kW/s，动力系统功率密度≥250W/L，百千米氢耗≤5kg，续驶里程≥8000km，系统寿命≥30000h，整车（商用车）成本≤60万元；密闭空间平均泄漏量2NmL/h，强化耐久试验评价方法置信度完全可靠，检测设备核心部件国产化率80%

第7章

氢能基础设施技术

氢能基础设施技术包括制、储、运和加等核心环节。发展氢能基础设施技术既是完善氢燃料电池产业链的基础，又是推动产业转型升级的重要保障。2019年国务院《政府工作报告》中也首次提出了推动加氢等设施建设。与日本、欧美等发达国家相比，我国在氢能基础设施建设方面较为滞后。本章主要对制氢技术、储运技术和加氢技术进行分析和研判。

7.1 技术分析

化石和化工原料制氢和工业副产气制氢是我国目前较为成熟的制氢方式，但存在碳排放问题；电解水制氢和新型制氢技术在制氢过程中不产生碳排放，被认为是代表着未来的发展方向。氢气储存方式有物理储存和材料储存两种形式，物理储存是将氢气压缩（或改变相态）储存在容器中；材料储存是通过将氢气转化成较为稳定的氢化合物，或是通过特殊材料将氢气进行吸附的储存方法。目前氢气储运技术向着高密度、低成本和高安全性发展，常用的运氢方式有高压长管拖车、管道运输等。当前汽车主要是通过加氢站进行加氢。

7.1.1 制氢技术

制氢技术是氢能产业的重要基础，也是燃料电池汽车产业链中的上游环节。氢气根据生产过程的碳排放程度，可以分为灰氢、蓝氢和绿氢。灰氢是指由煤炭、天然气等化石能源制取的氢气，技术路线成熟，生产成本低，已形成规模化商业应用，是现阶段的主流制氢方式。当前中国主要制氢产能都属于灰氢。蓝氢是在工业副产气制氢基础上，将二氧化碳等捕获、封存或利用以达到零碳排放，由于涉及复杂的提纯工艺和较高的制氢成本，被认为是走向绿氢阶段的过渡方案。绿氢是通过可再生能源或核能制取，是建立氢能经济的重要解决方案。从当前生产与运用可实现的角度出发，制氢技术分为四大类，如表7-1所示。

表 7-1 制氢技术分类

技术	具体制氢途径
化石和化工原料制氢	天然气制氢、甲醇/二甲醚制氢、煤气化制氢、石油裂解制氢、重油部分氧化制氢
工业副产气制氢	氯碱工业副产氢、焦炉煤气副产氢、丙烷脱氢副产氢、乙烷裂解副产氢、甲醇-联产合成氨副产氢等
电解水制氢	碱性（ALK）电解水制氢、固体质子交换膜（PEM）电解水制氢、固体氧化物（SOE）高温电解水制氢、碱性固体阴离子交换膜（AEM）电解水制氢
新型制氢技术	核能制氢（包括高温热化学循环制氢和电解水制氢等）、太阳能光解水制氢、生物质重整制氢、超临界水煤气化制氢等

在化石和化工原料制氢领域，天然气制氢技术是通过对天然气加氢脱硫、利用催化剂在转化炉中进行裂解与重整，再经过变压吸附（PSA）等提纯技术得到高纯氢气。其特点是流程短、投资低、技术相对成熟、运行稳定、环境友好，但原料成本较高，制氢成本受天然气价格的影响较大。由于规模化效应与安全性问题，更适合于集中制氢。由于国内天然气资源相对匮乏且价格昂贵，大规模推广具备一定难度。目前天然气制氢技术关键在于降低设备成本，提高催化剂寿命。甲醇制氢技术是通过甲醇分解或者甲醇水蒸气重整，再经过 PSA 或者钯膜提纯技术得到高纯氢气。其特点是原料资源丰富（通常可采用煤制甲醇），适合各种规模的制氢装置。特别是采用铜基等廉价金属催化剂，具有反应温度低、氢气选择性好等优点。对于煤制氢来说，技术成熟，产量高，成本低，但是具有投资大、产生较多的杂质（如 CO_2）等缺点。

工业副产气制氢是利用化工过程中产生的富含氢气的尾气，采用 PSA 等方法进行提纯。工业尾气目前主要来源有氯碱工业副产气、焦炉煤气副产气、丙烷脱氢副产气和甲醇-联产合成氨副产气等。工业副产气制氢的优势在于无需额外的资本投入和化石原料投入，价格便宜。但是对于燃料电池来讲，因涉及催化剂中毒问题，工业副产氢需要经过进一步提纯制得高纯氢气才能供燃料电池使用。

电解水制氢技术由于氢氧分离，可以直接获得高纯度的氢供燃料电池使用，因此被认为是重要的绿氢制备技术（电力可来自可再生能源或核能）。电解水制氢技术包括：①碱性电解水可以用廉价、丰富的过渡金属 Ni、Fe、Co 等电催化剂，因此发展最为成熟，商业化程度最高。但是，碱性电解液（如 KOH）易与空气中的 CO_2 反应，形成在碱性条件下不溶的碳酸盐（如 K_2CO_3），进而阻塞多孔催化层，阻碍产物和反应物的传递。此外，碱性电解水存在碱性电解槽启停速度慢、制氢速率可控性差等缺点。②PEM 电解水具有快速响应、负荷调节能力强、抑制氢氧交互窜流、工作温度低、安全等特点，特别是负荷调节能力强可以很好地适应可再生能源的间歇性、波动性，因此成为国内外未来重点发展的绿氢技术路线。缺点是 PEM 电解水需要在酸性条件下工作，析氧催化剂目前只有 Ir 基催化剂，且质子交换膜价格昂贵。目前 PEM 电解水技术已应用于高纯氢制备，国外已完成 MW 级商业示范。但由于成本过高，因此技术亟待进一步突破，实现 PEM 电解水技术的高效、低成本、长寿命是当前研究热点。③ SOE 电解水由于在高温下工作，因此分解水的效率较高，但是需要比较昂贵的恒温装置，目前还处于实验室研发阶段（适合和核能一起应用）。④ AEM 电解水技术是利用阴离子（OH-）交换膜进行氢氧分离的一种技术，但是商用的 AEM 大都是为燃料电池设计，在低温下阴离子导电比较差，且价格昂贵，因此基本上还处于实验室研发阶段。

在新型制氢技术领域，近年涌现出几类值得关注的新技术，如核能制氢、太阳能光解水制氢、生物质重整制氢、超临界水煤气化制氢等。核能是低碳、高效的一次能源，核能制氢主要是利用核反应堆产生的热或电进行热化学循环制氢或电解水制氢，具有无温室气体排放、高效、可实现大规模制氢等诸多优势，目前热化学循环（I-S、Cu-Cl 等）制氢还处于实验室阶段；太阳能光解水制氢是指利用太阳能，在催化剂的作用下，直接或间接将水分解为氢和氧的技术，利用太阳能直接制氢的方法目前尚处于基础研究阶段，正在稳步发展。

几类制氢技术的成熟度和优缺点对比如表 7-2 所示。

表 7-2　几类制氢技术的成熟度和优缺点对比

性能 \ 类型	电解水制氢	天然气重整制氢	甲醇/二甲醚重整制氢	PSA 工业副产氢提纯制氢（氯碱等）	核能热化学制氢	太阳能光解水制氢
氢气纯度（%）	≥99.9	≥99（提纯后）	≥99（提纯后）	≥99.9	≥99	≥99
适用规模/（Nm^3/h）	500~4000（单机）	≤20000	≤20000	>15000	≥75000	—
成本/（元/Nm^3）	3~5	2.5~3.5	1.6	0.6~1.2	—	—
制氢系统效率（低位/高位热值）（%）	60~78/70~92	—	60~80/70~95	51~76/60~90	—	8~17/10~20
技术就绪度[①]	9级（产业化早期）	9级（产业化早期）	9级（已产业化）	9级（已产业化）	3级（未产业化）	3级（未产业化）
优点	纯度达99.9%以上，生产工艺简单	相对清洁，来源广泛	燃料运输方便，安全	价格便宜，来源广泛	清洁，可大规模推广	清洁，无污染
缺点	耗电成本难以降低	产物氢气需提纯，有污染	生产规模有限制	产物氢气需提纯，有污染	生产工艺复杂，技术难点多	能量转化效率低，生产工艺较复杂

① 技术就绪度评价标准依据广东省科技厅发布的《技术就绪度评价标准及细则》。

广东省现有制氢能力达30万t/年，主要以化石能源制氢及工业副产气为主，可满足5万辆燃料电池汽车日常行驶。此外，广东省具备制氢潜力71万t/年，其中炼焦制氢潜力约3.5万t/年、火电谷电制氢潜力约53万t/年、风电制氢潜力约1.7万t/年、水电谷电制氢潜力约8.9万t/年、可再生能源（弃风和弃水）制氢潜力4.4万t/年，可保障超10万辆燃料电池汽车日常行驶。广东省燃料电池汽车城市群车用氢气需求预测如表7-3所示，充分挖掘广东省内的制氢潜力对于支撑氢燃料电池汽车产业的发展具有决定性意义。

表7-3 广东省燃料电池汽车城市群车用氢气需求预测

年度	2021年	2022年	2023年	2024年
车用氢气需求/t	8000	25000	40000	60000

注：数据源自《广东示范城市群方案》，2021年7月。

7.1.1.1 PEM电解水制氢技术

质子交换膜（PEM）电解水制氢是指将水在阳极电催化氧化（需要析氧催化剂），放出氧气，同时将产生的质子通过固体聚合物电解质膜传导到阴极，电子由外部电路传导到阴极，在阴极处（需要析氢催化剂）还原质子放出氢气的过程。PEM电解槽主要由阴极端板、阳极端板、气体扩散层、催化层和PEM等组成。其中PEM、析氢电催化剂和析氧电催化剂是PEM电解水的核心材料，是目前研发的重点。与较为成熟的ALK电解水技术相比，PEM电解水的能源效率可达70%~90%。PEM电解水制氢反应原理如图7-1所示。

1. 技术现状

（1）研发技术现状

PEM电解水制氢系统的关键设备是电解槽，国外（如美国等）在大功率电解槽技术方面具有领先优势，国内目前研发的PEM电解水制氢装置单台产气量较小，寿命往往不到50000h。电解槽的核心材料是PEM和催化剂，美国和日本在PEM研发方面一直处于世界领先水平，美国杜邦（DuPont）公司研发的Nafion系列全氟磺酸膜已被广泛应用，其典型膜质子交换容量达0.89meq/g，电导率达0.083S/cm，密度为360g/m^2。我国山东东岳集团在国内率先推出了电解水PEM批量化产品。PEM电解水析氢/析氧反应主要与催化层电催化剂的活性有关，阳极

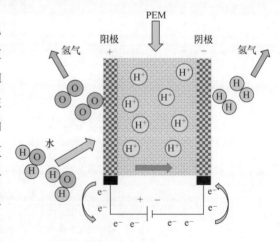

图7-1 PEM电解水制氢反应原理图

侧析氧反应催化剂主要是昂贵且极其稀缺的 Ir 基的二元、三元合金/混合氧化物，阴极析氢反应的催化剂主要是 Pt/C 基催化剂。广州能源研究所研发的阳极侧析氧催化剂铱载量为 0.29mg/cm^2，性能与 2mg/cm^2 的商业氧化铱相当，单槽电压为 1.632V@1A/cm^2，LHV 效率 76%（HHV>90%），可稳定运行 1400h。中国科学院大连化学物理研究所和日本理化学研究所（RIKEN）通过合作研究，成功制得酸性条件下长寿命稳定析氧的非贵金属电催化剂 γ-MnO$_2$，实现了 8000h 以上的稳定性测试。

（2）产品类技术现状

PEM 电解水设备目前处于大规模的商业化初始阶段。美国 Proton Onsite 公司是世界上 PEM 电解水制氢的首要供应商，在全球 72 个国家有约 2000 多套 PEM 电解水制氢装置，占据了世界上 PEM 电解水制氢 70% 的市场；2017 年被挪威 Nel Hydrogen 公司收购，该公司开发了系列 PEM 电解水制氢设备，在产品的技术指标上，单模块最大产氢速率为 400Nm^3/h，功率达到 2MW，输出压力达 1.5MPa，氢气纯度达 99.9995%，电解堆平均功耗 4.53kWh/Nm^3（50.33kWh/kgH$_2$）；加拿大 Hydrogenics Corporation 公司研发的最大单台水电解器的制氢能力达 620Nm^3/h，制氢效率达 80%，输出压力达 3.5MPa 以上，纯化处理后氢气纯度达到 99.998%。

在国内，阳光电源公司发布的 SEP50 PEM 电解槽产品功率达 250kW，电流密度为 1.5A/cm^2，电压效率为 86%，每立方米氢气耗电 4.1kWh，寿命可达 1 年。中船重工 718 研究所在实验室层面研制的 PEM 电解水设备制氢纯度达 99.999%，产量达 200Nm^3/h，能量转换效率达 82%。但是，我国在单台设备制氢规模上与国外相比仍有较大差距。

2. 分析研判

PEM 电解水制氢是未来十年发展绿氢的主要技术路线。首先，与化石和化工原料制氢相比，PEM 电解水制氢技术与可再生能源（如风电、光伏等）相结合，在制取氢气的过程中没有碳排放，因此符合当前"绿氢"发展技术路线；第二，中央政府制定了 2030 年碳达峰的任务，通过利用 PEM 电解水制氢技术大量替代现有的化石和化工原料制氢工艺，可以减少制氢过程中的 CO$_2$，因此 PEM 电解水技术路线和中央政府制定的碳达峰路线图相一致；第三，通过现有技术迭代，未来三年 PEM 电解水系统成本可以降低一半，未来五年系统成本可以降低到现有的三分之一。综上所述，PEM 电解水制氢是未来十年绿氢制取的主要技术路线。

降低催化剂载量和研发超薄高强度的质子膜等关键材料是国产 PEM 电解槽当前需要解决的问题。电解水制氢技术的能耗和电价主要决定着制氢的成本，满足产业化应用需求的电解槽寿命是大规模推广电解水制氢技术的关键。在当前的 PEM 电解水制氢技术现状下，需着重降低 PEM 电解水制氢材料成本，开发新型电解水超低贵金属载量催化材料或代替 Ir、Pt 等的非贵金属催化剂，研发廉价的、具有高质子电导率的全氟磺酸类质子交换膜以延长工作寿命，从而实现小规模、经济化推广。同时，研究低成本大面积膜电极涂布及成型工艺是保证电解槽寿命的关键因素，特别在连续工业化生产方面，研发高产能的膜电极制备工艺技术是降低成本的重要保证。同时，需要提高电流密度与系统效率，并协同优化，减少尤其是昂贵且难以制造的钛双极板材料的使用。

大功率（单模块兆瓦级）和模块化装配工艺是 PEM 电解水系统技术商业化发展的主要趋势。为方便组装、拆解和维护设备，降低系统生产和维修成本，采用模块化装配工艺是重要解决方法，同时为满足市场对低成本制氢的需求，开发大功率电解水制氢装置成为主要发展趋势。结合大规模制氢趋势的发展方向，采用大功率电解水制氢系统、模块化装配以及一体化集成设计是优化系统的主要路径。同时发展 PEM 电解水技术是适应未来发展绿氢技术的主要路线选择。技术开发总体目标是便捷模块化拆、组装工艺，解决维修、操作的问题；在便捷实用的基础上集成化设计使得系统具有紧凑性、高效率的特点。同时大功率 PEM 电解水技术有望实现现场制氢，解决加氢站站内供氢的氢源问题。

国产 PEM 电解槽需要提高氢气出口压力。相较于国内电解槽的氢气出口压力为 1~3MPa，美国已在研究的高压电解槽输出压力达 35MPa。高压电解槽能够直接提供较高的氢气输出压力，从而显著降低后续氢气增压的能耗与成本。开发耐高压电解槽，进行电解槽的层间高压密封结构、材料与粘接技术研究，能够解决槽体耐压的难题。同时，需要重点研究耐高压差膜电极结构、材料与粘合技术，来解决膜电极被高压差击穿的问题。另外，还需要进行高压状况下的气液分离技术研究，以及快速响应的精密压力平衡控制技术研究，确保电解槽内阳极区与阴极区之间的压力平衡。

3. 关键指标（见表 7-4）

表 7-4　MW 级以上 PEM 电解水制氢技术关键指标

	指标	单位	2025 年	2030 年	2035 年
PEM 电解水制氢装置（产品）	制氢成本（基于 0.3 元 /kWh 电价）	元 /kg	≤ 18	≤ 23	≤ 12
	设备费用	元 /kW	7000~12000	5000~11000	4000~9000
	设备能力	MW/ 台	0.5~2	1~6	6~10
	系统效率（低位 / 高位热值）	%	63~75/74~92	70~78/82~92	75~80/88~94
	能耗	kWh/Nm³	4.3~5	4~4.3	≤ 4
	电流密度	A/cm²	1.8~2	2.5~3	4~5
	电解槽寿命	h	35000~80000	40000~90000	60000~90000
	电解槽氢气出口压力	MPa	≥ 10	≥ 35	≥ 45
	贵金属载量（Ir 和 Pt）	mg/cm²	Ir ≤ 0.25 Pt ≤ 0.25	Ir ≤ 0.15 Pt ≤ 0.15	Ir ≤ 0.08 Pt ≤ 0.08

7.1.1.2 甲醇制氢技术

工业上利用甲醇制氢有三种途径：甲醇裂解、甲醇部分氧化和甲醇水蒸气重整，其中甲醇水蒸气重整制氢由于氢收率高、能量利用合理、过程控制简单、便于工业操作而更多地被采用。当前，国外已实现甲醇水蒸气重整制氢技术规模化应用于氢能基础设施建设（如站内制氢模式）。采用甲醇制氢技术有三方面优势：①甲醇是仅次于乙烯、氨的第三大商用化学品，运输和储存技术成熟，且来源广泛，截至2019年底，国内产能已达到9000万t/年；②甲醇水蒸气重整制氢反应条件温和，反应温度为150～300℃，压力为常压到中压，易于实现且转化过程简单高效、经济可行，在国内中小型甲醇重整制氢技术中，甲醇价格为2800元/t的情况下，甲醇重整制氢成本大约在1.86元/Nm^3，其中甲醇原料占成本的70%以上，折合成氢气成本约为20元/kg；③甲醇重整制氢技术灵活性高，制氢规模在5～5000Nm^3/h均能实现，且能够根据后续用氢量的变化实时调整产氢量，达到现制现用的效果。同时甲醇重整制氢也获得了有关政策的支持，如《能源技术革命创新行动计划（2016—2030年）》中明确指出，到2030年实现加氢站现场制氢，包括天然气、氨气、甲醇、液态烃类等制氢，形成标准化的加氢站现场制氢模式并示范应用。2019年国家八部委联合发布的《关于在部分地区开展甲醇汽车推广应用的指导意见》提出加快完善甲醇汽车产业的完善和发展，这进一步明确了甲醇作为燃料的安全可靠性。

国内甲醇制氢技术主要应用于传统的化工制氢领域，工业应用方面的关键技术及装备已实现国产化。广东省传统的甲醇制氢项目主要应用于玻璃、电子产品等行业。面向燃料电池汽车的甲醇制氢研发目前主要集中在车载甲醇重整制氢和分布式中小型制氢机。甲醇制氢应用于燃料电池领域，需特别关注的是甲醇制氢的产物含有CO、CO_2和CH_4等物质。其中，含有CO杂质的氢气（当>1ppm时）对于燃料电池的贵金属Pt基等催化剂具有毒化作用，使燃料电池无法正常工作，国内已发生过类似的案例。而当前主要采用的提纯技术详见7.1.1.5节。

技术经济性是评估甲醇制氢技术是否适用于加氢站的首要因素，甲醇制氢当前存在的问题是供氢系统复杂、成本高、稳定性和可靠性差。鉴于当前存在的问题，①近期主要关注四个方面的研发，即高活性、高选择性且稳定性好的催化剂体系的开发；产物高效分离技术的研发；高集成、小微化、移动式系统结构的集成设计；供氢系统的智能化。②中期可主要关注甲醇重整制氢+燃料电池一体化应用技术的研发和示范，将产品逐步应用推广到备用电源、货车、电动车、无人机、分布式能源、船舶等领域，慢慢扩大市场占有率；由于甲醇重整制氢含少量CO_x，必须经过复杂的纯化技术才能达到常温质子膜燃料电池的要求。中期应同时关注甲醇重整制氢与中高温燃料电池配套使用的相关技术，扩大甲醇重整制氢技术的应用范围。③由于甲醇重整制氢过程中仍会产生CO_2，远期可以将甲醇重整制氢过程发展为甲醇储氢过程，即以甲醇作为储氢原料，一方面通过甲醇重整制氢提供氢气；另一方面将制氢过程中产生的 CO_2 捕获，再通过催化加氢（通过绿氢技术获得）或光电催化合成甲醇。关于 CO_2 加氢技术国内外均有企业在示范运行。

甲醇制氢技术关键指标见表 7-5。

表 7-5 甲醇制氢技术关键指标

指标		单位	2025 年	2030 年	2035 年
甲醇制氢技术	制氢成本（基于 2800 元/t 甲醇）	元/Nm³	≤ 1.80	≤ 1.75	≤ 1.65
	甲醇转换率	%	91～93	93～95	98～100
	杂质含量（CO 等）	ppm	≤ 1	≤ 0.1	≤ 0.01
	系统寿命	h	4500～4800	4800～5000	5000～5400
	氢气纯度	%	≥ 99.95	≥ 99.995	≥ 99.999
	系统产氢能力	Nm³/h	300	600	1000

7.1.1.3 核能热化学制氢技术

核能热化学制氢技术是以水为原料，直接利用热化学循环分解水制氢，是核能技术与制氢工艺的结合。核能热化学制氢可实现氢气的高效、无排放、大规模制取，代表着未来制氢发展的重要方向。根据中国核工业集团计算，一台 60 万 kW 高温气冷堆机组可满足 180 万 t 钢对氢气、电力及部分氧气的能量需求，每年可减排约 300 万 t 二氧化碳，减少能源消费约 100 万 t 标准煤，将有效缓解我国碳排放压力，助力解决能源消费引起的环境问题。目前核能热化学制氢技术处于从实验室到中试验证的阶段。欧、美、日、韩等国家以及我国都在积极发展核能热化学制氢项目，布局关键核能技术（如高温气冷堆）和制氢工艺（如热化学循环）的研发。高温气冷堆被公认为是最适合核能热化学制氢的堆型，国内自主研发的高温气冷堆属于第四代先进核能技术，代表着国际先进水平。20 万 kW 高温气冷堆商业示范电站预计 2021 年底并网发电。相比之下，与核能匹配的制氢工艺仍是当前我国发展较为薄弱的环节。广东省在核能技术方面具有很好的储备，拥有如中国广东核能集团等企业，但是在核能热化学制氢领域还处于初期探索阶段。因此，核能热化学制氢技术在短期内很难形成规模化应用，可作为中远期发展的关键技术。

核能热化学制氢技术关键指标见表 7-6。

表 7-6 核能热化学制氢技术关键指标

指标		单位	2025 年	2030 年	2035 年
核能热化学制氢技术	耦合制氢量	Nm³/(h·MW)	≥ 85	≥ 90	≥ 100
	制氢总效率	%	55～57	57～60	60～65
	热循环最高温度	℃	950～960	960～980	980～1000

7.1.1.4 太阳能光解水制氢技术

太阳能光解水制氢是通过光催化剂粉末或电极吸收太阳能产生光生载流子，继而将水分解成氢气和氧气。其原料为水，能量源头为太阳能，该技术如果能实现大规模的商业化应用，将有可能解决人类能源可持续发展问题。无论是光催化还是光电化学制氢，目前国内外已达成共识，只要太阳能制氢效率达到10%，即可向工业化推进。美、日、韩是较早研究光催化制氢技术的国家，在催化剂等关键材料和制备工艺方面走在世界前列。国内西安交通大学、上海交通大学、中国科学院大连化学物理研究所、兰州化学物理研究所、南京大学等科研院所较早开始相关研究。目前，我国在光催化剂研制及制氢系统开发等方面整体处于国际领先水平。我国科学界及工业界的研究人员也在合作攻关，希望在该技术的产业化，尤其是在光分解纯水方面能够取得突破，掌握核心技术，为我国可再生能源的大规模低成本应用提供技术积累和支持。广东省在太阳能光解水制氢技术研发上正在全面布局相关企业及研发机构，未来可优先发展基础研究，积累关键技术经验，再逐渐向商业化应用过渡。

太阳能光解水制氢技术关键指标见表7-7。

表 7-7 太阳能光解水制氢技术关键指标

	指标	单位	2025年	2030年	2035年
太阳能光解水制氢技术	产氢活性	mmol/(h·g)	≥251	≥268	≥282
	制氢效率	%	4~6	10~13	16~18
	催化剂负载量	wt%	≤1	≤0.5	≤0.1

7.1.1.5 氢气提纯技术

氢气提纯技术主要包括变压吸附（PSA）法、膜分离技术和深冷分离法。PSA是基于在不同压力下，吸附剂对不同气体的选择性吸附能力不同，利用压力的周期性变化进行吸附和解吸，从而实现气体的分离和提纯。PSA分离工艺具有工艺过程简单、操作稳定、能耗低、原料气源适应范围宽等特点，是国内工业副产氢提纯的主流方式。国内PSA技术从20世纪70年代初开始试验研究，在80年代初西南化工研究设计院率先在国内建立了第一套PSA提纯氢气工业装置，经过西南化工研究设计院和北京大学等国内科研机构近50年持续的研究开发和工程应用实践，积累了大量的工程经验和专利技术，在吸附剂、工艺、控制、阀门等方面技术水平快速提升，在PSA工程大型化和PSA应用领域的多样性方面已经处于世界领先水平。目前，我国PSA提纯氢气的装置已经有上千套在运行，提纯制取的纯度在99%~99.999%之间均可实现,PSA提纯氢气技术广泛用于炼油、天然气制氢、煤制氢、甲醇制氢、驰放气回收氢、工业副产氢等领域。世界上在运行的最大规模煤制氢PSA装置是中国神华直接液化煤制油项目的氢气提纯装置,其产氢能力达到 280000Nm^3/h,采用西南化工研究设计院提供的 PSA 工艺技术,迄今已成功稳定运行 12 年。

膜分离技术是利用混合气体在通过特殊结构的膜材料时存在不同的渗透速率而达到分离的目的。与传统的分离技术相比,膜分离技术具有投资少、占地少、操作方便等优点,国内中国科学院大连化学物理研究所在这方面的研究取得了重要进展,建成了规模化的膜分离氢气提纯装置。但膜分离技术也存在着一些难以克服的缺陷,最显著的主要是产品纯度相对较低,通常都在 90%~95%,最高可达 99%。这主要是因为膜分离技术在工业副产氢分离提纯过程中,一般存在着 He、H_2S、CO 等容易和氢一起渗透的气体。因此,膜分离技术得到的氢气无法满足燃料电池的要求,需要再进行进一步纯化。

深冷分离法是利用原料气中不同组分的相对挥发度之差(沸点差),使杂质气体冷凝从而达到氢气的分离和提纯的目的。氢气的沸点 -252.75℃,氮气沸点 -195.62℃,氩气沸点 -185.71℃,甲烷沸点 -161.3℃。因此,深冷分离法获得纯度较高的氢气需要较高的压力和很低的温度,操作和维护复杂、投资大、能耗高。除了极少数特殊场合外,目前已较少采用。

氢气提纯制氢技术关键指标见表 7-8。

表 7-8　氢气提纯制氢技术关键指标

指标		单位	2025 年	2030 年	2035 年
PSA 法	氢气纯度	%	≥ 99.9	≥ 99.99	≥ 99.999
	回收率	%	95~98	98~99	99~100
膜分离技术	氢气纯度	%	≥ 99.95	≥ 99.995	≥ 99.9999
	回收率	%	98~99	99~100	100
深冷分离法	氢气纯度	%	≥ 99.9	≥ 99.95	≥ 99.999
	回收率	%	96~98	99	99.9

7.1.2　储运技术

储氢主要分为两大类:一类为物理储存方式,包括压缩气体储存、深冷高压储存和液氢储存;一类为材料储存方式,包括化学材料储存和物理材料储存方式。化学材料储存方式包括含氢化合物(氨、甲酸、氨硼烷等)、金属氢化物以及有机液态化合物等,物理材料储存方式包括金属有机框架(MOF)材料、多孔材料(碳、沸石等)以及过渡金属配合物等。具体分类如图 7-2 所示。

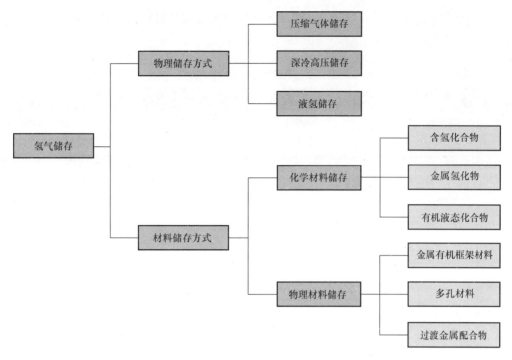

图 7-2　各种不同储氢技术分类

高压气体储氢，早在 1880 年就以金属气瓶形式应用于军事领域。由于氢气较为活泼，易燃易爆，因此储氢罐的材料与制造工艺是高压储氢中最核心的技术。随着高压储氢技术的不断发展，储氢罐按照材料与结构分类逐步发展为四种形式：全金属（耐压 17.5～20MPa）；金属内胆外包金属箍（耐压 26.3～30MPa）；金属内胆外包复合材料箍（耐压 35～70MPa）；有机内胆外包复合材料箍（耐压 70MPa）。深冷高压储氢技术的氢气储存温度极低（可低至 20K），同时压力非常高（可达 35MPa），这种储存容器既可以直接加注液氢，也可以加注压缩氢气，可操作范围广，兼具低温液氢与压缩氢气的优势。深冷高压储氢兼具高压氢气低能耗特征与低温液态储氢的高容量属性，能够快速加注同时储存损耗少，是极具潜力的储氢方式。然而，深冷高压储氢在燃料电池汽车应用方面仍处于初级研发验证阶段。液态储氢主要是指低温液态储氢，储氢密度高，但存在设备安全性、密封性要求苛刻，液化能耗高，技术难度大等问题。

固态储氢按照材料种类不同，可分为金属（锂、钠、铝、镁等）氢化物及合金、配位氢化物（铝氢化合物、硼氢化合物）、化学氢化物（氨基化合物、氨硼烷）与多孔材料（纳米碳、金属有机框架物）等多个分支领域。目前基于不同材料体系的固态储氢技术往往在储氢容量、工作温度、充放气速率或成本上存在某些不足，短期内还无法满足燃料电池汽车的需求。有机液态储氢具有储氢量大、储运安全、可循环使用等优点，但催化加氢和释氢技术复杂、释氢效率低。

不同储氢技术的优缺点如表 7-9 所示；不同储氢技术与材料的储氢容量对比如图 7-3 所示。

表 7-9　不同储氢技术的优缺点

储氢技术分类	储氢量（wt.%）	优点	缺点
加压气态储氢技术（系统）	1～3	成本低、充放氢速度快，常温下可以进行	储氢量低，需要耐高压容器，耗能高，输运成本高，安全性差
低温液态储氢技术（材料）	>10	体积能量密度大，储氢罐体积较小	液化能耗高，储存与保养条件苛刻
碳基材料储氢技术（材料）	3～10	比表面很高，储氢量较大，运输方便	制备技术难，成本高
金属合金储氢技术（材料）	1～8	具有较高的安全性、稳定性、操作性	储氢性能差，易于粉化，输运不方便
络合氢化物储氢技术（材料）	5.5～18.5	储氢量大，价格便宜	络合反应速度慢，氢化温度和压力高
有机液态储氢技术（材料）	5～10	储氢量大，输运安全方便，可以循环使用	催化加氢和释氢系统复杂、技术操作难，释氢效率较低

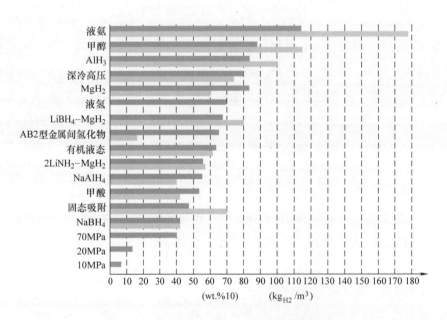

图 7-3　不同储氢技术与材料的储氢容量对比

按照输送时氢气所处状态的不同，氢气的运输方式可分为气态氢气运输、液态氢气运输和固态氢气运输。前两者将氢气加压或液化后再利用交通工具运输，是目前加氢站正在使用的方式。固态氢气运输是通过金属氢化物进行输送，这种运输方式当前还未得到实际应用，随着固氢技术的突破，这种方便的运输方式预期可得到使用。高压氢气运输方式是将氢气加压至一定压力后(关键零部件是高压储氢管阀件),利用集装格、长管拖车和管道等工具输送。其中,集装格和长管拖车是当前中小规模运氢的主要方式,安全性、可行性和灵活性高。管道运输是未来重要的发展方向,可大规模运氢。液氢的体积密度是 70.8kg/m³,体积能量密度达到 8.5MJ/L,是气氢 15MPa 运输压力下的 6.5 倍。因此将氢气深冷至 21K 液化后,再利用槽罐车或者管道运输可大大提高运输效率。液氢的运输核心设备是氦透平膨胀机和液氢离心泵。

在氢气储运技术方面,结合国内行业及广东省产业发展需求,本节主要针对高压储氢管阀件、氦透平膨胀机、液氢离心泵、有机液态储氢材料、深冷高压储氢和固态储氢等关键技术进行技术分析。

7.1.2.1 高压储氢管阀件关键技术

在高压储氢管阀件研发方面,欧、美、日、韩处于国际领先地位,已实现批量化生产和规模化应用。泵、管阀件是氢能源应用的核心基础元件,广泛应用于氢气输运、加氢站和车载氢气储供及燃料电池发电系统。以目前燃料电池大巴车为例,一套六瓶系统的车载氢气储供系统占整车成本的 1/9 左右,而管阀件则占据了车载高压储氢系统总成本的 30%~60%。车载高压氢气储供系统中除了高压氢瓶外,主要管阀件有氢气加注口、瓶口组合阀、限流阀、减压稳压阀、安全泄放阀、手动排气阀、过滤器以及电磁比例调节阀等。其中,高压管阀件中的核心部件是瓶口组合阀。目前瓶口组合阀的技术研发重点主要在提升产品的工作压力、密封性、安全性、可靠性以及寿命上;在系统设计上由分散、分列式连接布置向模块化、一体化发展。国内布局高压储氢管阀件的研发单位有上海瀚氢、上海舜华、富瑞阀门、北京伯肯等企业以及航天 11 所、502 所等科研院所。国内由于对高压储氢管阀件技术缺乏系统的基础研究,在高压密封材料及核心工艺等方面与国外先进水平存在较大差距。

1. 技术现状

欧、美、日、韩等国家的多数车载气瓶采用 70MPa 压力体系的高压储氢方案,产品以 70MPa 压力体系为主,国内以 35MPa 压力体系为主,70MPa 高压氢气管阀件的研制处于产品验证阶段。在高压储氢管阀件的技术标准体系建设方面,国外处于领导地位,国内还缺乏成体系的标准建设规划。压力体系的提高对管阀件结构设计和密封能力提出了更高的要求。例如,瓶阀中的高压电磁阀,必须首先解决高压密封可靠性难题,同时还需要解决提高电磁吸力与控制尺寸、重量和温升的矛盾。减压阀是车载氢系统的关键部件,必须解决高承载压力下的高压密封难题,高减压比、大流量变化工况下的低压稳定输出难题,以及车辆服役工况压力交变、温度交变、振动冲击应力交变工况下的高可靠锁闭、长寿命性能稳定难题等。

目前瓶口组合阀等管阀件产品主要以西方国家为主，国外产品多用于高压端和关键部件，占比达 90% 以上。德国 WEH 公司是专业的流体控制用快速断接器生产厂家，提供了 35MPa 和 70MPa 两种规格的加氢枪和氢气加注口；意大利 OMB 集团公司和美国 Luxfer Gas Cylinders 公司是瓶口组合阀产品的主要供应商，其控制阀具备限流、高压电磁开关、超温超压保护、准确的 PRD 温度防护等功能的高度集成和轻量化，其工作压力高于 70MPa，高压电磁开关工作的可靠性好、寿命长，充装次数大于 30000 次；减压阀产品的供应商以美国 Emerson 和加拿大 TeleFlex GFI Control Systems 公司为代表；电磁比例调节阀产品的供应商有意大利 METATRON 公司等；美国 Swagelok 公司则提供了管路接头、限流阀等产品。

国内组合阀等关键零部件还处于研发试用初始阶段，产品多用于低压段和非关键部位，相应的标准规范仍以国外为主。国内从事氢管阀件研发生产的有上海瀚氢、上海舜华、富瑞阀门、北京伯肯、上海百图等，产品以 35MPa 压力体系为主，逐步转向 70MPa 压力体系。除了 70MPa 瓶口组合阀之外，其他管阀件均已实现国产化开发和小批量生产与销售。未势能源科技有限公司聚焦 70MPa 压力自主研发了 70MPa 车用高压瓶阀，在测试中产品循环充装寿命大于 15000 次，电磁阀启闭寿命大于 75000 次，最大工作压力为 87.5MPa，可在 -40～85℃下工作。

2. 分析研判

高压（≥ 70MPa）储氢系统是车载储氢主流路线，高压管阀件是其关键系统部件。高压储氢是提高气态氢气储存密度的主要手段，为当前车载储氢应用提供一条可行性途径，是代表技术先进性及兼具经济性的一条重要路径。在高压储氢系统中，高压管阀件是承载压力的主要部件，满足高压、高流速等工况使用是检验管阀件产品合格的重要保证。高压储氢管阀件仍主要依赖于国外产品。为实现高压储氢技术的完全自主可控，未来应以氢能源汽车示范应用为牵引，以 35MPa、70MPa 两种压力体系为主线，攻克高压、高可靠密封、长寿命稳定工作、高效低成本生产等设计和工艺难题，缩短国内外高压储氢管阀件方面的差距，为广东氢能源汽车产业化奠定基础。

瓶口组合阀等管阀件需要进一步提升一体化和集成化。为了满足高压氢气储运系统向更高压力、更大密度及更高安全性发展的需求，在大型高压氢气储运系统中，储氢管阀件的关键技术在于材料选择、制造工艺、一体化和集成化设计。管阀件产品的技术特点体现在超高工作压力、优良的氢气密封性、长寿命以及高安全性、高可靠性等。例如：瓶口组合阀采用了一体化设计，集成了电磁阀、安全阀、手动截止阀以及温度、压力传感器等部件，相比于传统方式，减少了管路连接及降低氢气泄漏可能性，安全可靠性大大提高。如果将下游的减压稳压阀、限流阀等进一步集成化设计，则系统的一体化程度变得更高，中间环节更加简化。一体化设计的前提取决于各个功能产品的成熟度和可靠性。高压储氢管阀件应立足于当前70MPa产品研发，同时面向未来更高压力（>70MPa）产品做技术储备。

采用与氢相容性好和耐腐蚀材质是改进电磁比例调节阀和瓶口组合阀材料的核心。电磁比例调节阀和瓶口组合阀材料既要有足够的承压能力，适应复杂工况，还需具备良好的抗腐蚀性能。低含碳材料可以确保减少碳从晶格的析出，提高氢耐腐蚀。特别是在设计极限温度−45～85℃条件下，材料容易发生氢蚀氢脆。因此，开发与氢相容性好的新材料是比例调节阀和组合阀需要解决的主要问题。国产高压储氢管阀件目前还未攻克核心技术问题，管阀件的耐腐蚀及耐高压是需要解决的重点技术问题。另外，规范化设计、测试验证管阀件还未有国家标准出台。因此，解决材料和集成设计问题是当前急需攻克的关键问题。

高压储氢管阀件的加工精度、阀球面加工和涉氢面的表面处理是共性技术问题。在高压储运系统中，高压管阀件是承载压力的主要部件，满足高压、高流速等工况使用是检验管阀件产品合格的重要保证。特殊的使用工况对管阀件的加工精度提出了高要求，同时，由于加工精度和工艺技术还未突破，阀球面加工和涉氢面的表面处理技术成为高压储氢管阀件的共性技术问题。当前国内高压储氢管阀件仍主要依赖于国外产品，突破共性技术问题对于推动发展管阀件的核心关键技术问题具有重要作用。

3. 关键指标（见表 7-10）

表 7-10　高压（≥70MPa）储氢管阀件技术关键指标

	指标	单位	2025 年	2030 年	2035 年
瓶口组合阀	工作温度	℃	−40～65	−45～85	−55～100
	气密性（漏率）	Ncc/h	≤10	≤8	≤4
	寿命	万次	3～6	6～10	12～15
	成本	万元	2～3	0.5～1	0.2～0.5

7.1.2.2　氦透平膨胀机

在实际生产中，中小型规模的氢液化设备通常采用 Brayton 氦循环技术，预冷后的氢气进一步被氦透平膨胀机产生的低温氦气换热降温，获得液氢，该循环工艺由于系统复杂、能耗较高，一般用于产能不超过 5t/天的液氢工厂。大规模氢液化设备通常采用 Claude 氢循环技术，通过氢透平膨胀机的等熵膨胀实现低温区降温液化，一般用于产能大于 5t/天的液氢工厂。氦透平膨胀机适用于中小型氢液化装置，大型氢液化系统必须采用氢膨胀制冷循环。

1. 技术现状

在中小规模（5t/天）氢液化设备上，产品以俄罗斯和美国最为先进。法国的液化空气（Air Liquide）和德国的林德（LINDE）两家公司主要生产氦透平膨胀机，用于相应的氢、氦制冷机/液化器。其中液化空气公司的氦透平膨胀机采用静压气体轴承，需要消耗一部分高压氦气,增加了膨胀机系统的结构复杂性,但由于静压气体轴承的承载能力强,在小于失稳转速的各种转速下都能稳定工作,因而适应性强,最高轴功率可达250kW,最大工作轮直径可达110mm,其膨胀比高达15∶1。其最小型号膨胀机的工作转速可达300000r/min以上;相反,林德公司的氦透平膨胀机采用动压气体轴承,不需要消耗高压氦气,膨胀机结构简单,稳定性好,最高转速与液化空气公司的产品相当。但其承载能力较静压气体轴承低,且由于动压气体轴承的承载能力与工作转速相关,只有当膨胀机转速大于起浮转速时才能正常工作,因而不适合较大轴功率的膨胀机,最高输出轴功率小于50kW,最大工作轮直径不高于45mm。此外,美国的Creare公司研发的微型透平膨胀机,转速可达720000r/min,制冷范围从4.5K下1W到90K下3kW。对于氢液化能力超过5t/天的装置,需要采用氢透平膨胀机,此时大多采用磁浮轴承;当液化能力超过20t/天及以上时,采用MRC混合工质制冷循环与氢透平膨胀机相结合的方式。

我国从事低温透平膨胀机的研究始于20世纪中期。中国科学院理化技术研究所目前已经攻克了10kW@20K氦制冷机以及250W、L40、2500W等一系列中小型氦制冷机使用的氦透平膨胀机,并形成了完整的工艺链和系列化产品。中科富海公司研发的大型氢液化装置采用高速重载氢透平膨胀机技术,其氢液化能力200~2500kg/天,氢气纯度≥99.999%。另外该公司成功研制出了可达200000r/min的低温气体轴承高速氢透平膨胀机,以及200W@4.5K氦制冷机,其中一款200W透平膨胀机已销往韩国,并实现了高效稳定运行。这类中小型氦透平膨胀机的蓬勃发展,为用于氢液化器的大中型重载透平膨胀机研制提供了良好的技术基础。中国科学院等离子体物理研究所在多年使用和改进俄罗斯进口氦透平膨胀机的基础上,设计、加工若干套油气混合轴承氦透平膨胀机,经过多轮超过800多天的实验验证,能完全满足EAST实验需求;其稳定性、等熵效率、突发事件的保护、制冷量以及抗干扰能力等参数都达到进口俄罗斯氦透平膨胀机水平,部分参数性能(尤其是抗干扰能力和起动稳定性)甚至更优。同时,还成功研发了4.4kW/14K全气体轴承氦透平膨胀机,已经上EAST低温系统形成联调,效果远优于同规格的俄罗斯进口氦透平膨胀机。广东省内目前在氢透平膨胀机产品类研究领域较为薄弱。

2. 分析研判

高速重载低温透平膨胀机的稳定性问题是气体轴承应用需要面对的新挑战。在采用透平膨胀机的大型低温制冷系统中,因为系统提供的制冷量大,所以需要的低温制冷工质流量大,这会直接导致低温膨胀机流量大、机械转子重及动态载荷高。同时要求低温膨胀机在重载下依然要保持高速、稳定的状态,这比起中小型机械难度更大。另外,气体轴承用于大型氢膨胀机时,对加工精度的要求极高,难以满足大尺寸透平膨胀机的使用要求。因此,如何保证高速、重载、低温条件下的稳定性是解决气体轴承应用的关键。对于静压气体轴承来说,由于静压气体轴承的承载能力较好,适合更高的轴功率,因此发展承载力更

第7章 氢能基础设施技术

高的氢静压气体轴承，可实现低温透平膨胀机的稳定、高速、高效的长期运行，更加符合设备不断大型化的发展趋势。

国产透平膨胀机需要解决绝热效率和可靠性问题。绝热效率等热力性能是衡量透平膨胀机制冷量的指标，在大型氢液化系统中，透平膨胀机的制冷量决定着氢液化的能力。透平膨胀机的技术特点体现在能实现大的制冷量和液化能力。低温、高转速和高压力的运行环境使得透平膨胀机的可靠性和安全性受到严重制约。其中，高速运转对叶轮的可靠性、材料加工精度和制造工艺要求大大提高。

应用于超大型液氢系统的低温透平膨胀机采用磁浮轴承更具有优势。磁浮轴承的摩擦阻力小，已经应用于高转速工况的大型氢透平膨胀机，相比于气体轴承拥有更大的承载力，又避免了油轴承对低温系统的污染，磁浮轴承透平膨胀机无需润滑，没有油泵、油过滤器、油冷却器等组成的供油装置，对过程气体没有任何污染，所以对后续设备无任何威胁；采用磁浮轴承的透平膨胀机对转子的动平衡要求低于常规油轴承透平膨胀机，即使转子在工作过程中有一定程度的局部损坏而影响转子的动平衡，也可以通过控制系统改变某个位置磁力使其保持正常运行。由于磁浮轴承降低了功率损失，无需供油装置，再加上不损失工艺气体，故可以改善运转效率。另外，磁浮轴承透平膨胀机起动方便，容易保管维护，可靠性也比油轴承透平膨胀机要好。在未来30t级乃至更大型的氢液化系统中，磁浮轴承将会有非常广阔的应用前景。

3. 关键指标（见表 7-11 和表 7-12）

表 7-11 氦透平膨胀机技术关键指标

指标		单位	2025 年	2030 年	2035 年
氦透平膨胀机	膨胀比	—	2～5.6	5.6	≥ 5.6
	绝热效率	%	72	75	80
	转速	kr/min	75	85	100
	制冷量	kW	10	12	≥ 15

表 7-12 氢透平膨胀机技术关键指标

指标		单位	2025 年	2030 年	2035 年
氢透平膨胀机	绝热效率	%	78	83	88
	转速	kr/min	70	100	120
	制冷量	kW	≥ 50	≥ 100	≥ 150
	流量	kg/h	2000	3500	5500

7.1.2.3 液氢离心泵

液氢技术是解决氢能产业大规模发展储运瓶颈的优选方案。氢液化工厂和液氢槽车需要有大流量的液氢传输泵用于实现液氢储罐大量液氢的快速充注和转注。液氢离心泵具有效率高、流量均衡的特点，特别适合此种应用场合。低温离心泵是利用叶轮旋转使低温液体产生离心力来实现增压的。泵在起动前，必须使泵壳和入口充满液体，使泵轴带动叶轮和液体做高速旋转运动，低温液体在离心力的作用下，被甩向叶轮外缘，经蜗形泵壳的流道流入泵的出口管路。

1. 技术现状

国际上，美国在氢液化系统用离心泵产品技术领域处于领跑地位，液氢产业链的发展已经比较完善。美国的液氢市场活跃度高，其液氢产量和用量全球最大，主要的液氢离心泵供应商有 ACD、普莱科斯（Praxair）。ACD 公司开发的低温离心泵用于液氧、液氮、液氩和液化天然气的泵送，具有结构紧凑、重量轻等特点，最高流量可达 9500L/min（2500GPM），扬程可达 1400m。市场上大中型低温液泵系统主要分为往复式和叶片式两种，前者由于泵体驱动轴动密封的泄漏问题而存在一定的安全隐患；后者以离心泵为主，具有效率高、流量均衡的特点，因而更加适用于低、中压液氢储运。在泵体材料方面，低温离心泵与液氢接触的部分需适用于液氢的温度和压力条件，且具备足够的塑性、韧性及机械强度。

我国的离心泵技术起步较晚，生产厂家主要集中在华东、长三角以及东北地区，在石油化工、电力冶金、航空航天等诸多领域均有广泛应用。低温离心泵的应用范围相对较窄，工业上主要用于空分、液化天然气、航空航天等领域的低温液体（液氧、液氮、液氩、液化天然气等）传输。低温离心泵在液氮温区以及以上的技术相对成熟，有长期应用获得的技术积累。液氢温区的离心泵技术国内尚不成熟，虽然在载人航天领域有相关应用，但是由于航天工况的特殊性，其长时间连续运转可靠性尚未得到充分验证，且该技术向民用市场推广也受到诸多因素的限制。国内研究的具有完全自主知识产权的液氢离心泵，其性能达到如下指标：工作压力 0.6MPa，流量大于 115L/min，扬程超过 5m，在 3100r/min 下寿命大于 10000h。当前国内对于应用于液氢的低温离心泵面临着液氢离心泵在使用过程中，液氢工质多处于近饱和液态，汽蚀余量较小，可能导致自润滑轴承内发生严重的空化从而影响离心泵转子的可靠运行，这将成为影响高速液氢离心泵稳定性与可靠性的难点问题。另外，液氢温度低、汽化潜热小，因此在较小的漏热和机械扰动下也极易汽化形成闪蒸气，为了控制液氢离心泵工作时的闪蒸气损失，对泵体绝热的设计和制造提出了更高的要求。广东省内企业从事相关技术研发具有一定的实力。

2. 分析研判

随着氢能应用的不断普及，大型氢液化产品需求将会大幅增加。在氢能应用不断普及时,液氢是氢能应用的重要一环,大型氢液化产品是实现液氢储存的重要设备。相较于高压气态储存,因为液氢储存具有经济优势,所以可大幅降低氢气储运成本,市场对大型氢液化产品的需求将会增加,而低温液泵系统是实现氢液化的主要设备。离心泵位于液氢冷端部分,只有选择合适的热膨胀系数和收缩比的材料,才能够适应室温到 $-253\,℃$ 的极大温差变化。大流量、高转速的离心泵将在未来超大型液氢系统中有更广泛的应用。

液氢离心泵将大量使用于高容量氢气储运系统。高容量储运氢气具有高效、低成本的优势,特别对于液氢技术,设备要求高,技术难度大,采用高容量储运系统对于解决氢气储存具有明显优势。另外,采用泵输送较现有的液氢自增压方式更加机动灵活、速度更快、响应度更高。目前全球新型液氢离心泵应用很少,国内更是处于实验室研究阶段,仅有航空领域的应用。由于航空领域工况的特殊性,民用的液氢离心泵研发面临诸多挑战。特别是在关键部件如泵轴、叶轮和泵壳的设计和生产上,国内企业仍存在较大差距。广东省内对于离心泵的技术积累较为欠缺,研发基础与国内领先企业相比仍较为薄弱。

离心泵叶轮、轴和密封结构设计及制造工艺等是国内液氢离心泵技术需突破的重点。国内液氢离心泵在设计和生产方面存在开发经验少、液氢零部件材料和生产工艺要求高等突出问题,特别是在叶轮、轴和密封结构设计上国内还未完全掌握其核心技术,而这些关键零部件是实现国产化装备开发的关键。同时,国内在制造工艺上还缺乏工艺优化经验等。在往复式液泵已有的研究基础之上,开展液氢离心泵的开发研究具有重大意义。

3. 关键指标(见表 7-13)

表 7-13 液氢离心泵关键指标

指标		单位	2025 年	2030 年	2035 年
液氢离心泵	流量	L/min	200	260	350
	扬程	m	160($\sim$0.15MPa)	200($\sim$0.15MPa)	300($\sim$0.23MPa)
	寿命	h	10000	15000	25000
	漏率	Pa·L/s	$\leq 1\times 10^{-5}$	$\leq 5\times 10^{-6}$	$\leq 1\times 10^{-6}$

7.1.2.4 有机液态储氢材料

有机液态储氢材料(Liquid Organic Hydrogen Carriers,LOHC)技术是利用烯烃、炔烃或芳香烃等特定类型的液体有机化合物的不饱和键与氢气在一定条件下发生催化加氢化学反应生成烷烃类(富氢状态)化合物,并利用其逆反应在催化剂作用下放出氢气后返回不饱和化合物(贫氢状态)的原理来实现氢的循环储存和释放。如果这些富氢状态或贫氢状态下的化合物在常温常压下均为液态,则非常便于储存和运输氢气,并实现多次重复利用。

这类技术理论上可以达到 70g/L 或以上的体积储氢密度、直接脱氢纯度可达到 99.99% 或以上。富氢态的 LOHC 原则上可以如同传统燃油（例如汽油和柴油）一样在常温常压下进行储存和运输，具有很高的安全性和方便性。如果 LOHC 技术在实用化方面取得突破，可大幅提高氢气储运的安全性并显著降低成本，助力当前氢能储运产业实现突破。

1. 技术现状

LOHC 技术的关键是材料。国际上，德国与日本的技术处于世界领先水平。LOHC 与其他常见的高压压缩氢气储氢、低温液化氢气储氢、储氢合金储氢等类似，具有可循环使用的特点。

目前，欧洲和日本等国家在 LOHC 技术开发和应用方面走在世界前列。成立于 2013 年的德国 HT 公司为 LOHC 技术全球领导者，所研发的基于二苄基甲苯为储氢载体的 LOHC 技术，其贫氢态与富氢态载体在欧盟和美国都被认定为非危化品，可实施常规运输。目前 HT 公司的 LOHC 储氢系统（Storage BOX）以及放氢系统（Release BOX）已分别在德国与美国进行示范运行。据了解，2018 年初国内大洋电机公司已参投 HT 公司，拟在国内开展相关的技术和产品推广。日本政府在国家"氢能源基本战略"中明确表示会优先考虑以甲基环己烷（MCH）液态有机载体为基础的储氢技术，从海外大规模进口氢燃料。日本岩谷、丰田、本田等企业积极参与，早在 2018 年初，日本千代田化工建设、三菱商事、三井物产、日本邮船四家公司联合成立新一代氢能源产业链技术研究会，2020 年利用 MCH 储氢技术将氢气从文莱海运至日本川崎，年供给规模达到 210t。日本 Hrein Energy 公司在开发甲苯与甲基环己烷循环技术上具有一定的优势，包括从 MCH 中分离氢和回收甲苯的技术，以及所回收的甲苯可循环再利用于 MCH 的生产等。

国内在 LOHC 研究方面处于进入前期产品试验阶段，个别企业已开始进入产品前期验证及推广阶段。杭州聚力氢能公司成功开发出一种稠杂环有机分子，将其作为 LOHC，可逆储氢量达到了 5.8wt.%，在 160℃下 150min 即可实现全部脱氢，在 120℃下 60min 可实现全部加氢，且循环寿命长。2019 年，国内江苏如皋青捷能源科技发展有限公司与日本 Hrein Energy 公司合资成立了南通久格新能源科技有限公司，共同推动 LOHC 技术产业化。武汉氢阳能源有限公司是国内较早涉足常温常压 LOHC 技术的企业，开发的常温常压下的 LOHC 密度为 55~60g/L，闪点≥150℃，熔点＜-20℃，公司与扬子江汽车公司联合研发了"氢扬号"及全球首台采用了 LOHC 技术的三环"新氢卡"物流车，在国内占据一定的优势。当前有关 LOHC 技术国际标准尚未制定发布。我国 LOHC 相关产业联盟已制定出团体标准。广东省在 LOHC 技术研发方面相对薄弱。

2. 分析研判

氮乙基咔唑（N-Ethylcarbazole）是 LOHC 研发过程中可借鉴的技术路线。利用液态芳香族化合物作为储氢载体的概念早在 1975 年就在美国被提出，如苯（理论储氢量 7.19%）、甲苯（理论储氢量6.18%）以及萘环等。但是这些材料的脱氢温度均在300℃以上，而且催化脱氢过程有副反应发生，导致氢气纯度低，还有一定的挥发性与毒性。过去针对以上问题的大量研究表明在氢化多芳香族化合物中引入氮杂环可以有效降低脱氢反应热，因而降低了脱氢温度。例如，环己烷的脱氢温度为318℃，完全氢化后的吡啶烷脱氢温度则降至262℃。而氮乙基咔唑是最先发现的脱氢温度在200℃以下的、可基本完全氢化/脱氢的LOHC。十二氢化氮乙基咔唑在150min内的氢脱附量已达到5.5%，氢气纯度高达99.9%，且完全没有CO、NH_3等可能毒化燃料电池电极催化剂的气体产生。此研究成果催生了一系列针对有机储氢分子的氢化/脱氢性质的理论和实验探索。需要指出的是氮乙基咔唑存在以下严重缺点：第一，总的脱氢温度仍然较高（接近200℃），也即能耗较高；第二，脱氢速率太慢，脱氢催化剂易被毒化，难以满足车用的需要；第三，该材料在室温时为固体，无法适应现有氢能基础设施的应用。因此，氮乙基咔唑在研发储氢材料过程中具有借鉴作用。

含较多芳环数化合物是LOHC研究的重点。近年来新的研究证明，稠环化合物通过引入氮杂原子，即形成含氮稠环化合物（或稠杂环化合物）以后，其氢化物的脱附能明显降低，因而脱氢温度也会降低。研究还发现，稠环化合物的氢化热随芳环数目的增加而降低，因而其氢化物的脱氢温度也会随着环数的增加而降低，且其各级脱氢间的温差也会变小。因此，可以通过同时引入氮杂原子和增加芳环数目的手段，来获得脱氢温度更适宜、温度级差更小的储氢分子。然而，稠环化合物的熔点通常会随芳环数目的增加而迅速增加，如果自身熔点过高，则无法正常使用。因此，还必须研究如何降低稠环化合物分子的熔点。通常稠环化合物中引入合适的侧基可降低熔点，所以还需将稠环化合物分子的研究范围扩大到含较多芳环数化合物。另一个研究方向就是根据混合物热力学理论，可以通过调整稠环化合物的侧基类型使其交换能均为负偏离，则可以通过将两种或多种含侧基的稠环化合物进行混合来获得比纯组分熔点温度低得多的低共熔液体混合物储氢材料体系。这就意味着可以考虑含芳环数更多、熔点更高的稠环化合物作为LOHC的候选分子，从而大大增加了可选的稠环化合物分子范围。

LOHC需进一步提高性能指标才有可能实用化。考虑到经济性和技术要求，LOHC达到以下要求有望进入商业化：储氢密度达到5wt.%以上，脱氢温度降到150℃以下，脱氢产出的氢气纯度达99.99%以上，LOHC处于贫氢状态时的熔点降到-20℃以下，循环使用寿命1000次以上，贫氢或富氢态均需满足无毒、无污染、低可燃性、低挥发性、高闪点、常温常压不分解的物理与化学稳定性要求。在脱氢技术方面，脱氢速率达10mmol/(min·g)以上、脱氢效率达到95%以上。

3. 关键指标（见表 7-14）

表 7-14 LOHC 关键指标

指标		单位	2025 年	2030 年	2035 年
LOHC	质量储氢密度	%	4.6～5.8	5.8～6.2	≥7
	脱氢温度	℃	160～170	145～155	120～130
	脱氢纯度	%	99.9	99.99	≥99.999
	脱氢效率	%	90	92	≥95

7.1.2.5 深冷高压储氢技术

深冷高压储氢结合了高压气态储氢和低温液态储氢两种技术的优点，是储氢密度最高同时蒸发率很低的储氢方式，其液氢体积储存密度比压缩气态储氢高 5 倍以上，是储氢技术的重要发展方向。深冷高压储氢温度与储氢密度关系如图 7-4 所示。从图中可以看出，随着温度的提高，储氢密度是逐渐降低的，随着温度进一步提高，储氢密度变化趋缓。随着储氢压力的提高，储氢密度逐渐增大，但对储氢密度的影响越来越小。此外，温度为 80～120K 和储氢密度为 40～70kg/m 是液态储氢的商业化应用范围。相较于液氢来说，深冷高压储氢密度高达 70g/L@35MPa、汽化损耗减少 90% 以上。深冷高压加注主要是通过液氢站加注（如深冷高压加氢枪）；液氢运输设备生产和液氢站建设是发展深冷高压储氢的必要条件。深冷高压储氢技术优缺点明显，具有储氢密度高和储运容易的优点，同时具有投资大、技术难和成本高的缺点。美国在 2010 年成功开发了深冷高压储氢瓶（Ⅲ型瓶），绝热方式采用多层真空绝热。目前国外在 70MPa 高压Ⅲ型瓶和Ⅳ型瓶均已实现产业化应用，深冷高

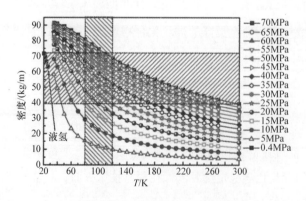

图 7-4 深冷高压储氢温度与储氢密度关系

数据来源：赵延兴，等. 气相低温高压储氢密度和能耗的理论分析及比较 [J]. 科学通报，2019，64（25）：2654-2660.

压储氢技术基本完成技术开发和样瓶试制,正在开展可靠性、疲劳性、产业化研发。各种高压集成瓶口阀、液氢阀门已经产业化,深冷高压阀门已经完成开发。深冷高压储氢技术主要难点在于氢气的深冷液化困难、成本高、过程能耗大、温差大、对容器绝热要求超级高。其中吸附剂和绝热材料是最主要的关键材料。国外主要研发机构有美国劳伦斯利弗莫尔国家实验室和宝马汽车公司等。

在国内,70MPa Ⅲ型瓶研究完成,正在进行产业化和国产化。深冷高压储氢技术尚处于研究阶段,与之相对应的储氢阀门等零部件尚处于研究阶段。其中,国富氢能公司和东南大学在深冷高压储氢技术领域有一定的研发基础,在深冷高压供氢系统设计、加注流程核心零部件研发上具有优势。广东省内目前对于深冷高压储氢技术缺乏关键技术研发机构。尽管深冷高压储氢技术具有很大挑战,但被业内认为是一种变革性技术。未来广东省可把深冷高压储氢技术(特别是深冷高压制冷、氢增压、液氢泵和氢测控加注技术等)作为具有中长期发展潜力的技术方向来布局。关键技术指标上实现深冷高压储氢集成系统储氢密度能力 ≥ 68g/L,加氢成本 < 35 元 /kg,平均燃料连续加注速度 > 5.5kg/min。实现深冷高压车载储氢瓶批量化生产、液氢储氢型加氢站普及和液氢潜液泵加注推广应用。

深冷高压储氢技术关键指标见表 7-15。

表 7-15 深冷高压储氢技术关键指标

	指标	单位	2025 年	2030 年	2035 年
深冷高压储氢	储氢温度	K	≤ 80	≤ 60	≤ 40
	储氢密度	g/L	65 ~ 68	70 ~ 73	75 ~ 78
	加氢成本	元 /kg	≤ 35	≤ 30	≤ 22
	加氢速率	kg/min	≥ 5.5	≥ 6	≥ 7

7.1.2.6 固态储氢技术

固态储氢是通过氢与材料发生化学反应或物理吸附将氢储存于固体材料中,具有体积储氢密度高、储氢压力低、安全性高、成本低、能耗低、氢气纯度高、运输方便等优点。固态储氢材料种类繁多,主要可分为金属氢化物、非金属氢化物和金属有机框架材料。金属氢化物和非金属氢化物属于化学吸附储氢,金属有机框架材料属于物理吸附储氢。不同固态储氢材料的特点见表 7-16。

表 7-16 不同固态储氢材料的特点

储氢材料种类		储氢容量/（wt.%）	材料成本	放氢压力/MPa；温度/℃	特点
金属氢化物	镧镍系（LaNi$_5$）	1.5~1.6	较低	0.2~0.8；20	工作压力低、储氢容量较高、安全性好
	钛铁系（TiFe）	1.8~1.9	低	0.2~0.3，0.8~1.0；20	
	钛锰系（TiMn$_2$）	2.0~2.1	低	0.5~1.0；20	
	BCC固溶体（V-Ti-Cr）	3.5~3.8	较高	0.1~0.3（高平台）；20	
	镁系	7.6	较低	0.1；290	
非金属氢化物	硼氢化锂（LiBH$_4$）、氨硼烷（NH$_3$BH$_3$）等	7.5~18.5	高	0.1；≥250℃，多步放氢	储氢容量高，但脱氢温度高、加氢温度、压力条件苛刻、吸放氢过程不可逆
金属有机框架材料		0.2~2.5	较低	物理吸附，一般在液氮（77K）温度下储氢	体系可逆、操作温度低，但储氢容量较低

金属氢化物的一大类是金属间化合物形成的氢化物，这些金属间化合物一般由强吸氢的稀土或过渡元素和弱吸氢元素组成，储氢容量较低，但吸放氢可逆性好、吸放氢速率快。稀土基金属氢化物已在镍氢电池负极、低压储氢罐中得到大量应用，是应用量最大的储氢材料。另一类镁基金属氢化物的储氢容量可达 7.6wt.%，远高于其他金属氢化物。镁更具经济性，镁氢化物是大型储运氢系统的理想材料，且具有热稳定性高、放氢温度高于 300℃等特点。国内以氢储能源科技为代表的企业目前已经研发出基于镁氢化物的商用储氢系统，所开发的镁基材料固态储氢车的工作压力低于 1.0MPa，充氢压力远低于目前的高压加氢站。整车有效储氢量为 1.2t，整车质量 4.9t，在常温常压下运输。世界首座镁基固态储氢示范站即将在山东省济宁市落成，加氢能力为 550kg/天，供两条公交线使用。此外，北京有研工程技术研究院有限公司研制出基于金属氢化物的静态氢压机，可以用于对车用 35MPa 和 70MPa 储氢罐加氢。该技术不同于机械氢压缩，是利用储氢材料在低温时吸氢压力低、高温时放氢压力高的特性对氢气进行增压，具有无运动部件、可靠性高、氢气品质高等特点，运行能耗和维修成本亦可大幅下降。此外，有研工程技术研究院有限公司利用该技术将固态储氢材料与高压储氢罐复合，系统总储氢量为 288.5Nm^3，比纯高压罐提高 74.8%；对 35MPa 的放氢量为 172Nm^3，纯高压罐对 35MPa 的放氢量仅为 32.4Nm^3，混合罐是纯高压罐的 5.3 倍；放氢速率 10.17~15.09m^3/min，满足了加氢速率要求。深圳佳华利道公司面向城市燃料电池公交车，开发了低压（5MPa）钛基储氢合金及固态储氢系统，系统储氢 16kg，系统总体积 786L，公交车单次充氢续驶里程超过 370km，百千米耗氢量不超过 4.5kg（后续开发的物流车百千米耗氢量小于 2.8kg）。与之配套的低压加氢站无需加压、

第7章 氢能基础设施技术

存储环节，可直接从长管运氢拖车对车辆加氢，5min 加氢量可达 8.15kg。因此，金属氢化物储氢具有工作压力低、体积储氢密度高、安全性好的优点，是目前最有前景的固态储氢技术。

非金属氢化物是近年来发展起来的高容量储氢材料，包括轻质元素组成的配位氢化物、化学氢化物等，其中硼氢化锂（$LiBH_4$）的理论储氢量达 18.5wt.%，氨硼烷（NH_3BH_3）的储氢量高达 19.6wt.%，但这类氢化物由于吸放氢反应涉及多步分解/合成过程，普遍存在脱氢温度高、加氢温度压力条件苛刻的问题。开发高性能纳米催化剂可以有效加速吸放氢动力学，降低吸放氢温度。相对于其他非金属氢化物，NH_3BH_3 具有放氢速度快、放氢温度低等优势，但由于放氢反应是放热过程，是非可逆的储氢材料。同时，NH_3BH_3 热解放氢过程会产生杂质气体，使燃料电池的质子交换膜中毒。目前，非金属氢化物储氢材料尚处于实验室研究阶段。

金属有机框架材料是由有机配体和金属离子或团簇通过配位键自组装形成的具有分子内孔隙的有机-无机杂化材料，这种孔洞型结构能够使材料表面区域面积最大化，从而表现出良好的储氢性能，这类储氢材料具有体系可逆、操作温度低等特点。MOF-5 在 77K 及温和压力下的储氢容量达到 1.3wt.%。其他类似的结构中，IRMOF-6 和 IRMOF-8 在室温、2MPa 压力下的储氢能力大约分别是 MOF-5 的 2 倍和 4 倍。金属有机框架材料的特点在于可以改变有机配体来调节孔径大小，达到调节多孔配体聚合物的比表面积及增加储存空间的目的，从而提高对氢分子的吸附量。目前，金属有机框架材料储氢还未见到公开的产业化应用实例。

综上，现阶段适宜产业化的储氢材料体系包括稀土系、钛铁系、钛锰系以及镁基储氢材料。近期可重点关注以钒基固溶体储氢合金为代表的高容量室温型储氢材料，但尚需解决材料吸放氢循环寿命差、原材料及制备成本高等问题；中远期应加强对金属氮氢化物（Li-Mg-N-H 等）、络合氢化物（$NaAlH_4$ 等）等的研究和工程化技术开发，这类储氢材料可逆储氢容量大（≥5wt%）、放氢温度相对较低（≤150℃），有望成为新的车载储氢材料体系。

固态储氢技术关键指标见表 7-17。

表 7-17 固态储氢技术关键指标

指标		单位	2025 年	2030 年	2035 年
固态储氢技术	脱氢效率	%	≥ 90	≥ 92	≥ 95
	脱氢温度	℃	≤ 240	≤ 180	≤ 110
	储氢量	wt.%	15	19	22
	加氢速率	kg/min	≥ 2.0	≥ 2.5	≥ 3.5

7.1.3 加氢技术

加氢技术是氢能使用过程中的重要一环,氢燃料电池汽车在加氢站利用氢气压缩机和加氢枪等设备对其添加燃料(氢气)。经过对加氢产业链条的梳理,本节重点描述的核心内容有加氢站、氢气压缩机和加氢枪。

7.1.3.1 加氢站

加氢站系统依据不同的功能,可分为制氢系统(自制氢)或输送系统(外供氢)、调压干燥系统、氢气压缩系统、储气系统、售气加注系统和控制系统6个主要子系统。加氢站通过外部供氢和站内制氢获得氢气后,经过调压干燥系统处理后转化为压力稳定的干燥气体,随后在氢气压缩机的输送下进入高压储氢罐储存,最后通过加氢枪为燃料电池汽车进行加注。

1. 技术现状

国际上,美国、日本和德国在加氢站的核心关键技术方面处于世界领先。根据氢气来源途径不同,加氢站的布局方式可分为两种:外供氢加氢站(off-site)和站内制氢加氢站(on-site)。目前,全球各地的加氢站均主要为外供氢加氢站。同时,美国、日本等国家在积极探索站内制氢模式,且具有成熟经验,如美国加利福尼亚州 HyGen Industries 公司推行的 HyGen 加氢站采用站内电解水制氢模式,该加氢站日供氢能力为130kg,具备35MPa 和70MPa 两种加氢压力,该电解水制氢装置采用模块化的设计,电解水制氢系统包含的所有设备都可以放置于20~40ft[⊖]的国际标准集装箱中。此外,英国 ITM Power、加拿大 Hydrogen Technology and Energy 等清洁燃料公司都提供这种集装箱式电解水制氢系统。无论是外供氢还是站内制氢模式,在加氢站的核心设备(压缩机、储氢罐和加氢枪)关键技术方面,日本和美国等发达国家均具有较大优势。在外供氢加氢站方面,主要以高压气氢站为主。加注压力方面,欧、美、日均采用与汽车配套的70MPa 压力标准,且实现了设备量产,并为国内加氢站提供多款产品。如美国 CPI 公司研发的加氢站储氢罐,额定工作压力为42MPa,水容积为1.7m^3,储存氢气65kg。而国内的加氢站设计的储氢压力一般为45MPa。在关键材料方面,目前加氢站储氢罐用的主要材料有 Cr-Mo 钢、6061 铝合金、316L 不锈钢等。对于 Cr-Mo 钢,我国常用材料为 ASTM A519 4130X(相当于我国材料30CrMo)、日本为 SCM 435 和 SNCM 439、美国为 SA 372 Gr. J。ASTM A519 4130X 和日本 SCM 430、美国 SA 372 Gr. J 具有相近的化学成分和力学性能。高压储氢罐主要生产企业有美国 AP 公司、CPI 公司;国内浙江大学攻克了轻质铝内胆纤维全缠绕高压储氢容器制造技术,但没有形成量产;北京加氢站引进的是 CPI 公司的产品。

⊖ 1ft=0.3048m。

区别于固定式加氢站，撬装式加氢站是当前加氢站采用的另一种方式。法国液化空气集团（简称法液空）设计的撬装式加氢站采用 70MPa 的标称压力供应氢气，撬装式加氢站的组件（包括分配器）都设计集成到了单个组件中，加氢时间遵循轻型车辆 H70 T40 加注的 SAE J2601 协议，其加氢能力为 200kg/天，每小时可加氢 5 次，每次加氢能力为 2～7kg。国内在设计撬装式加氢站上基本使用的还是 35MPa，如新疆舜华新能源系统有限公司在新疆承建的撬装式加氢站采用集装格供气，供氢压力 35MPa，供氢能力 20kg/h，每天加注量为 500kg。广东省在加氢站核心设备技术研发方面还较为薄弱。

2. 分析研判

加氢站建设与运营标准有待健全、亟待规范。一直以来，加氢站建设不足成为制约氢燃料电池汽车发展的重要障碍，而影响加氢站建设跟不上的原因包括多方面因素，如技术标准缺失、审批流程长、用地难、资金问题突出、商业化运营难等。国内由于在加氢站建设方面起步晚，目前仅出台 3 个和加氢站相关的国家标准。而在建设与运营标准方面有待进一步规范。截至 2020 年底，广东省已建成加氢站 25 座，也是目前唯一超过 20 个的省份，加氢站布局已初具规模。加氢站的审批、建设和运营等标准的实施对于推动加氢站建设具有极大的促进作用。特别在地方政府层面，对加氢站报建、设计、验收、运营和安全等各个环节需要做出详细规定，才能让加氢站建设有"标"可依。以广东省佛山市为例，早在 2016 年 9 月，佛山市政府委托全国氢能标准化技术委员会审核并通过了"加氢站建设审批流程"，理顺了加氢站项目从立项到建成投产过程中各个职能部门的责权范围，消除了部分制约加氢站推广的制度障碍。同时佛山市政府明确市住建管理局为加氢站建设和运营安全监管的行政主管部门，制定了《佛山市加氢站建设审批程序指引（暂行）》，为加氢站的管理、审批消除了障碍，但同时在加氢站运营的标准流程和操作上还有待进一步规范。

油 - 氢 - 气 - 电综合能源补给站是未来的重要发展方向。传统的油气行业基础设施建设相对完善，能源供给体系完备，在碳中和发展战略及新能源发展相关规划实施下，传统油气行业面临能源转型，氢能源迎来重大发展战略机遇。加氢站基础设施建设复杂，危险系数高，能源供给链条长，利用传统油气能源基础设施网络，发展油 - 氢 - 气 - 电综合能源补给站成为未来的发展方向。国内的上海等城市已出台政策扶持建设油 - 氢 - 气 - 电综合能源补给站。2020 年底，广东省正式出台加快氢燃料电池汽车产业发展规划，提出在满足有关技术标准要求前提下，重点支持油、氢、气、电一体化综合能源补给站建设，鼓励利用现有加油（气）站改扩建加氢站，现有加油（气）站在红线范围内改扩建加氢站可视为已纳入加氢站布点规划。广东省的油 - 氢 - 气 - 电综合能源补给站建设走在全国前列。

大加氢量、高加注压力加氢站将成为发展趋势。难以实现盈利是目前加氢站普遍面临的痛点之一。市场普遍认为，加氢站的日加氢能力不宜过小，否则即使暂时有政府补贴也很难开展盈利模式（氢气限价 35 元/kg 情况下）。为提高盈利能力和适配未来需求，加氢站的建站趋势正在发生改变。业内专业人士普遍认为，由于商用车市场较乘用车市场存在较大差距，70MPa加氢站是下一步发展的主流方向。加氢站装备方面，压缩机、储氢罐、储氢瓶等已逐步实现国产替代，70MPa减压阀、车用高压氢气集成瓶阀、35MPa过滤器、35MPa/70MPa加氢口、35MPa尾阀、应急放泄阀、储氢系统控制器等产品，并携新品加氢枪、HSS-70不锈钢无缝管等均已实现批量化生产。

联网布局、因地制宜建设加氢站是提高氢气供应效率的有效途径。在加氢站氢气供应上，无论是采取外供氢还是站内供氢方式，都会面临氢气供应链长、利用效率低等问题。而能源大规模等属性要求我们对氢能的气源保障、供氢模式、绿氢来源等问题提前策划布局。例如，当前国内的加氢站大多建设在发达地区（如上海、广东等），而氢气来源则往往在国内偏远地区居多（如内蒙古等），高压气态或者液态氢的运输需要大量的长管拖车或低温槽车，氢气运输车的长距离运输导致氢气供应效率极其低下，而且成本高。在此条件下，加强制氢地和用氢地区的联网布局，因地制宜建设加氢站，缩短供氢和用氢之间的距离成为当前解决氢气供应效率的有效途径。广东省在加氢站建设方面具有较好的技术储备及建设经验。

管道外供氢、"子母"站制氢是未来加氢站氢气来源的重要方式。制氢加氢"子母站"采取分布式供氢模式，即"母站"制氢加氢集成为一体，"子站"作为纯加氢站，"母站"与"子站"之间采用长管拖车运输。"母站"为制氢加氢一体站，"母站"总装置内的制氢站以制氢原料划分，可分为天然气等烃类[包括液化石油气（LPG）、石脑油、页岩气等，以下统称为天然气]制氢、甲醇水蒸气制氢和电解水制氢三大类。目前，国内多数长管拖车均用来装载压缩天然气（CNG）陆路运输，通过长管拖车运输高压气态氢随着氢能应用的不断深入也开始成为一种新趋势，特别是从当前的20MPa到下一步的30MPa压力运输氢气，这将大大提高长管拖车的装载量，从而提高其经济性，使得制氢加氢"子母"站的经济性得到大幅度提高。

3. 关键指标（见表7-18～表7-20）

表7-18 外供氢70MPa加氢站关键指标

指标		单位	2025年	2030年	2035年
固定式加氢站	日加氢量	kg/12h	1000	2000	3000
	加注压力	MPa	70	70	70
	加注时间	kg/min	2	5	10
	建设成本	万元（不含土地）	2200	1000	800
	运维成本	万元/年	280	200	120
	能耗	kWh/kg	1.5	1	0.8

（续）

指标		单位	2025年	2030年	2035年
撬装式加氢站	日加氢量	kg/12h	500	100	1500
	加注压力	MPa	70	70	70
	加注时间	kg/min	2	5	8
	建设成本	万元（不含土地）	900	600	400
	运维成本	万元/年	120	80	50
	能耗	kWh/kg	1.2	1	0.6
移动式加氢站	日加氢量	kg/12h	500	800	1000
	加注压力	MPa	70	70	70
	加注时间	kg/min	2	4	7
	建设成本	万元（不含土地）	1000	700	500
	运维成本	万元/年	120	100	80
	能耗	kWh/kg	1.2	1	0.8

表7-19　外供氢液氢加氢站关键指标

指标		单位	2025年	2030年	2035年
固定式加氢站	日加氢量	kg/12h	1000	1500	2000
	加注压力	MPa	35/70	70	110
	加注时间	kg/min	2	5	10
	建设成本	万元（不含土地）	2300	1000	800
	运维成本	万元/年	350	250	200
	能耗	kWh/kg	4.5	2	1

表7-20　站内制氢加氢站关键指标

指标		单位	2025年	2030年	2035年
天然气重整制氢	日加氢量	kg/12h	1000	1500	2000
	加注压力	MPa	35	70	110
	加注时间	kg/min	2	5	10
	建设成本	万元（不含土地）	3000	1500	1000
	运维成本	万元/年	250	200	150
	能耗	kWh/kg	6	3	2

（续）

指标		单位	2025 年	2030 年	2035 年
电解水制氢	日加氢量	kg/12h	1000	1200	1500
	加注压力	MPa	35	70	110
	加注时间	kg/min	2	5	8
	建设成本	万元（不含土地）	2200	1000	800
	运维成本	万元/年	270	200	120
	能耗	kWh/kg	60	40	30

7.1.3.2 氢气压缩机

氢气压缩机依靠压缩空气来实现低压氢气的增压。低压氢气的压力能够通过氢气压缩机实现向高压氢气的转换，压力也可以通过调节驱动气源在一定范围内进行调控。氢气压缩机主要有两种应用场景：一是工厂制氢后需要通过氢气压缩机将氢气灌装或者使用长管拖车运往加氢站，再将氢气进行高压储存；另一种情况则是加氢站将储存的氢气加注到氢燃料电池汽车中。对于前者而言，环境因素基本可控，而且相对而言一个工厂必然对接多个加氢站，因此需要压缩机能够提供更大的流量。

1. 技术现状

（1）液驱活塞式压缩机

液驱活塞式压缩机是靠往复运动的活塞来改变压缩腔内部容积，技术成熟，在工业压缩气体中得到广泛应用。液驱活塞式压缩机用于氢气压缩时，所需的压力水平一般高于 3MPa，所需的功率消耗达 11.2MW，由此产生的氢流量高达 890Nm^3/h，放电压力为 25MPa，适用于中流量和高压力的加氢应用。液驱活塞式压缩机产生高压氢气，特别是采用多级结构时，第一个压缩阶段将氢气压力增加到两个大气压，然后在下一个阶段达到目标值。国外已经掌握核心技术。其中，美国和德国在液驱活塞式压缩机研发领域具有世界领先水平。如美国 Hydro-Pac 公司研发的氢气压缩机产品进气压力为 35MPa，排气压力为 85.9MPa，流量为 4820 Nm^3/h，该产品技术成熟、流量大，可满足加氢使用。国内对于液驱活塞式压缩机已掌握部分关键核心技术，已少量应用于加氢站，国产化进程加快。该领域的技术难点在于多级增压缸活塞上的动密封在高温环境中，既承受超高压，又要保证极小的泄漏量，其密封性能直接决定了压缩机的使用寿命。另外，由于氢气会使大多数种类的金属产生"氢脆"现象，所以压缩机上与氢气接触的零部件，如多级活塞、增压缸筒等需要着重考虑选材的强度、抗氢脆特性等，这也将是液驱活塞式压缩机研制过程中亟待解决的问题。表 7-21 总结了几个有代表性的液驱活塞式压缩机的主要指标。

第7章 氢能基础设施技术

表 7-21 液驱活塞式压缩机主要指标

指标	Hydro-Pac	Hitachi Infrastructures	普发动力
进气压力 /MPa	35	0.6	2~25
排气压力 /MPa	85.9	100	90
流量 /(Nm^3/h)	4820	300	2000
应用	加氢站加氢；储运氢气	加氢站加氢	加氢站加氢
优点	技术成熟；流量大；排放压力高		
缺点	部件易脆化；制造复杂；维护困难；控制热传递困难；振动和噪声大		

（2）隔膜式压缩机

欧洲、美国的隔膜式压缩机技术同样处于世界领先。德国 HoferHochdrucktechnik 公司以其隔膜式压缩机闻名于世，该公司已经配备了几个氢燃料补给站，以 390~581Nm^3/h 的速度压缩气体，排放压力高达 28.1MPa。美国 PDC machines 公司是制造燃料电池汽车用隔膜式压缩机的领军企业，其压缩机的排放压力为 51.7MPa，流量范围为 50~280Nm^3/h。隔膜式压缩机同活塞式一样，也是由电动机驱动曲轴转动，由连杆推动活塞做往复运动，不同点主要是活塞和气体之间加入了液压油和隔膜，增加了密封性，进一步降低了"碳"与气的接触，洁净度极高，对压缩介质不产生污染。因此，隔膜式压缩机是未来发展方向。对于隔膜式压缩机，膜片的材料、热处理工艺和限制膜片形变的膜腔是隔膜式压缩机的核心技术，提高膜片寿命是发展隔膜式压缩机的重要评价指标，国外隔膜式压缩机产品膜片寿命超过 7000h。高压执行零部件的可靠性和控制逻辑是关键，保证压力控制器、显示器、安全阀、电磁阀、控制阀等自动控制和监控系统的安全性是隔膜式压缩机稳定运行的基本要求。

国内中鼎恒盛公司的隔膜式压缩机已被应用于武汉雄众、明天氢能、金山驿蓝、佛山强劲、郑州宇通、乌海、河钢等 20 多个加氢站，其中武汉雄众加氢站运行的两台 45MPa 隔膜式压缩机自 2018 年 10 月运行至今情况良好。国内目前膜片寿命在没有异物污染的情况下能达到 3000~5000h。国内隔膜式压缩机主要有以下几点问题：①国内现有的隔膜式压缩机主要还是面向石油、化工等产业，输出压力基本低于 35MPa，难以满足加氢的需求；②少数企业开始研究生产隔膜式压缩机，但产品还是存在很多问题，还需要很多时间来完善；③目前，国内的一些隔膜式压缩机可能在技术方面具有足够的经验，但是很多关键零部件（如高压阀门）还是难以满足需求，仍然依赖进口；④由于国内氢燃料电池汽车还处于发展阶段，基于成本及风险等因素，国内加氢站的压缩机并不会长期处于开机状态，频繁的启停也导致了寿命的缩减。表 7-22 总结了几个有代表性的隔膜式压缩机的主要指标。

表 7-22 隔膜式压缩机主要指标

指标	Hoffer	PDC	中鼎恒盛	北京天高	恒久机械
进气压力 /MPa	1.8	—	16.78	10~80	—
排气压力 /MPa	28.1	51.7	45	100	70
流量 /（Nm³/h）	581	280	1134	30~500	200~500
应用	加氢站汽车加氢				
优点	高流量；低能耗；低冷却要求；适用于处理纯气体				
缺点	隔膜易故障；结构复杂				

2. 分析研判

耐久性和动密封性是液驱活塞式压缩机的研发重点。活塞式压缩机往往使用多级压缩结构，多级增压缸活塞式压缩机的出气量大、压缩比高，被对氢气纯度不敏感的涉氢化工领域广泛采用。在工作过程中，由于多级增压缸活塞工作在高温环境中，既要求承受超高压，同时又要保证极小的泄漏量，其耐久性和动密封性能直接决定了压缩机的使用寿命。另外，由于氢气会使大多数种类的金属产生"氢脆"现象，所以压缩机上与氢气接触的零部件，如多级活塞、增压缸筒等需要着重考虑选材的材料耐久性能、抗氢脆特性等，这也是液驱活塞式压缩机研制过程中亟待解决的问题。

隔膜式压缩机是产业未来主流发展方向，需重点解决膜片等核心部件的寿命和稳定性等问题。隔膜式压缩机是由连杆推动活塞做往复运动，在活塞和气体之间由隔膜隔开，增加密封性的同时降低了"碳"与气的接触，气体清洁度高，对压缩介质不产生污染。同时，隔膜式压缩机可满足大流量氢气压缩需求，被业界认为是未来发展的主流方向。为了尽可能保证可靠性，除了对氢气压缩机的材料进行选择保证其长寿命、抗高压等必要条件外，还应对整个压缩机的系统可靠性进行优化设计，如具备自动轻载启停系统和监测点，时刻检测油缸油压、排气温度等环境因素，一有问题及时停机；具备泄漏报警系统，一旦氢气产生泄漏，在及时停机的同时，立刻产生警报预警。考虑到加氢站普遍位于偏远的位置，因此除了定期对压缩机进行检验和零部件更换外，还应注重设备操作规范，定期进行自检和维护。隔膜式压缩机最易损坏的核心部件就是膜片，膜片作为隔绝氢气和高压气体的关键零部件，其寿命和稳定性直接影响着隔膜式压缩机的性能。国内当前在膜片的研发及实际生产方面经验较为缺乏，为了打破国外对膜片等核心部件的垄断，须开发具有全部自主知识产权的高压隔膜式压缩机。未来的研究重点应当包括以下方面：①研究耐高压、长寿命、抗氢脆的膜片材料及表面改性技术，优化极薄膜片形变的型腔曲线，实现对膜片形变的微小控制；②开发耐高压、高效率的缸体，优化液压油的流动和分配方式，减少油腔容积，研究膜片在较小应力差下工作和高效率排气机理；③研究提高隔膜式压缩机的工作效率和压缩机系统的可靠性。

广东省具有产业配套优势和应用场景，在高端氢气压缩机研制方面已全面布局，有望突破技术瓶颈。氢能是广东省重点支持的新兴产业之一，结合广东省的汽车产业和先进制造业优势，对于发展高端氢气压缩机具有优势。目前位于佛山的广东海德利森—氢科技有限公司在加氢站系列装备和加氢装备核心部件已有全面布局，此外还有川东磁电、深圳普晟、深圳深安旭等电子设备企业有氢气传感器方面的技术储备。围绕隔膜式压缩机，与技术先进的外资企业加强合作以加快国产化进程，广东省有望在隔膜式压缩机的膜片、氢传感器等核心技术方面实现突破。在产品方面有望实现排气压力≥45MPa等级的隔膜式压缩机生产，再逐步过渡到实现加氢站氢气压缩机的完全国产化，未来有望实现排气压力≥70MPa（甚至100MPa）的隔膜式压缩机生产，进一步降低氢气压缩机以及加氢站的成本。

3. 关键指标（见表7-23和表7-24）

表 7-23　液驱活塞式压缩机关键指标

指标		单位	2025年	2030年	2035年
液驱活塞式压缩机	排气流量（进气压力）	Nm³/h	≥700	≥1200	≥1500
	整机能耗	kWh/kg	≤1.7	≤1.3	≤1
	活塞环寿命	h	≥1500	≥3000	≥4500
	压缩机密封泄漏率	%	≤0.27	≤0.17	≤0.08

表 7-24　隔膜式压缩机关键指标

指标		单位	2025年	2030年	2035年
隔膜式压缩机	排气压力	MPa	≥45	≥70	≥100
	加氢能力	kg/（台·天）	300~500	400~600	800~1000
	流量	Nm³/h	1800~2200	2200~3000	≥4000
	膜片寿命	h	≥5000	≥8000	≥12000

7.1.3.3　加氢枪

加氢枪主要用于加氢站车辆加注氢气所用，是加氢站的核心设备。高压加氢枪结构包括开关控制、加氢口连接、防误开启、防误拔枪等功能，需要集成到加氢枪的控制系统中，因此结构较为复杂，集成度非常高。由于工作在超高压条件下，枪体的密封材料和结构往往需要更高的密封比压、硬度、强度，以抵消工作时高流速氢气产热带来的结构变形。由此可见，高压密封、高流速热传导等将成为加氢枪安全、可靠应用前急需解决的技术难点。国内的加氢枪、高压氢气流量计等核心零部件大部分依赖进口，成本高、服务效率低，不利于氢燃料电池汽车的推广。

1. 技术现状

国际上，德国和日本在加氢枪技术开发方面处于世界领先。加氢枪包括开关控制、吹除、回收检测以及加满自动关闭等功能。德国 WEH 公司专门研制出来的夹爪式锁紧系统使得加氢枪和加氢嘴连接的时候不会损坏接触表面,保证可靠连接,其产品达到了在自助式加氢站上使用充装装置的安全标准。当前,德国 WEH 公司、Stäubli(史陶比尔)公司和日本的日东公司等已推出成熟的系列化产品,如 WEH 公司可提供 25MPa、35MPa 和 70MPa 加氢枪产品;还有 OPW 公司和 Stäubli 公司主要提供 25MPa 和 35MPa 加氢枪产品。

国内加氢枪核心技术尚未实现国产化,成都安迪生公司的试验产品在国内(如郑州宇通)加氢站投入使用,其生产了双手操作的 35MPa 加氢枪,关键密封件寿命达 10 万次,工作压力可达 35MPa;朗安科技公司开发出了多种压力等级的氢气加注产品,其加氢枪产品气密性优良,额定承压达 67MPa,工作温度范围 $-40 \sim 85 ℃$。但 70MPa 加氢枪产品,国内还没有自主研发的定型产品,基本依赖进口。

目前,国内加氢枪最大的优势在于价格便宜,国外一套设备在 10~20 万元,国内仅需 6~7 万元。但是现阶段,德国 WEH 公司和日本东日工器公司的产品还是更受到大众的青睐,原因就在于其技术更加成熟精湛,所生产的设备更易上手。例如 TK16 型加氢枪,设计轻巧简便(仅为 1750g),结构紧凑,方便操作。

2. 分析研判

高压应用与保护功能是加氢枪技术的难点及关键。由于加氢枪频繁、长期处于高压氢气的工作环境,在使用过程中经常启停和通断,使得加氢枪需不断承受材料冲击和氢腐蚀,所以产品必须满足抗压和防爆要求。同时,为了进一步保证安全,除了必需的密封性以外,还应使壳体的材料具有不发生着火的特性以减少摩擦产生的安全隐患。

国产加氢枪需要提高密封圈等关键材料的耐腐蚀性能。在氢能及燃料电池产业化推广阶段,实现关键部件国产化是必经之路。特别是对于加注氢气用的加氢枪,国内由于起步晚,缺乏相应研发机构及企业,因此目前大多依赖于国外产品。在国产化的加氢枪的关键零部件开发及设计上,实现密封圈和加氢枪主体等材料满足高压、大流量、氢气氛围使用是关键。如在滑环式组合密封圈设计上,一般由 O 形圈和滑环组成,根据滑环形状分类,有方形(格来圈)、阶梯形(斯特圈)和齿形滑环(斯齿圈)等。此外,O 形圈常用材料为丁腈橡胶,滑环材料为增强聚四氟乙烯(RPTFE)或者聚醚醚酮(PEEK),其中,PEEK 材料在高压环境下使用具有优势。同时需开发满足加氢枪使用环境下的不锈钢材料。

加氢枪结构的高度集成设计是国产加氢枪实现技术突破的重点。加氢枪复杂的结构需要高度集成到控制系统中,同时为方便操作,要求其重量轻、体积小,故集成度非常高。前期可参考国外先进加氢枪的结构设计,对复杂结构进行整合,集成到枪体上。例如,德国 WEH 公司的 TK16 型加氢枪,设计轻巧简便(仅为 1750g),结构紧凑,方便操作。同时开展高压管线、管阀件、密封件、拉断阀等进口零部件的国产化技术研究,支持省内第三方检测机构与国内外领先机构合作研究加氢站安全与验收以及高精度流量计等部件相关

第7章　氢能基础设施技术

的技术标准与检测方法，再通过规划建设的加氢站用加氢枪实现样件的示范应用，提高 70MPa 加氢站用加氢枪、管阀件、高压软管、质量流量计、传感器、密封件等关键零部件的国产化率及其性能。

3. 关键指标（见表 7-25）

表 7-25　加氢枪关键指标

	指标	单位	2025 年	2030 年	2035 年
加氢枪	适用温度范围	℃	−20～85	−40～85	−50～85
	关键密封件寿命	万次	≥10	≥12	≥15
	加注压力	MPa	≥35	≥70	≥90

7.2　技术创新路线图

根据对广东省氢能基础设施技术现状及技术需求的分析，结合技术发展趋势，制定氢能基础设施技术目标。以 2025 年、2030 年及 2035 年为三个关键时间节点，重点发展制氢技术、储运技术、加氢技术及关键设备技术以达到商业化要求，提升加氢站关键设备的批量制造能力，满足氢燃料电池汽车市场需求。同时，加大科研创新投入，扩大科研队伍规模，培育具有国际影响力的企业和科研平台。

到 2025 年，率先实现氢能基础设施领域的技术完善，部分核心产品打破国外垄断，实现从技术突破到产品突破，分别将制氢技术、储运技术和加氢技术逐步提升到商业化水平；将制氢成本降低到 15 元/kg，将氢气运输压力提高到 70MPa 以上水平，将加氢输出压力提高到 70MPa 以上水平，且具备量产的技术能力。

到 2030 年，逐渐提升氢能基础设施技术水平，将氢能基础设施商业化应用提高一个台阶。通过省内氢能基础设施领域关键材料（如催化剂、膜）、集成技术的突破和产品批量化使用等，将制氢成本降低到 12 元/kg，氢气运输和储存压力提高到 90MPa 以上，加氢输出压力提高到 90MPa 以上。

到 2035 年，全面实现氢气来源的大规模普及，通过先进制氢工艺的改进、氢气储运材料的突破和加氢设备的批量国产化，使制氢成本降低到 10 元/kg 以下，多种氢气储运方法开始可供选择，高压氢气储存和运输压力达到 100MPa 以上，加氢输出压力超过 100MPa；各项指标全面达到商业化量产要求，且实现氢能基础设施领域关键设备和技术的国产批量化生产。

技术方面，氢能基础设施建设完善，成本、核心技术及国产化程度三个关键指标逐渐达到产业化要求。创新方面，扩大科研队伍规模，培育具有国际影响力的企业和平台；基础设施产业方面，完善氢能基础设施建设，分别在制氢、储运和加氢设备上实现拥有自主知识产权的技术和设备批量化生产，满足氢燃料电池汽车发展需求。图 7-5 为氢能基础设施技术创新路线图。

氢能基础设施技术

年份	2025年	2030年	2035年
技术内容	氢能基础设施技术		
技术分析	①PEM 电解水制氢设备能力和成本处于国内领先水平，但与国际相比略有差距 ②高压储氢瓶处于国内领先水平，但与国际有较大的差距 ③基本掌握加氢站关键技术	①PEM 电解水制氢方面已形成本土化和低成本化制氢和撬装型加速 ②甲醇制氢方面关键核心材料如催化剂和膜等型材料 ③高压储氢气瓶各级气瓶化关键技术 ④加氢站核心关键技术	①相关标准处于国际领先水平，但价价有待于提高 ②高压储氢阀件关键技术 ③掌握氢气压缩机和加氢枪技术，并实现大规模商广应用
技术目标	制氢技术	①PEM 电解水制氢：成本≤18 元/kg，系统效率（低位/高位热值）63%～75%/74%～92%，电解槽寿命 35000～80000h，设备费用 7000～12000 元/kW，设备能力 0.5～2MW/台，能耗 4.3～5kWh/Nm³ ②甲醇制氢：成本≤1.80 元/Nm³，甲醇转化率 91%～93%，效率 55%～57%，系统寿命 4500～4800h，杂质含量≤1ppm，甲醇产氢能力 3000Nm³/h ③核能热化学制氢：耦合制氢效率≥85Nm³/(h·MW)，效率 55%～57%，热循环最高温度 950～960℃ ④光解水制氢：产氢活性：产氢速度≥251mmol(h·g)，效率 4%～6%，催化剂负载量≤1wt%	同左	同左
	储氢技术	高压储氢容器件：工作温度-40～65℃，"气密性≤10Nccm/h，寿命 3～6 万次，成本 2～3 万元 氢瓶半膨胀比 2～5.6，膨胀比≤72%，绝热效率 72%，转速 75kr/min，制冷量 10kW 氢气瓶半膨胀机：绝热效率 78%，低温 70k/min，制冷量≥50kW，流量 2000kg/h 离心泵：流量 200L/min，扬程 160m（-0.15MPa），寿命 10000h，漏率≤1×10⁻⁹ Pa·L/s 有机液态储氢材料：质量储氢密度 4.6%～5.8%，脱氢效率 90%，成本≤35 元/kg，脱氢速度≥2.0kg/min 深冷高压储氢：储氢强度≥80K，储氢密度 65～68 g/L，储氢效率≥90%，脱氢效率≥240℃，储氢量 15wt%，加速速率≥5.5kg/min	同左	同左
	加氢技术	固定式加氢站：日加氢量 1000kg/12h，能耗 1.5kws/kg 撬装式加氢站：日加氢量 500kg/12h，能耗 1.2kws/kg 液驱式压缩机：排气流量≥700Nm³/h，能耗≤1.7 kWh/kg，活塞环寿命≥1500h，隔膜式氢气压缩机：排气压力≥45MPa，加氢速度 300～500kg/台天，膜片寿命≥5000h 加氢枪：工作温度-20～85℃，关键密封件寿命≥10 万次，加注压力≥35MPa	同左	同左

图 7-5　氢能基础设施技术创新路线图

7.3 技术创新需求

基于上述综合分析,按照《能源技术革命创新行动计划(2016—2030年)》和《"十三五"国家战略性新兴产业发展规划》的指导,结合广东省氢能产业基础,需要在以下方面实施创新研究,实现技术突破。表7-26为氢能基础设施技术创新需求。

表7-26 氢能基础设施技术创新需求

类型	序号	需求	创新需求	预期成果
制氢技术	1	PEM电解水制氢技术	低贵金属含量催化剂的设计与研发,高质子交换容量、高电导率质子交换膜开发;高电流密度($3\sim4A/cm^2$)、稳定产氢量($400Nm^3/h$)、低能耗电解槽研发;可再生能源+PEM电解水制氢大规模应用技术路线开发	在能耗、电流密度、功率、电解槽寿命等核心指标上实现突破,技术达到国际先进水平
储运技术	2	70MPa高压储氢管阀件技术	超高安全性、稳定性、经济性70MPa高压储运技术研发;超高工作压力、优良氢气密封性、长寿命以及高安全可靠性管阀件产品研发;管阀件模块化、一体化技术研发	在低含碳、耐腐蚀材料开发,以及瓶口组合阀等核心部件上实现国产化,技术达到国内先进水平
	3	氦透平膨胀机开发	大型氢液化系统、低温制冷系统关键技术研发;强液化能力、高稳定性、低能耗大型氢液化器设计与制备;低成本、低能耗氢液化的大型膨胀机研发;30万吨级以上氢液化系统中磁轴承膨胀机技术研发	在氢静压气体轴承,膨胀比、绝热效率制冷量和寿命等关键核心指标上实现突破,技术达到国内先进水平
	4	离心泵开发	机动灵活、速度快、响应度高的新型离心式液氢泵设计及研发;寿命长、高稳定性的叶轮、泵壳关键部件技术研发;$3000m^3/h$以上流量的整机离心泵设备仿真模拟技术研发。 未来可集中在以下方面重点布局:1)液氢循环泵的工作机理、流动特性、材料及绝热机理、结构强度及可靠性设计;2)液氢循环泵壳、叶轮、轴、密封结构等核心部件的设计与制造;3)液氢循环泵流道及叶轮抗汽蚀结构优化;4)液氢离心泵叶轮材料、泵体材料等液氢温区力学性能测试与数据库开发;5)液氢离心泵液氢温区绝热材料、结构及制造工艺研究	掌握离心泵的材料、可靠性和关键部件制造工艺,在工作压力、寿命和泄漏率等核心指标上实现突破,技术达到国内先进水平
	5	有机液态储氢材料开发	以氮乙基咔唑为主的储氢材料技术路线完善与发展;脱氢温度低、脱氢速率快含氮稠环化合物储氢材料研发;储氢密度5wt.%以上、脱氢温度150℃以下、产出氢气纯度99.99%以上储氢材料研发与应用	开发新型储氢材料,在储氢密度、脱氢温度和氢气纯度上实现突破

（续）

类型	序号	需求	创新需求	预期成果
加氢技术	6	氢气压缩机开发	面向加氢站、输出压力高于35MPa氢气压缩机技术开发；国产化、低成本、规模化氢气压缩机设计工艺及生产；排气压力≥70MPa隔膜式氢气压缩机技术及设备研发	实现高端膜片等关键材料部件的突破，在寿命、工作压力、加氢能力等关键指标上实现突破
	7	加氢枪开发	高抗压、高防爆性能加氢枪技术开发；国产化低成本、高质量加氢枪技术及设备研发	优化加氢枪的集成技术和使用便捷性，在密封件寿命、工作温度等核心指标上实现突破，技术达到国内先进水平

第8章 技术创新行动计划

对标世界氢燃料电池汽车先进技术和成熟产业化水平，研判广东省全产业链各环节的核心技术瓶颈，积极推进电堆组件的自主研发，优化燃料电池系统与控制技术，突破系统关键零部件技术，提升整车集成度和控制系统智能化程度，加大制氢、储氢、运氢、加氢等基础设施领域的研发投入，完善全产业链布局，打造未来产业集群，引进培育相关创新资源，着重提高创新能力，提升配套服务水平，打造一流创新环境。为大力发展氢燃料电池汽车产业，大力实施创新驱动发展战略，围绕一个创新体系，部署核心技术攻关、创新能力提升、产业集群引领、创新环境建设四大行动计划，实施十六大重点工程（见图8-1）。

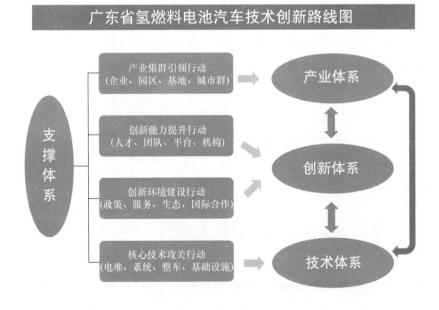

图8-1 广东省氢燃料电池汽车技术创新路线图支撑体系和十六大重点工程

8.1 核心技术攻关行动

1. 攻关电堆核心技术

开展双极板、膜电极、气体扩散层、催化剂和质子交换膜等关键组件的前瞻技术研究,加强电堆在性能、寿命、成本等方面的技术攻关和优化,加快电堆的国产化和商业化。突破高性能、长寿命的低载铂和非铂催化剂的批量化制备技术;掌握高性能催化剂浆料制备,掌握催化剂、离聚物树脂及质子交换膜等关键电极材料匹配等关键技术;突破新一代高水气传质通量的气体扩散层技术,突破高性能、高耐久催化层快速成型技术;突破超薄复合型全氟磺酸质子交换膜批量制备关键技术,解决离子导电聚合物材料合成、多孔基材的拉膜工艺、超薄质子膜的制备工艺及产品成本等关键问题;优化 CCM 浆料制备、膜电极催化剂双面直接涂布技术等膜电极连续工业化制备技术及装备;实现高比功率、长寿命、低成本的石墨双极板材料及模压技术,突破精细流道金属极板快速成型,攻克高可靠性和耐久性金属极板表面抗腐蚀表面处理技术;掌握高性能、长寿命、高可靠性的电堆流场结构设计、密封、均压、装配等关键技术和工艺。

2. 攻关系统集成技术

优化氢燃料电池系统集成与控制技术,包括空压机、氢气循环泵、超高速电机、气体动压轴承、引射器、增湿器、DC/DC 变换器等关键系统,掌握高可靠密封设计与制备技术,开发燃料电池系统整体及部件测试技术。设计开发高转速、高效率、高压缩比、轻量化、低噪声的离心空压机,重点突破动压气体轴承、超高速电机及电机控制器等空压机核心部件;重点发展膜式增湿与自增湿主流技术,聚焦异形螺杆转子氢气循环泵和全功率范围工作的引射器;开发具有冷起动吹扫技术和高性能非隔离型 DC/DC 变换器的热管理系统;优化完善高效率、高可靠性、高功率、长寿命的系统集成技术,进一步推进系统零部件功能模块化、集成化、标准化发展;完善统一氢燃料电池的测试方法、测试合格的判定标准、测试项目及要求,开发多功能综合测试台架;大幅提升氢燃料电池系统在比功率、效率、环境适应性、经济性、寿命等方面的性能。

3. 攻关整车制造技术

实现车载储氢、氢电安全、能量管理、控制系统、整车集成等方面的技术提升,加强新一代信息技术和数字化技术应用,增强智能制造水平,汽车动力性、经济性、耐久性、环境适应性及成本等五方面的关键指标逐步提高并达到产业化要求。大幅提升整车优化设计和集成技术;重点研究电堆氢电安全技术和安全监控技术,优化综合热管理技术和混合能量管理技术,掌握燃料电池系统内部状态估计及诊断技术;通过模型在环、软件在环、处理器在环和硬件在环测试手段来开发整车控制系统;实现从 30kW 至 250kW 高性能高功率密度发动机集成技术。

4. 攻关氢能基础设施技术

加大在 PEM 电解水制氢、液氢储罐、氢透平膨胀机、液氢泵、氢气压缩机、加氢枪等领域的研发投入，实现低成本和高效率分布式制氢、低温液态氢储运和有机液体储氢、固态储氢，提升加氢站关键设备的批量制造能力，满足氢燃料电池汽车市场需求。重点突破副产氢气纯化利用技术，最大限度提升系统能源效率，同时生产满足燃料电池品质需求的低成本氢气；突破新型高效、低成本、绿色制氢技术，攻关可再生能源分布式制氢技术，重点攻克具有宽功率波动适应性的高效大规模电解制氢系统设计与集成技术。鼓励本地的气体公司、能源公司以及设备制造企业积极参与制氢技术产业。突破 70MPa 车载Ⅳ型储氢瓶设计与制造技术，突破高抗氢渗漏塑料内胆制造技术，掌握先进碳纤维铺层缠绕技术与工艺，突破长寿命 70MPa 储氢瓶一体式阀门设计与制造技术，突破低成本储氢系统阀组件自主设计与制造技术，突破用于重卡应用的车载液氢储存技术。突破大排量高效率 90MPa 无油氢气压缩机设计与集成制造技术，掌握低成本高可靠性 70MPa 加氢机设计与制造技术，掌握液氢加注技术，掌握高安全、低成本加氢站（包括加油/加气/充电-加氢合建站）设计与集成技术。

8.2 创新能力提升行动

1. 构筑从基础研究与应用基础研究到产业技术创新的链条体系，实施创新体系建设工程

实施国家重点实验室倍增计划，强化仙湖实验室、化学与精细化工广东省实验室等省实验室和 22 个省重点实验室的能源基础研究能力，组建一批氢燃料电池高水平创新研究院、新型研发机构，提升应用基础研究水平，做好基础研究向产业技术应用的衔接。强化企业技术创新主体地位，以链主企业为核心，组建一批企业技术创新中心、工程技术中心、企业实验室，探索应用基础研究与产业技术研究同步的集成创新、协作创新新模式，提升产业技术创新水平。建立国家氢能动力质检中心及其他检验检测中心，国家氢气检测分析实验室、安全消防和事故处理中心、技术成果转化中心。立足我省氢能与燃料电池汽车产业链资源，推动组建广东省大湾区氢燃料电池汽车产业技术联盟，集中科技骨干力量打造前沿技术产业链股份制联盟，推动领域内科技主体与产业主体以股份为纽带，建立股份制战略技术联盟、成立法人实体，推动全产业链上不同环节技术优势单位强强联合、交互持股，打造技术创新合作网络和利益共同体。推进相关龙头企业成立氢能产业技术孵化平台，联合攻关影响氢能产业的共性关键技术，推进成立氢燃料电池汽车示范应用推广平台，研究适合广东省发展的燃料电池汽车商业化推广模式，形成协调互动的共享平台，全面推进氢能与燃料电池产业平稳健康发展。

2. 强化产业技术创新能力，实施未来链主企业培育工程

完善氢能技术创新体系建设，制定激励企业创新的政策措施，增强企业的研发投入和

创新能力,将广东省知名氢燃料电池汽车相关企业打造为国内龙头企业,加大对专精特新企业支持力度,遴选培育一批专精特新"小巨人"企业、隐形冠军企业、"独角兽"企业、"瞪羚"企业等未来链主企业,完善重点企业培育库。促进广东省氢能产业链大中小企业融通发展,积极开展供应链融资、专精特新中小企业梯队培育、产业链协同创新、企业"上云上平台"、融通发展平台建设等五大专项行动,推动形成一批大中小企业融通发展新典范和新模式。支持一批氢能创业企业孵化成长,积极推动创客广东、众创杯、科创杯等大赛获奖项目在我省落地,并给予奖励和配套支持。推进国家级氢能双创特色载体建设,推动中小企业创新创业升级,引导潜在链主企业实施品牌提升和全球化战略。培育、引入国内外具有核心技术优势的产业链关键环节企业,打造国际知名品牌,在全球氢燃料电池汽车市场占有重要地位。塑造及强化广东省氢燃料电池汽车品牌内涵设计,突出广东省"扶氢直上""引领氢能""自主研发""改变生活,绿色世界"的氢能发展理念。做好企业服务,提升落地服务水平,在土地、税收、融资方面提供便利,积极采购自主创新产品,鼓励氢燃料电池汽车及产品推广应用。

3. 优化创新布局,统筹实施协同创新发展"一盘棋"工程

以建设绿色环保的粤港澳大湾区现代交通体系为目标,推进珠三角核心区高端先进氢燃料电池汽车技术创新带建设,带动粤东粤西粤北配套协同发展,通过国家氢燃料电池汽车示范城市群建设,力争将广州核心城建成为全国氢燃料电池汽车关键零部件和乘用车技术创新中心,深圳建成为全国重要的氢燃料电池汽车技术自主创新高地,佛山建成为国家级氢燃料电池汽车关键系统技术创新和商用车制造中心,支持佛山成为全国领先的技术标准创新高地和创新中心,东莞、云浮、茂名、珠海等地建成为关键零部件生产基地和氢能供给基地。建立全省发展氢燃料电池汽车产业技术的协同创新发展机制,以深入实施广东省氢能核心技术创新工程为重要抓手,建立健全企业主导产业技术研发创新的体制机制,促进创新要素向企业集聚,完善以企业为主体、市场为导向的政产学研协同创新机制,发挥市场对技术研发方向、路线选择、创新要素配置导向作用,加快科技成果转化和产业化。支持高校、科研院所、企业多方合作强化联合开发水平,构建高效、稳定、综合的协同创新发展机制,增强协同创新能力,统筹全省各地创新发展"一盘棋",协调各地发展的相关政策措施、体制机制和发展模式,打破行政壁垒,逐步构建以氢燃料电池为重要动力的粤港澳大湾区现代交通体系,构筑氢能在各领域的创新应用体系,增强氢能相关政策链、产业链、创新链、资金链"四链"融合发展水平,增强氢能创新资源的配置能力,提升粤港澳大湾区区域创新体系整体效能。

4. 集聚高端人才,实施梯度人才体系培育工程

通过各类高水平创新平台和企业,引进氢燃料电池汽车前沿技术研发及产业化团队,引进国内外一流的行业专家和人才,开展具有前瞻性的应用基础研究、战略研究,提高氢能产业链上的基础核心技术水平，促进高质量研究成果的产业化转化。启动实施重点人才国际合作引进工程，一方面紧紧抓住新一轮留学人员回国潮，按照我省氢能产业发展需求，面向全球引进一批氢能领域战略科学家、高端领军人才及研发创新团队，吸引"学有所成"的留学人员来粤工作和创业；另一方面引进国内外专家团队建立车用电堆及其关键材料实验室，引进或联合空压机领域的美国 Garret 团队、气体扩散层领域的日本东丽株式会社宇都宫将道等专家团队、质子交换膜领域的美国 Gas Technology Institute 和瑞士 Paul Scherrer Institute 研究院、电堆集成领域的奥地利 AVL 等专家团队。加大人才培养力度，采用"学历教育、项目建设、传帮带"等形式，着力培养一批氢能领域本土青年科研创新人才和工程技术人才，构建人才发展梯队。鼓励支持省内有条件的高校、科研机构及大专院校设立氢能专业，并充分利用"企业导师"机制，大力培养氢能复合型应用人才。编制广东省氢燃料电池汽车产业技术专家库和机构库，根据零部件和技术的关键程度做好智库的排名和分类。建立各类型专业人才孵化中心，完善人才引进和孵化培育机制和举措，提高人才服务能力，打造国家级专业人才孵化中心和国际一流氢能人才高地，助力产业技术发展。

8.3 产业集群引领行动

1. 推动电堆、系统、整车、基础设施产业发展，实施氢能产业集群培育工程

以建设粤港澳大湾区为契机，推动氢能产业链集群发展，依托区域产业优势特点，重点围绕佛山-广州-深圳主线及沿海经济带，逐步推进"氢能产业走廊"建设，打造具有国际竞争力的氢能及燃料电池汽车产业集群。依据佛广深主线和沿海经济带各地产业发展基础，发挥比较优势，促进生产要素合理流动和创新资源优化配置，打造氢燃料电池及核心零部件制造产业链，打造氢燃料电池汽车整车设计与制造产业链，打造加氢装备制造产业链，打造氢能检验检测与认证综合服务产业链。推动佛山氢燃料电池商用车及配套产业集群发展，推动广州氢燃料电池乘用车、氢气制储运装备和氢基础设施产业集群发展，推动深圳氢燃料电池系统和氢能产品产业集群发展，推动佛广深氢燃料电池核心材料和零部件产业集群协同发展，加快氢能领域强链、补链行动，推动茂名、珠海、中山、东莞、云浮等地大力发展氢能相关设备和产品等配套产业集群，形成"氢走廊"建设的重要"支撑区"。加强区域协同联动，完善氢能上下游产业配套，形成整体竞争优势。

2. 推动高新区与产业基地做大做强，实施氢能产业园区树标提质建设工程

加快广东省氢能产业集群集约式发展，做大做强佛山南海（仙湖氢谷）、佛山高明、广州黄埔（广州国际氢能产业园和湾区氢谷）、广州南沙、东莞（国青氢谷）、深圳龙华（氢能示范园区）、深圳南山、云浮思劳（氢能小镇）、茂名（氢能产业基地）、湛江等十大氢能产业基地，推动建设成为氢能产业发展的"辐射源"。支持各地打造优势互补的氢堆产业园、氢机产业园、氢车产业园、氢轨产业园、氢源产业园，按照各产业园的产业定位，开展氢能产业核心技术创新,重点发展燃料电池汽车及其关键零部件等"卡脖子"核心技术与产品的研发制造,打造全国知名的氢能产业高端装备制造基地。推动广州高新区、深圳高新区、佛山高新区等优势高新区进一步集聚并释放氢能创新活力,强化氢能相关技术和产品创新,加强技术融合发展,做好氢能产业发展支撑,在园区内构建氢能产业集聚中心、研发设计中心、市场运营中心、检测检验中心、创新孵化中心、国际交流中心、未来氢生态体验中心、综合服务中心等八大中心。坚持"优势互补、错位发展"原则,结合广东省已布局的氢燃料电池汽车产业园区基础及产业发展新趋势,在产品布局、市场分布、招商引资和产业用地等方面加强全省统筹,科学合理布局广东省氢燃料电池汽车制造产业集群,推动氢能相关园区发展树标提质,打造数十个具有全球竞争力的氢能产业园区。

3. 推进粤港澳大湾区优势互补的、区域协同的、一体化集群的产业良好发展态势

在国家氢燃料电池汽车示范城市群发展推进下,加强氢能产业布局的顶层设计、产业引领能力和区域辐射带动能力,发挥氢能领域核心城市、节点城市和链条城市的不同作用,推动广东省沿海城市与内陆城市差异化的氢能等新能源产业发展格局,构建基于地区优势资源和基础的优势特色产业竞争力。推进形成一体化集群产业协同发展格局,实现以科技创新驱动产业升级、以价值链整合产业布局、以整体效应规范产业有序发展的目标。构建以打造氢能产业链供应链安全稳定的强大根基,以产业协同发展为抓手,实施好产业基础再造工程,打牢氢能领域的基础零部件、基础工艺、关键基础材料和器件、制储运加设备等产业基础。培育示范城市群间利益共享的产业链和价值链,根据资源禀赋差异,发挥各示范城市的比较优势,通过区域产业分工与合作,实现资源优化配置,实施差异化战略,错位发展,畅通以环高速公路等大型跨城市间的供氢用氢运营路线,为未来铺就粤港澳大湾区综合立体氢能交通网络奠定基础。同时,构建多层次协调合作机制,减少制度障碍和壁垒,建立一体化产业集群协同创新体系,注入创新活力。

4. 打造国际先行示范区,实施粤港澳大湾区氢能创新示范城市群建设工程

建设粤港澳大湾区氢能创新示范城市群。支持广州、深圳、佛山、云浮等产业先发地区加大力度建立氢燃料电池汽车应用示范基地,多地区打造以氢能为主轴,生产、生活、生态融合发展的"氢能小镇"示范区,推动先发地区协调、联动建设粤港澳大湾区氢能创新示范城市群,率先推动广东省在氢能客车、物流车、环卫车、出租车、公务车、共享汽车等领域跨区域示范运营,逐步推动在氢燃料电池汽车、有轨电车、无人机、分布式能源、船舶、各类电源等领域开展示范应用,推动建立智能网联氢燃料电池汽车示范区,创建国家级氢燃料电池汽车创新示范省。创新商业化运营模式。推动具有发展基础和优势的地市优化配套公共服务,制定加氢、用氢、储氢安全规范,积极推广氢燃料电池商用车,小规模试点乘用车示范运营线。未来5~15年,实现乘用车、商用车大规模商业推广,并逐步建立氢燃料电池汽车运营、服务、推广、回收、租赁等商业创新模式。保障加氢站建设。率

第8章 技术创新行动计划

先在佛山、广州、云浮等示范区域合理布局加氢站，鼓励加氢站开展商业模式创新，鼓励民营企业、个人投资者积极参与加氢站投资建设，发挥联合建站集约优势，探索加氢/加油、加氢/加气、加氢/充电等合建站发展模式，鼓励利用现有加油、加气站点网络改扩建加氢设施，以及加氢站与商业地产相结合。

8.4 创新环境建设行动

1. 加大政策引导力度，规划广东省氢能发展顶层设计工程

充分利用好国家赋予广东省的良好政策，前瞻性研究部署全省氢能产业发展问题，以《广东省新能源汽车技术创新路线图》为发展蓝图，有力支撑广东省氢燃料电池汽车产业集群发展。广东省委、省政府研究制定《广东省加快氢燃料电池汽车产业发展方案（2020）》，明确发展规划的总体思路、建设目标、主要任务及保障措施等，吸引国内外氢能产业资源向广东省集聚，进一步明确广州、深圳、佛山等地功能定位，避免重复建设，实现错位、协同发展。鼓励各地按照省里统一部署，强化责任落实，推动行动计划顺利实施，在结合本地实际需求基础上，制定出台有力度的招商引资、人才引进、技术攻关、平台建设、应用示范、推广扶持等方面的政策措施，营造氢能发展良好政策环境。积极推动国家有关部门尽快修订有关法律法规，将氢气由危化品管理纳入到能源管理序列，为氢气规模化制备、储存和运输提供便利，畅通加氢站等基础设施流程，制定相关安全操作规范。

2. 提升公共服务水平，实施氢能"政产学研金"全方位、一站式公共服务体系建设工程

大幅提高氢燃料电池汽车行业的科技公共服务水平，高度重视标准、安全规范等的制定，鼓励广东省企业积极参与国家氢燃料电池产业领域标准研究制订，加强与国内外产业与行业组织之间的联系，推动广东省优势产品、技术成为国家及行业标准。做大做强广东省及地市已设立的战略性新兴氢能产业基金，为氢能与燃料电池产业发展提供资金保障。强化氢能领域融资信贷服务，通过科技金融融合发展，实现科技创新链条与金融资本链条的有机结合，为初创期到成熟期各发展阶段的氢能科技企业提供融资支持和金融服务。发挥粤港澳大湾区氢燃料电池汽车产业技术联盟、小企业服务中心和各级综合服务机构的作用，统筹推进全省企业公共服务体系建设。定期认定一批省级企业公共服务示范平台，支持优秀公共服务平台做大做强。加强氢燃料电池汽车产业自主知识产权研发，做好知识产权保护与运营，建设知识产权基础性平台，强化管理与服务。组建一批有影响力的细分产业联盟，推进行业关键共性技术研发、上下游产业链资源整合和协同发展。实施服务机构能力提升计划，提高中小企业公共服务质量和水平。完善"政产学研金"云平台和数据库建设，为民营企业提供涉及政策、产业、科研、金融、就业等全方面信息服务，构建全省氢能领域科技成果转移转化服务平台，完善成果转化体系，将技术转移、成果转化服务与"政产学研金"云平台和数据库对接，支持各地建设"一站式"综合服务平台。

3. 构建氢能交通生态，实施氢能跨域融合发展工程

构建氢燃料电池汽车跨界融合发展的"网状生态"。将氢燃料电池汽车产业链、氢能产业链协同发展的"链式关系"，升级为氢燃料电池汽车与能源、交通运输、信息通信融合发展的"网状生态"，推动国家级智能网联氢燃料电池汽车示范项目，继而推动形成跨行业跨领域融合创新、合作共赢的产业发展新格局，牵引广东省氢燃料电池汽车产业立体化发展。实施氢燃料电池汽车与能源融合工程。在"氢能小镇"等示范区试点氢能与家庭热电联产、备用电源等领域的深度融合。注重氢能产业与本地产业基础结合，依托广东省新能源汽车零部件制造基地和产业链链主企业等，发挥"氢能小镇"的科技产业先发优势，布局高性能氢燃料电池电堆在应急电源、备用电源等应用领域的发展。支持电网企业开展集绿电制氢、储氢、加氢、氢能发电调峰等技术于一体的绿色氢电综合调峰示范站。实施氢燃料电池汽车与绿色交通服务融合工程。在绿色交通出行服务领域，氢燃料电池汽车与分时租赁、城市公交、出租汽车、场地用车等领域融合应用，推广氢燃料电池公交车、氢能源有轨电车、氢燃料电池网约车等公共交通出行方式。在绿色物流运输领域，氢燃料电池汽车企业与物流及电商企业合作，开通氢燃料电池物流配送专线、配送链，提高氢燃料电池汽车在城市物流、农村物流、港口短驳等领域的应用。实施氢燃料电池汽车与信息通信产业融合工程。氢燃料电池汽车连接车、人、路、云平台、移动网络、卫星定位系统和能源网络进行各方信息智能交换与共享，结合新一代通信技术、传感器技术、控制技术和其他智能技术，协同解决能源、交通、环境问题。

4. 深化国际合作机制，实施"走出去"和"引进来"双向发展工程

坚持"引进来"和"走出去"相结合，组建广东省氢燃料电池汽车产业技术招商联盟，定向吸引国外知名氢燃料电池汽车企业、高校院所、研究机构等来粤投资建设生产研发基地，合作建立研发中心和实验室。鼓励省内相关企业和科研院所加入并主动发起成立国际性组织，支持引进国际技术标准组织分支机构和国际标准化专家，开展国际标准化合作与研究，参与并主导国际标准、国家标准、行业标准的制订修订；鼓励省内氢燃料电池汽车行业组织建立产业海外发展联盟，继续深化氢燃料电池汽车领域合资合作，积极引进国际前沿技术，促进国际先进技术成果转移转化。把握共建"一带一路"等机遇，加大国际市场开拓力度，加快融入全球价值链，由生产环节向合作研发、市场营销等全链条延伸，加强与国际通行经贸规则对接。支持重点企业"走出去"培育拓展工程。依托现有的柔性石墨双极板、膜电极、电堆集成、超高速空压机、氢气泵、商用车燃料电池系统、氢燃料电池客车整车集成、PEM电解水制氢等优势领域，聘请专业团队对该领域的龙头企业决策层进行相关国际商务和法律等专业知识培训，合理引导龙头企业把握"一带一路"机遇、积极布局海外工厂，同时考虑兼并收购国际领先企业，入股海外相关领域巨头企业。

附录

附录A 专项汇总表

序号	立项年度	立项部门	项目名称	项目承担单位（牵头单位）
1	2021	广东省科技厅	加氢站用液驱式压缩机研究及产业化	待定
2	2021	广东省科技厅	长寿命金属双极板开发及产业化	待定
3	2021	广东省科技厅	低压高密度储运氢材料与装置研发	待定
4	2021	广东省科技厅	低铂催化剂工程化制备技术	待定
5	2021	广东省科技厅	基于国产碳纤维的气体扩散层研发与产业化	广东泰极动力科技有限公司
6	2021	广东省科技厅	超薄石墨双极板开发	深圳市雄韬电源科技股份有限公司
7	2021	广东省科技厅	氢燃料电池动力系统多合一集成控制器研发	深圳青铜剑科技股份有限公司
8	2021	广东省科技厅	全氟磺酸树脂质子交换膜研发	佛山仙湖实验室
9	2021	广东省科技厅	高性能、高可靠域控制器系统研发	深圳豪恩汽车电子装备股份有限公司
10	2021	广州市发展改革委	广州氢电一体化低碳示范项目	广州供电局
11	2021	广州市发展改革委	国鸿氢能高性能电堆集成大功率燃料电池动力系统项目	广州国鸿氢能科技有限公司
12	2021	广州市发展改革委	飞驰汽车氢燃料电池整车研发及销售中心建设项目	佛山市飞驰汽车制造有限公司
13	2021	广州市发展改革委	势加透博燃料电池空压机产业化项目	广东势加透博动力技术有限公司
14	2021	广州市发展改革委	群翌能源燃料电池测试装备生产项目	群翌能源
15	2021	广州市发展改革委	广州艾蒙特燃料电池质子交换膜生产线项目	广州艾蒙特
16	2021	广州市发展改革委	新源动力电堆和系统产业化项目	新源动力股份有限公司、雄川氢能科技（广州）有限责任公司

（续）

序号	立项年度	立项部门	项目名称	项目承担单位（牵头单位）
17	2021	广州市发展改革委	现代汽车氢燃料电池电堆生产基地项目	韩国现代汽车
18	2021	广州市发展改革委	骥翀燃料电池电堆项目	上海骥翀氢能科技有限公司
19	2021	广州市发展改革委	菱辰氢能科技氢循环系统项目	烟台东德实业集团
20	2021	广州市发展改革委	广泰氢能撬装加氢站项目	广泰氢能科技（广东）有限公司
21	2021	广州市发展改革委	广州欧立德燃料电池系统配件项目	广州欧立德流体设备有限公司
22	2021	深圳市工业和信息化局	45kW 燃料电池系统研发及产业化项目	深圳国氢新能源科技有限公司
23	2021	深圳市工业和信息化局	制氢加氢示范站项目	深圳市凯豪达氢能源有限公司
24	2021	深圳市科技创新委	光伏电解制氢加氢关键技术研发及应用	深圳市凯豪达氢能源有限公司、北京大学深圳研究生院、华润智慧能源有限公司
25	2020	广东省科技厅	广东省珠江人才计划引进创新创业团队——燃料电池膜电极产业化团队	鸿基创能科技（广州）有限公司
26	2020	广东省科技厅	表层富 Pt 金属间化合物燃料电池电催化剂开发及产业化	中国科学院上海高等研究院
27	2020	广东省科技厅	高活性和耐久性铂基氢燃料电池催化剂的开发及产业化	香港科技大学
28	2020	广东省科技厅	高功率密度氢燃料电池动力系统集成	广东国鸿氢能科技有限公司
29	2020	广东省科技厅	车用燃料电池系统一体化测试设备开发	广州擎天实业有限公司
30	2020	广东省科技厅	多重界面的构建及其在燃料电池氧还原中的应用研究	深圳大学
31	2020	广东省科技厅	广东省氢能技术发展及前景预测	广东省技术经济研究发展中心
32	2020	广东省科技厅	广东省氢能基础配套产业发展路线图	佛山环境与能源研究院
33	2020	广东省科技厅	面向南海的太阳能驱动的高效海水制氢分级催化材料	中山大学
34	2020	广东省科技厅	三氧化钨外侧铁电薄膜异质结的构建及其在太阳能转化制氢中的应用	中国科学院深圳先进技术研究院
35	2020	云浮市科技局	膜电极一体化密封	广东国鸿氢能科技有限公司
36	2020	广东省科技厅	车用燃料电池系统一体化测试设备开发	华南理工大学
37	2020	广州市科技局	基于形变组织调控的应变强化奥氏体合金抗氢致疲劳损伤机理	华南理工大学
38	2020	广州市科技局	NiM/MO 复合结构的设计、表界面调控及高效稳定的析氢催化机制研究	华南理工大学
39	2020	广州市发展改革委	鸿基创能燃料电池膜电极产业化项目	鸿基创能科技（广州）有限公司

（续）

序号	立项年度	立项部门	项目名称	项目承担单位（牵头单位）
40	2020	广州市发展改革委	广州雄韬氢恒氢燃料电池电堆和发动机系统项目	深圳市氢雄燃料电池有限公司、广州恒运企业集团股份有限公司
41	2020	深圳市科技创新委	高效氧化亚钴光催化材料的设计合成及其光解海水制氢应用研究	香港城市大学深圳研究院
42	2020	深圳市科技创新委	平板型固态氧化物燃料电池面内性能差异及相关衰减机制的原位研究	南方科技大学
43	2020	深圳市科技创新委	介孔碳载体研发用以提升氢燃料电池ORR催化性能	深圳航天科技创新研究院
44	2020	深圳市科技创新委	专2019N040 氢燃料电池关键原材料及部件研发	深圳市南科燃料电池有限公司
45	2020	广东省市场监管局	制氢加氢一体站安全技术规范	深圳市凯豪达氢能源有限公司、广东省安全生产技术中心有限公司、深圳市氢能与燃料电池协会
46	2020	深圳市发展改革委	大功率燃料电池系统研发及产业化项目	深圳市氢蓝时代动力科技有限公司
47	2020	深圳市科技创新委	基于无人机的空冷燃料电池动力系统	深圳市通用氢能科技有限公司
48	2020	深圳市发展改革委	高性能固体氧化物燃料电池（SOFC）产业化	深圳三环电子有限公司
49	2019	广东省科技厅	燃料电池发动机用超高速无油空气压缩机开发	广州启帆工业机器人有限公司
50	2019	广东省科技厅	燃料电池乘用车整车集成及动力系统平台开发	广州汽车集团股份有限公司
51	2019	广东省科技厅	高性能电动汽车动力系统总成关键技术	珠海英搏尔电气股份有限公司
52	2019	广东省科技厅	高性能长耐久一体化电驱动系统集成及其产业化	中山大洋电机股份有限公司
53	2019	广东省科技厅	车用高功率长寿命燃料电池电堆工程化制备技术研究	广东省武理工氢能产业技术研究院
54	2019	广东省科技厅	一体化电驱动系统高功率密度油冷电机关键技术研发与示范应用	佛山市顺德区金泰德胜电机有限公司
55	2019	广东省科技厅	质子交换膜燃料电池双极板流场仿生自输运排水机制及其性能研究	华南理工大学
56	2019	广东省科技厅	燃料电池阴极多孔碳基M/N/C催化剂的设计及膜电极性能研究	五邑大学
57	2019	广东省科技厅	全苯并咪唑骨架大孔交联网络的构建及其在高温质子交换膜燃料电池中的应用研究	佛山科学技术学院

（续）

序号	立项年度	立项部门	项目名称	项目承担单位（牵头单位）
58	2019	广东省科技厅	燃料电池用高性能碳/碳纸基复合材料的设计构筑及性能调控	华南理工大学
59	2019	广东省科技厅	宽光谱响应全固态Z型光催化剂的构筑及其光解水制氢性能研究	佛山（华南）新材料研究院
60	2019	广东省科技厅	负载型Au/TiO_2催化材料中界面限域结构的构建及其光催化产氢性能研究	佛山科学技术学院
61	2019	广东省科技厅	氢气-丙烷水合物储氢的热力学特性及微观传质机理研究	南方科技大学
62	2019	广东省科技厅	基于微结构调控的高压氢环境下奥氏体不锈钢焊件抗氢脆机理	华南理工大学
63	2019	广东省科技厅	面向在线制氢的双梯度多孔微通道结构激光增材制造工艺研究	佛山科学技术学院
64	2019	广东省科技厅	新型镁基纳米非晶合金的制备和储氢性能研究	暨南大学
65	2019	广东省科技厅	考虑主动决策的模块化氢储能微网智慧化运行系统研究	深圳大学
66	2019	广东省科技厅	显微组织梯度纯铁氢脆性能及其断裂失效机理研究	中山大学
67	2019	广东省科技厅	机械力外场辅助二维压电材料光催化分解水制氢研究	佛山（华南）新材料研究院
68	2019	广东省科技厅	面向氢能源车用电解水制氢的纳米-介观-宏观多级结构电催化体系和装置的基础研究	广东工业大学
69	2019	广东省科技厅	宽光谱响应红色氮化碳可控制备及光解水产氢性能的应用研究	深圳大学
70	2019	广东省科技厅	高效光电催化材料的设计及面向南海的太阳能驱动海水制氢性能研究	中山大学
71	2019	广东省科技厅	双极同基自偏压光催化体系的构建及其净化有机废水耦合制氢研究	华南农业大学
72	2019	广东省科技厅	光催化剂表面电子诱导中心的构建及其强化有机废水净化-产氢机理研究	广州大学
73	2019	广东省科技厅	基于光生电荷分离及定向迁移策略提升金属催化剂光催化产氢性能研究	华南理工大学
74	2019	广东省科技厅	梯度自掺杂铋酸铜的研制及光电催化制氢性能研究	广东省测试分析研究所
75	2019	广东省科技厅	Au纳米结构宽光谱吸收和强电磁场协同增强$BiVO_4$可见-近红外区域光电催化制氢	东莞理工学院
76	2019	云浮市科技局	超薄柔性石墨双极板开发项目	广东国鸿氢能科技有限公司

（续）

序号	立项年度	立项部门	项目名称	项目承担单位（牵头单位）
77	2019	广东省工业和信息化厅	大功率燃料电池系统研发与生产项目	广东国鸿氢能科技有限公司
78	2019	云浮市科技局	有轨电车燃料电池系统集群效率优化方法研究	佛山（云浮）氢能产业与新材料发展研究院
79	2019	广州市科技局	MOF衍生可见光驱动生物质重整制氢催化剂的合成与应用	华南理工大学
80	2019	广州市科技局	高效、长寿命PtM3型和PtM3N型（M=过渡金属）燃料电池电催化剂的研制	华南理工大学
81	2019	广州市发展改革委	广州智氢燃料电池电堆研发及产业化项目	广州智氢科技有限公司
82	2019	广州市发展改革委	广州舜华车载氢系统及加氢设备产业化项目	雄川氢能科技（广州）有限责任公司、广州舜华新能源系统有限公司
83	2019	广州市发展改革委	广州氢驰科技燃料电池系统研发	雄川氢能科技（广州）有限责任公司、上海重塑能源科技有限公司
84	2019	广州市发展改革委	燃料电池冷藏物流车整车研发与产业化项目	广州广日专用汽车有限公司、雄川氢能科技（广州）有限责任公司
85	2019	广州市发展改革委	燃料电池环卫车研发及产业化项目	广州市环境卫生机械设备厂、雄川氢能科技（广州）有限责任公司
86	2019	广州市发展改革委	开沃新能源专用车项目	南京开沃重工有限公司、广州沃川新能源科技有限公司
87	2019	广州市发展改革委	金亚隆石墨双极板项目	金亚隆新材料科技（广州）有限公司
88	2019	广州市发展改革委	燃料电池检测装备制造项目	广州锐格新能源科技有限公司
89	2019	广州市发展改革委	新一代大功率燃料电池系统研发项目	洺源科技（广州）有限公司
90	2019	广州市发展改革委	燃料电池生产线装备制造项目	广州顺天装备制造有限公司
91	2019	广州市发展改革委	新源动力电堆及系统项目	新源动力股份有限公司、雄川氢能科技（广州）有限责任公司
92	2019	深圳市科技创新委	直接液体燃料电池传输特性及电极一体化研究	西安交通大学深圳研究院
93	2019	深圳市科技创新委	基于单原子铂的燃料电池用高性能高铂利用率电催化剂的研究	深圳大学
94	2019	深圳市科技创新委	含氮杂环的不对称氢化	南方科技大学
95	2019	深圳市科技创新委	面向碳氢化合物制氢的质子导体固体氧化物电解池关键技术研究	中国地质大学深圳研究院

（续）

序号	立项年度	立项部门	项目名称	项目承担单位（牵头单位）
96	2019	深圳市科技创新委	高功率长寿命氢燃料电池电堆关键技术研发	深圳市雄韬电源科技股份有限公司、深圳清华大学研究院
97	2019	深圳市大鹏新区科技创新和经济服务局	38kW燃料电池电堆科技研发项目	深圳市雄韬电源科技股份有限公司
98	2019	深圳市发展改革委	清洁高效的氢能源技术研发及产业化项目	深圳市凯豪达氢能源有限公司
99	2019	广东省自然资源厅	海上风电宽功率波动环境下的高适应性电解制氢及储能关键技术及装备的研究	深圳中广核工程设计有限公司、中国科学院广州能源研究所、深圳市凯豪达氢能源有限公司
100	2019	深圳市科技创新委	氢能安全工程技术研究中心建设项目	中广核研究院有限公司
101	2018	广东省科技厅	广东省新能源汽车技术创新路线图编制	中山大学
102	2018	广东省科技厅	混合动力汽车新一代动力总成系统研发	比亚迪汽车工业有限公司
103	2018	广东省科技厅	动力电池系统检测评价研究与服务体系建设	广州广电计量检测股份有限公司
104	2018	广东省科技厅	可见光响应InGaN纳米柱的可控生长及其解水制氢性能研究	华南理工大学
105	2018	广东省科技厅	相界面微区构筑钴铜合金分级纳米结构及其催化制氢性能研究	惠州学院
106	2018	广东省科技厅	利用三维结构和pn结构筑高效光电产氢电极	华南理工大学
107	2018	广东省科技厅	可用于高效稳定光解水产氢的新型低维复合硅基光电极材料研究	华南师范大学
108	2018	广东省科技厅	多层石墨烯Z型光催化体系的构建及其可见光催化分解海水产氢	华南农业大学
109	2018	云浮市科技局	高比功率氢燃料电池电堆开发	佛山（云浮）氢能产业与新材料发展研究院
110	2018	广东省工业和信息化厅	燃料电池电堆及系统集成生产线建设项目	广东国鸿氢能科技有限公司
111	2018	广东省工业和信息化厅	燃料电池电堆及系统集成生产线建设项目	广东国鸿氢能科技有限公司
112	2018	广东省工业和信息化厅	氢能源产业和装备制造业孵化	云浮市普汇氢能科技有限公司
113	2018	广州市科技局	金属有机骨架限域的超小贵金属团簇电催化产氢与氧还原性能研究	华南理工大学
114	2018	广州市科技局	基于超薄平板热管的质子交换膜燃料电池热管理系统应用基础研究	华南理工大学

（续）

序号	立项年度	立项部门	项目名称	项目承担单位（牵头单位）
115	2018	深圳市科技创新委	燃料电池公交车电-电深度混合动力系统开发平台及整车开发	深圳市南科燃料电池有限公司
116	2017	广东省科技厅	氢燃料电池中大型客车关键技术研究	深圳市佳华利道新技术开发有限公司
117	2017	广东省科技厅	轻量化、高性能、低成本的纯电动乘用车电机的研发及产业化	合普动力股份有限公司
118	2017	广东省科技厅	燃料电池用聚合物纳米纤维负载Pd基二元合金催化剂的可控制备和性能调控	岭南师范学院
119	2017	广东省科技厅	基于氧化还原结构稳定的钙钛矿氧化物单层燃料电池研究	深圳大学
120	2017	广东省科技厅	三维立体流场柔性石墨燃料电池双极板开发	佛山（云浮）氢能产业与新材料发展研究院
121	2017	广东省科技厅	聚合物电解质膜燃料电池廉价长时效氧还原非Pt电催化剂的研究	中山大学
122	2017	广东省科技厅	从催化材料出发解决燃料电池成本和稳定性问题	暨南大学
123	2017	广东省科技厅	基于石墨烯纳米机械谐振的光纤氢气传感器研究	暨南大学
124	2017	广东省科技厅	阴阳两极一体化自偏压光电池的设计及其光催化分解水制氢性能研究	华南农业大学
125	2017	广东省科技厅	酶-微生物电解池协同强化木质纤维素水解制氢的新技术研究	中山大学
126	2017	广东省科技厅	金属@碳核壳结构电解水产氢催化剂设计制备与催化活性调控研究	华南理工大学
127	2017	广东省科技厅	固体氧化物燃料电池新型叠层复合结构功能涂层研究	华南理工大学
128	2017	广东省科技厅	面向高比能直接甲醇燃料电池的纯甲醇供给关键技术研究	华南理工大学
129	2017	广东省科技厅	被动式直接甲醇燃料电池多孔流场板制造及优化机理研究	华南理工大学
130	2017	广州市科技局	面向储能的高能量转换效率高稳定性质子交换膜电解制氢技术的开发研究	华南理工大学
131	2017	广州市科技局	熔盐体系中木质素基载钯多孔碳材料的水热合成及储氢性能研究	华南理工大学
132	2017	广州市科技局	基于混合导体透氢膜的水分解制氢技术基础研究	华南理工大学
133	2017	广州市科技局	高效碳基电催化材料的制备及其燃料电池应用研究	华南理工大学

（续）

序号	立项年度	立项部门	项目名称	项目承担单位（牵头单位）
134	2017	广东省科技厅	基于MOF的燃料电池用新型钯基纳米材料的研发及应用研究	华南理工大学
135	2017	科技部	高性能长寿命燃料电池发动机系统的开发研制	华南理工大学
136	2017	深圳市科技创新委	膜电极的技术研发和产业化	深圳市南科燃料电池有限公司
137	2016	广东省科技厅	纯电动乘用车驱动与传动集成系统研发及产业化	深圳市大地和电气股份有限公司
138	2016	广东省科技厅	高效率低成本电动汽车整车集成式控制系统的研发及产业化	广东陆地方舟新能源电动车辆有限公司
139	2016	广东省科技厅	轻量化电动客车创新基地建设及8m轻量化纯电动客车协同攻关与产业化	东莞松山湖高新技术产业开发区管理委员会
140	2016	广东省科技厅	燃料电池中一维二元过渡金属氮化物可控合成及与铂协同催化机理研究	广东工业大学
141	2016	广东省科技厅	基于非编码RNA调控衣藻连续光合产氢的机理研究	深圳大学
142	2016	广东省科技厅	新型MOF材料在人工光合作用中催化及制氢性能的研究	华南理工大学
143	2016	广东省科技厅	适用于移动氢源的化学储氢材料与技术研究	华南理工大学
144	2016	广东省科技厅	长寿命宽温区稀土镁基储氢合金制备技术研究	广东工业大学
145	2016	广东省科技厅	具有等离子共振效应的纳米Cu修饰氢化一维TiO_2纳米材料的制备及其太阳能光催化分解水制氢性能研究	华南农业大学
146	2016	广东省科技厅	梯度孔结构纤维多孔反应载体制氢微反应器的设计与制造基础研究	厦门大学深圳研究院
147	2016	广州市科技局	基于氢转移偶联策略实现芳烃资源高值化转化的新方法研究	华南理工大学
148	2016	广州市科技局	非金属掺杂铂基合金纳米管阵列的制备及其在燃料电池中的应用研究	华南理工大学
149	2016	广州市科技局	燃料电池核壳结构低铂催化剂的放大制备及其电堆应用研究	华南理工大学
150	2016	深圳市科技创新委	车用燃料电池电堆技术开发	深圳市南科燃料电池有限公司
151	2016	深圳市工业和信息化局	大功率氢燃料电池汽车高压配电箱（PDU）研发及产业化	深圳市福瑞电气有限公司

附录 B 核心技术攻关方向汇总表

序号	专业领域	技术点	研发需求	研发内容
1	燃料电池电堆	催化剂	车用燃料电池低 Pt 合金高性能催化剂	基于目前国产主要是高量 Pt 纯原料及高性能碳载体，研发安全性、高稳定性燃料电池的商用高性能低 Pt 合金纳米催化剂。研究内容包括：低 Pt 合金纳米催化剂；低 Pt 催化剂放大制备工艺开发；催化剂表征及膜电极性能测试
2	燃料电池电堆	催化剂	特种车船用燃料电池高性能新一代 PtCo 合金催化剂与介孔碳载体产业化研究	研发适用于特种车船的高性能、长寿命新型介孔碳载体；开发先进载铂工艺及催化剂稳定性技术，智能化催化剂连续流动产业化的新型 PtCo 合金纳米催化剂；开发全自动化、智能化催化剂连续流动产业化高强度的催化层结构及批量化的 MEA 制备技术
3	燃料电池电堆	质子交换膜	燃料电池复合质子交换膜自主关键技术开发与产业化	研发全氟磺酸树脂与高寿命复合质子交换膜的批量工程化制备技术。具体包括：高当量、高气密性质子交换膜全氟磺酸树脂及高氧气阻隔性全氟磺酸树脂制备技术；超薄高强复合质子交换膜的稳定性及寿命化学物理使用寿命全氟磺酸树脂复合质子交换膜工程化制备技术；全氟磺酸树脂、复合质子交换膜的成膜技术、复合质子交换膜的性能与寿命测评体系研究
4	燃料电池电堆	质子交换膜	长寿命超薄燃料电池用质子交换膜	开发超薄质子交换膜的成膜技术；研究超薄情况下膜强度的增强技术、针孔抑制技术，以及氢渗透抑制技术；研究质子交换膜磺酸树脂降解抑制技术、研究通过添加石墨烯等提升质子交换膜的稳定性及耐久性技术；开发超薄质子交换膜生产技术，并建成示范生产线，生产能力大于 10 万 m²/年
5	燃料电池电堆	质子交换膜	燃料电池复合质子交换膜关键技术开发与产业化	开发质子交换树脂单分散溶解技术、超薄高强质子交换膜复合技术：开发质子交换膜低气体扩散控制技术；复合质子交换膜低气体扩散控制技术；复合质子交换膜的连续制备工艺开发
6	燃料电池电堆	质子交换膜	氢燃料电池质子交换膜用自动化涂布设备开发及产业化	开发精密 CCM 膜电极制备卷对卷连续热压除气防皱涂布装置；开发超薄 CCM 膜电极对卷连续涂布装置；CCM 膜电极张缝挤压涂布工艺，实现自动化涂布工艺，实现设备机械速度≥10m/min 情况下，CCM 膜电极拉伸不变形，CCM 膜电极涂布生产速度≥5m/min，同歇涂布长度精度±0.3mm；高固含量质子分散过程简单的氢燃料电池质子交换膜涂布用催化剂浆料，实现批量化处理
7	燃料电池电堆	离子交换膜	碱性离子交换膜批量制备及应用技术	基于自主创新的碱性离子交换膜，研发其批量化聚合物电解质材料、满足燃料电池干湿交替和自由基攻击工况条件下的应用需求。研究内容包括：研究稳定性的聚合物电解质材料，开发新一代碱性燃料电池干湿交替和自由基攻击工况条件下的离子交换树脂及膜材料批量化制备工艺，形成氢能关键材料批量化制备的连续化制备工程化技术

（续）

序号	专业领域	技术点	研发需求	研发内容
8	燃料电池电堆	气体扩散层	低成本全流程制备技术及国产化研究	基于国产高强度碳纤维，研发全流程低成本高耐久国产化气体扩散层。研究内容包括：气体扩散层用碳纤维原纸连续化制备技术及原纸预处理和碳化工艺的研究；气体扩散层用碳纤维原纸连续化生产装备开发；梯度化非均一气体扩散层中微孔层制备技术及工艺研究；气体扩散层连续化生产设备的研究及反馈监测开发；低成本高耐久气体扩散层连续化生产工艺研究及制备技术研究
9	燃料电池电堆	催化剂 质子交换膜 气体扩散层	燃料电池核心材料研发及国产化	研究浸渍还原制备铂碳核壳催化剂的新工艺，实现高活性催化剂的规模化制备；研发短支链全氟磺酸超薄质子交换膜连续生产线，满足电堆高温低湿低压操作需求；建立卷对卷气体扩散层生产线，量产高性能低成本新型气体扩散层
10	燃料电池电堆	催化剂 膜电极	高性能长寿命燃料电池关键材料研发及应用	开发新型低成本燃料电池催化剂，包括低铂和非铂催化剂，提高催化剂的活性和寿命；设计基于新型催化剂的低温冷启动性能并提供车用燃料电池动力系统的方案
11	燃料电池电堆	催化剂 膜电极	燃料电池催化剂的稳定化技术开发研究	通过对催化剂及膜电极的催化层进行处理实现提升膜电极的稳定性/耐久性，解决燃料电池耐久性这一重大难题；建立广东省高水平的燃料电池稳定耐久性测试平台
12	燃料电池电堆	催化剂 膜电极	氢燃料电池非Pt/低Pt催化剂及膜电极制备技术研究	加快氢燃料电池摆脱对Pt的依赖高性能非Pt/低Pt催化剂和质子交换膜燃料电池电极产业化。研究内容包括：研发高性能稳定的原子级分散铂（铁）-氮-碳非贵金属催化剂，实现非Pt/低Pt催化剂的批量化；研发基于工况与材料特性的膜电极材料耦合技术；基于非Pt/低Pt催化剂，研发高性能膜电极，摆脱其对Pt的依赖，加速国产化替代
13	燃料电池电堆	膜电极	自主化高性能长寿命膜电极产业化应用	研发自主高性能长寿命膜电极技术，完成膜电极产业化制备。研究内容包括：高活性铂基或合金催化剂及产业化生产、工艺研究及批量化生产；催化剂稳定化技术；膜电极密封结构CCM结构设计、稳定密封结构工艺及耐久性技术；高功率电堆极板流场设计与高效双极板的批量化技术；燃料电池膜电极衰减机理及缓解；高性能膜电极车用工况测试评价技术及实车验证
14	燃料电池电堆	膜电极	新一代低成本燃料电池关键材料及其膜电极技术研究	聚焦新一代长寿命的膜电极核心技术，开展关键消除技术研究，包括：高活性非铂催化剂以及催化剂稳定化技术研究；高耐久性碱性膜电池研究；高活性碱性催化剂稳定化技术研究；高效气体扩散层制备技术研究；开发批量制备非铂系膜电极技术
15	燃料电池电堆	膜电极	高性能长寿命燃料电池的产业化	开发具有高性能且长寿命的膜电极技术，包括：氢燃料电池核心技术研究；过氧化氢消除技术研究；燃料电池阴极构筑及制备工艺与技术规范
16	燃料电池电堆	膜电极	质子交换膜燃料电池膜电极组件核心材料国产化	以国产化核心材料为基础，生产完全国产化的膜电极组件（MEA），打破目前对国外MEA核心技术的依赖。研发内容包括：氢氧化反应催化剂的开发与量产化；析氧反应（OER）催化剂产业化；整合氢氧化催化剂非铂化；高效气体扩散层规模化的质子交换膜生产线；设计完全国产化的MEA组件，氧还原反应（ORR）催化剂完全国产化；建立10万 m^2/年的生产线，年生产基于膜槽技术生产能力大于10万 m^2/年

序号	分类	项目名称	研究内容
17	燃料电池电堆	金属双极板	氢燃料电池低成本无涂层不锈钢双极板材料及反应用开发	开发具有自主知识产权、无涂层、高耐久性的不锈钢双极板材料，长寿命不锈钢双极板。研究内容包括：低成本无涂层不锈钢双极板流场结构优化数值模拟研究；不锈钢双极板流场结构设计及数值模拟优化研究；研究精细化制备技术，批量应用于低成本、长寿命不锈钢双极板材料的成分设计及工艺及研究；高耐蚀和疏水无涂层不锈钢双极板的精细化批量制造技术研究；开展低成本无涂层不锈钢双极板的电堆搭载验证
18	燃料电池电堆	金属双极板	长寿命、高性能车用燃料电池金属双极板开发	研究高耐蚀、长寿命、低成本超薄金属双极板及其批量制备工艺。面向100kW以上大功率紧凑车用燃料电池要求，自主设计开发高功率密度新型金属双极板结构，开发金属双极板高精度制造及质量控制方法；研究长寿命、高耐蚀、低接触电阻涂层及其制备工艺，构建金属双极板多工艺集成及智能化批量制造产线；开展批量制造金属双极板性能检测及质量保证技术，进行百千瓦级金属双极板装堆验证
19	燃料电池电堆	金属双极板	低成本长寿命燃料电池双极板及其工程化制备技术	针对电堆长寿命需求，研究低成本长寿命燃料电池双极板及其工程化制备技术。具体包括：双极板理化参数对电堆寿命影响；金属板长寿命耐腐蚀涂层技术研究；新型高效低成本金属双极板制备方法研究；超薄低成本长寿命石墨柔性双极板制备方法研究；双极板气密性快速在线检测及装备制造技术研究
20	燃料电池电堆	石墨双极板	长寿命超薄柔性石墨双极板研究	基于国产柔性石墨材料及石墨双极板制备工艺，研究低成本超薄长寿命石墨双极板。研究内容包括：研究长寿命高效混合制备技术、树脂基复合材料的界面结构形成及界面粘合控制技术、互穿网络石墨复合材料双极板的结构设计与成型工艺；双极板表面复合材料的模具优化设计与成型装备开发；研发基于石墨双极板气密性快速在线检测及装备制造的高性能低成本长寿命电堆
21	燃料电池电堆	双极板-复合材料（非复合双极板）	氢燃料电池用复合材料双极板的开发	研发具备易成型、高强度、高耐蚀、低电阻、轻量化的复合材料双极板。研究内容包括：高强度、低电阻的复合材料高效混合制备技术；树脂基复合材料的界面结构形成及界面粘合控制技术、互穿网络石墨复合材料双极板的结构设计与成型工艺；双极板表面复合双极板设计与成型装备开发
22	燃料电池电堆	复合双极板	面向批量生产的燃料电池薄型碳基复合双极板关键技术研究	围绕面向批量生产的燃料电池薄型碳基双极板封结构，提供双极板最佳的填料配比；结合计算机仿真和实际测试，对原型双极板进行开发；开展双极板模压复合成型的模具系列研究；设计模具并研究模压成型工艺参数对双极板成型效果的影响
23	燃料电池电堆	双极板	质子交换膜燃料电池用双极板开发	研发具有易成型、高耐腐蚀、高稳定、低成本的碳基、陶瓷基涂层试制及寿命快速评价方法 成型、有助于提升基材与涂层之间结合力的不锈钢和钛合金基板的制备工艺；涂层高稳定性的专用超薄板批量制备工艺，涂层不锈钢双极板技术及可连续工业级制备技术与装置的开发；超薄双极板耐腐蚀性、导电性、可成形性综合性能评估；超薄双极板试制及寿命快速评价方法
24	燃料电池电堆	金属双极板电堆	低成本电堆双极板材料技术开发	研究内容包括：低成本电堆不锈钢双极板材料的开发；燃料电池不锈钢双极板表面改性研究，包括开发新型π共轭无定形碳（PAC）涂层研究，实现双极板表面采用低成本碳化代金属镀层；形成膜的细度和粘附性研究；高导电、高强度、高稳定性、高寿命、低成本的不锈钢双极板

167

（续）

序号	专业领域	技术点	研发需求	研发内容
25	燃料电池电堆	电堆	基于金属双极板燃料电池的重型卡车用电堆研发	开展高比功率、长寿命的金属双极板电堆研发。研究内容包括：建立电堆流体输运及反应模型，研究燃料电池双极板流道对流体传输、水热管理和接触电阻的影响；研究长寿命电极批量生产技术，研究金属双极板冲压、焊接、批量制造技术；在不锈钢基材上发展先进碳膜制备工艺，满足金属双极板的使用要求；研究电堆自动化装配及在线监测技术
26	燃料电池电堆	电堆	低成本、长寿命、高功率密度金属双极板燃料电池电堆的工程化开发	针对质子交换膜燃料电池成本和寿命要求，开发国产关键材料部件，并实现工程化制备。研究内容包括：金属极板的批量化、精细化成型技术；低成本耐蚀涂层批量制备技术开发；适用于金属极板的高功率长寿命电极技术开发；面向高功率长寿命要求的电堆结构设计和组装工艺开发；电堆高耐久性密封结构的原位快速成型
27	燃料电池电堆	电堆	特殊环境中低铂氢燃料电池过程机理及设计方法研究	建立低铂质子交换膜燃料电池跨尺度多场耦合模型，研究特殊（高温、高湿、高寒）环境中电池内的传热传质机理；查明极端环境对电池寿命衰减影响机理；开发电池性能预测及设计软件，设计验证适应极端环境的质子交换膜燃料电池
28	燃料电池电堆	电堆	100kW 大功率快速响应特性燃料电池电堆研发	基于国产高比能双极板、碳布、催化剂及 DC/DC 变换器开发高性能 100kW 大功率快速响应特性燃料电池电堆。研究内容包括：研究高性能碳布；研发燃料电池气体导流性能双极板；研究燃料电池稳定储能和极限性能，提高电堆寿命；开发高功率燃料电池电堆研制的量产技术；开发大功率燃料电池电堆的测试技术
29	燃料电池电堆	电堆	质子交换膜燃料电池长寿命电堆工程化制备技术	研究长寿命电堆工程化制备技术。研究内容包括：关键材料；电堆结构和组装工艺对电堆寿命的影响及失效模式；电堆高耐久性密封组件的高精度原位快速成型技术；电极模块快速在线化；电堆高功率密度装配及工程化装备制造技术
30	燃料电池电堆	电堆	基于开口阵列型碳纳米管的低铂催化剂及电堆的开发	以开口阵列型碳纳米管为新型碳载体，开发高耐久性、高活性的低铂纳米催化剂及高性能电极，开发高功率密度、长寿命电堆。研究内容包括：开口阵列型碳纳米管的设计与开发；基于 Pt-M/C 催化剂高性能膜电极的设计与开发；基于新型碳载体的电堆在线化、气密性检测技术研究
31	燃料电池电堆	电堆	质子交换膜燃料电池高功率密度、长寿命电堆工程化制备技术	基于全功率采用车电堆需求，研究高功率密度及其单电池模块化组装规律，开发长寿命、高比功率密度电堆及其电极流场结构及其电堆寿命的影响规律。研究内容包括：研究膜电极和高比能膜电极制备技术；开发超薄膜电极和双极板的设计及工程化制备技术；研究电堆结构和高功率堆型设计及工程化制造、失效机理

168

序号	分类	子类	项目名称	研究内容
32	燃料电池电堆	电堆	燃料电池电堆过程建模仿真、状态观测及寿命评价方法	从设计、控制以及寿命评测的方法出发,开展电堆建模仿真、状态观测控制和寿命评价的研究,实验研究电堆多物理量分布规律及其对电堆性能的影响机理,构建准确逼真的"气-电-热-力"多场耦合模型,发展多尺度跨尺度数值计算技术;进一步开发电堆性能设计通用软件,研究基于状态反馈的故障诊断方法和全工况自适应鲁棒控制技术;提出普适性的电堆寿命快速测评方法及工艺
33	燃料电池电堆	检测系统	电堆电压巡检控制系统	研发用于电堆的高度集成、模块化、低成本的电压巡检控制系统。研究内容包括:连接器与电压巡检控制器的电压巡检控制器设计与制造
34	燃料电池电堆	检测系统	电堆CVP电压侦测连接组件	基于电堆板板匹配的新型电子连接器。研究内容包括:研发双极板电压侦测电子接插件,与双极板导通输电压信号构件,开发连接器配套的电压巡检束组件;开发电压巡检控制软件及控制系统软件
35	燃料电池电堆	检测系统	氢燃料电池双极板腔室间密封性测试关键技术及设备研发	基于气体微流或示踪气体质谱原理或其他研发技术氢燃料电池双极板腔室间的密封性缺陷检测方法并制造相关的检测设备。研究内容包括:研究氢燃料电池双极板腔室间密封性的漏率变化的标准判断限值;研究解决密封性测试同问题的关键技术及其工程实施方案;研究产品密封性检测及评价的标准化方法和工艺流程
36	燃料电池系统	引射器	车用燃料电池引射式氢气循环泵开发	基于被动引射器技术精确电控喷射器技术,研发能基本实现全功率覆盖的车用燃料电池氢气循环引射器。研究内容包括:研究宽工作范围的固定式氢气引射器,开发大池覆盖电堆工作功率的多引射器并联氢气喷嘴;研究大流量范围的电控氢气供给的多喷射器配合需求的多引射器的综合控制策略及控制方法
37	燃料电池系统	引射器	燃料电池发动机供氢系统总成及核心零部件关键技术	开发面向重载燃料电池车辆的大流量、高动态特性的供回氢系统及其关键零部件的设计、匹配、协调控制和生产技术;研究氢气引射器,比例控制阀、喷射器、循环泵等核心零部件,构建集成一体化的计算机辅助设计、工程分析、模拟和制造技术实现供回氢系统核心零部件的快速开发和高质量低成本生产体系
38	燃料电池系统	氢气循环泵	尾气驱动式氢气循环泵开发	开发一种高效低噪氢气循环泵。研究内容包括:小流量透平压缩机与低温空气涡轮膨胀机的结构设计计算研究;变转速下高速磁浮轴承控制技术、复杂振耦合下噪声抑制技术、新材料离心式叶片的快速成型方法、磁屏蔽技术;泵体材料的防爆、新型循环泵的防护,密封技术
39	燃料电池系统	空压机	燃料电池系统空压机用电机及控制系统的关键技术开发	基于高频电气体轴承、高速高频SiC开关器件及国产气动箔片气动轴承径向陶瓷或者气动箔片轴承、低噪声及小型化的10~15万r/min燃料电池系统中空压机用电机,可靠性、低成本的燃料电池转子磁钢紧固设计与加工工艺,研究电机离心式叶片的磁力驱动结合方法,涉氢环境下的密封技术
40	燃料电池系统	空压机	燃料电池发动机用超高速无油空压机开发	开发100kW及以上、压缩比3.5的燃料电池用电子高速电机的气体动力箔片轴承或动压气体轴承、研究电机转子磁钢紧固设计与加工工艺,开发长寿命、超高速、无油离心式燃料电池空压机综合测试评合及规范标准等;研究批量化制备技术;建立燃料电池空压机综合测试评合及规范标准等

（续）

序号	专业领域	技术点	研发需求	研发内容
41	燃料电池系统	气动轴承	燃料电池发动机核心零部件研发	气体动力箔片轴承高刚度、高阻尼特性研究，高速电机转子磁同步电机转子磁钢紧固设计与制造工艺开发；超高速永磁同步电机无磁传感器磁场定向转矩控制技术开发；超高速、低噪声离心式空气涡轮设计与制造工艺开发；多级氢气循环泵集成控制技术与效率研究
42	燃料电池系统	冷却液	低电导率氢燃料电池冷却液研究	基于国产子型缓蚀剂、添加剂等关键原材料，研发低成本耐用的低电导率氢燃料电池冷却液。研究内容包括：乙二醇、非离子型缓蚀剂、消泡剂、添加剂等关键原材料，冷却液型缓蚀剂和燃料电池催化剂配方的研究；冷却液和离子交换树脂的兼容性，冷却液和燃料电池催化剂的兼容性研究；冷却液的生产制造工艺研究
43	燃料电池系统	控制器	大功率燃料电池模块快速响应控制技术	研究多控制因素耦合作用对燃料电池性能的影响规律，突破大功率燃料电池模块动态仿真分析技术，搭建面向控制的通用型燃料电池系统级动态模型及实验验证平台，开发适用于全工况及全生命周期的燃料电池模块快速响应质量控制器；研究能实现快速响应的通用型燃料电池模块快速响应质控制器
44	燃料电池系统	系统集成	低成本、长寿命燃料电池发动机研发	开展燃料电池发动机的总体布置和模块集成结构设计、研发燃料电池发动机系统匹配设计技术；开展燃料电池发动机系统集成工艺技术的研究；开展燃料电池发动机关键工艺技术的研究；开展燃料电池发动机系统集成后关键控制技术（在线控制、容错控制）研究；研究燃料电池发动机可靠性提升的关键技术（在线辨识、故障诊断、容错控制）研究；研究燃料电池核心部件及整机的测试与评价技术
45	燃料电池系统	系统集成	商用车燃料电池动力系统集成开发平台	研发商用车燃料电池动力系统匹配设计技术；开展燃料电池动力系统测试评估体系、开发燃料电池动力系统，非达到系统功率密度＞4kW/L，总效率＞55%，寿命＞10000h，系统成本（除电堆）<300元/kW，冷起动温度 -40℃
46	燃料电池系统	系统集成	大功率中高压加湿氢燃料电池发动机	车用燃料电池膜电极设计与批量生产工艺研究，高性能燃料电池发动机开发；动态工况下燃料电池发动机低温起动技术研究；燃料电池发动机安全保障体系构建
47	燃料电池系统	系统集成	燃料电池动力系统高压关键技术	开发高集成、高效率、多功能、智能化的燃料电池发动机总成及其一体化热管理系统。研究内容包括：研究基于碳化硅基复合板水冷电堆研究、燃料电池发动机故障诊断及其在线实时辨识方法；研究基于DC-DC变换器的燃料电池电流抗动的加减起动、加减速、低温起动、加减速等工况下的控制方法；研究电堆的在线控制及故障控制方法
48	燃料电池系统	系统集成	新能源汽车用超薄平板堆及燃烧管散热研究开发	基于国产质子交换膜制作的膜组件，研制与超薄平板堆热管匹配的流场板。研究内容包括：智能化学阻抗（EIS）的膜含水量在线测量方法；研究超薄平板热管和石墨热管复合流场板的膜组件的膜组件的膜组件的测试方法；开发超薄平板和石墨热管复合流场板；研制电池热管散热专用包括：研制电池热管散热专用设备，制备的超薄平板厚度≤1.2mm的超薄平板
49	燃料电池系统	系统集成	叉车用燃料电池动力系统	研发叉车的尾气及其应用场所消氢技术研究；开发燃料电池叉车应用支撑电源技术研究

序号	类别	子类	项目名称	研究内容
50	燃料电池系统	系统集成	飞行汽车高功重比燃料电池系统研发	针对面向城市空中交通的电动垂直起降飞行汽车应用特点,研究高功重比燃料电池系统。研究内容包括:高功重比电堆关键技术研发;面向飞行汽车使用工况条件下的燃料电池空气与热管理技术研发;面向飞行汽车的高功重比燃料电池系统结构轻量化设计技术研发;面向飞行汽车的高功重比燃料电池系统设计、集成以及控制系统和关键工艺技术研发;面向飞行汽车的燃料电池系统性能评价和测试方法
51	燃料电池系统	系统集成	全国产化大功率车载氢燃料电池发动机核心技术攻关	针对大功率燃料电池发动机供氢需求,研究大流量、高动态等复杂工况条件下供氢系统集成与控制技术;燃料电池增湿技术研究,包括自增湿技术及低湿管理技术;大功率燃料电池发动机的高速离心式空压机研发和批量化生产、可靠性及寿命提升技术研究;系统一体化控制器硬件开发;系统检测及控制策略开发;氢燃料电池发动机系统及电堆回收利用技术研究,包括梯次应用及拆解回收技术研究
52	燃料电池系统	系统集成	高性能铂基合金催化剂工程化研制和低成本燃料电池系统应用	基于国产高性能、铂基合金催化剂的低成本燃料电池材料的成本催化剂的工艺开发和应用。研究内容包括:批量化铂基合金催化剂开发;基于国产铂基合金催化剂的独特结构膜电极制备浆料和工艺制备技术的低成本电极开发和应用;铂基合金催化剂膜电极低成本电堆开发和应用
53	燃料电池系统	系统集成	高性能燃料电池轿车发动机	开发1款全功率型燃料电池轿车发动机,燃料电池发动机额定功率≥80kW,装车使用寿命≥5000h;电堆体积比功率≥3.1kW/L,燃料电池系统体积比功率≥600W/L,最高效率≥55%;整车30 min 最高车速≥180km/h;0~100km/h 加速时间≤12s;最大爬坡度≥30%;续驶里程≥550km
54	燃料电池系统	系统集成	低压低湿、高性能、低成本燃料电池膜电极板研发及产业化	研究开发低压、低湿操作条件下的高性能膜电极板结构及制备工艺;低湿操作条件下的双极板流场构型和极板设计及加工工艺;研究开发低压、低湿操作条件下的BOP,研究开发低湿操作条件下的操作模式
55	燃料电池系统	系统集成	船用液氢燃料电池动力系统关键技术	建立船用液氢燃料电池动力系统模型和仿真平台;研发基于液氢燃料电池动力系统的船舶总体技术;开发面向内河船舶的船用液氢储供氢系统;研发船用大容量船用液氢燃料电池动力系统,制定液氢加注系统,制定液氢加注及加氢相关标准和管理办法
56	燃料电池系统	系统集成	燃料电池乘用车混合电堆关键技术	开发燃料电池乘用车混合电用研究;多变量优化锂电、超级电容和氢燃料电池的混合系统;混合系统热电耦合关键技术验证
57	燃料电池系统	系统测试	燃料电池系统测试平台	重点开展中外氢燃料电池汽车核心零部件技术指标评价方法的研究,建立面向规模化制造的零部件测试与评价体系。联合国外相关机构开展关键零部件技术指标体系下的试验验证,建立燃料电池关键零部件技术指标下的试验验证;氢燃料电池汽车各观条件下的适应性研究,包括温度、湿度、气压等环境因素,以及交通路况、驾驶习惯等,开发氢燃料电池汽车发动机及其混合动力系统全工况仿真及试验平台;开发氢燃料电池汽车发动机及其混合动力系统全工况仿真及试验平台;建立氢燃料电池汽车测试规范及标准

（续）

序号	专业领域	技术点	研发需求	研发内容
58	燃料电池系统	系统测试	车用燃料电池系统测试评价技术研究与服务平台建设	开展燃料电池系统可靠性测试评价技术研究；开展燃料电池电堆耐久性测试评价技术研究；开展燃料电池核心零部件测试评价技术研究；建立燃料电池汽车综合检测服务平台
59	燃料电池系统	系统测试	超高速永磁同步电机测试评价体系	开发20万 r/min以上超高永磁同步电机测试平台；开发超高速气动轴承测试平台及相关设备装置；研究永磁同步电机高效率控制技术；建立面向规模化生产的超高速永磁同步电机测试与评价体系
60	燃料电池系统	甲醇燃料电池	高温甲醇燃料电池动力电源技术	基于自主可控的高温质子交换膜系统。研究内容包括：开发高温比功率低成本长寿命高温（电池工作温度150~200℃）甲醇燃料电池动力电源包括：电池电解质膜和膜电极批量制备技术；研发高温比功率高温甲醇燃料电池动力系统制造、规范高温膜电堆、开发快响应、高空速甲醇燃料处理器；创建高温甲醇燃料电池动力系统开发、试验、验证、评价体系
61	燃料电池系统	甲醇燃料电池	车用甲醇动力系统关键技术	开发车载甲醇在线制备微通道反应器，研发高通量催化剂精密设计和量子精准设计催化剂筛选和量子精准设计催化剂技术；开展抗一氧化碳新型耐毒多功能阳极催化剂规模制备研究，提出可靠高通量催化剂耐毒结构稳定性调控策略；开发高性能、紧凑型车载甲醇在线制氢及甲醇制氢燃料电池联动控制系统；开发基于增材制造甲醇燃料涡轮增压器全产业链生产技术
62	燃料电池系统	甲醇燃料电池	氢能重卡车载甲醇重整燃料电池动力总成技术	研发车载甲醇制氢机，取代加氢站，加氢站及高温甲醇重整甲醇制氢发电一体机；研究高纯氢制取及氢分离技术与纯化学优化耦合技术；研究高温稳定性及催化重整关键部件封装技术；研发制氢催化工艺；研发可燃尾气的燃烧热回收再利用技术
63	燃料电池整车	甲醇燃料电池	车载氢燃料电池汽车研发	开发车载甲醇液相重整燃料电池系统，高效催化制氢反应器、研究基于低载量贵金属催化剂的高性能质子膜燃料电池系统；研究宽温度范围锂离子电池应对急变工况快响应系统，开发车载氢源燃料电池汽车的智能电控系统；形成适用于城际间交通、高续驶里程的车载氢燃料电池整车产品
64	燃料电池整车	混合动力系统	氢燃料电池电池锂电池混合动力系统适配性研究	建立氢燃料电池动态响应特征模型；开发具有一致性能和安全可靠性的锂电池混合动力系统；电-热安全管理调控机制；优化锂电池混合动力系统的适配性模型
65	燃料电池整车	混合动力系统	固态锂电池-固态燃料电池材料燃料电池混合动力装置的示范研究	针对电动汽车、电动工程机械、电动船舶和固态锂电池联供关键材料工艺技术、构筑全国产化燃料电池、固态电池联供系统集成技术和模拟仿真研究，实现混合动力电池系统的高精度、高鲁棒性、长服役寿命动力电池技术的迫切需求，研究燃料电池和固态锂电池的关键材料工艺技术，开发燃料电池-固态电池联供系统集成技术和模拟仿真装置，实现装车示范，高鲁棒性、高精度、算与可靠监控，实现装车示范

172

序号	类别	子类	项目名称	研究内容
66	燃料电池整车	乘用车	全功率燃料电池乘用车动力系统研发	突破乘用车用大功率金属极板燃料电池电堆关键技术；研发基于大功率金属极板燃料电池发动机的整车动力系统优化设计与集成技术；开发整车能量管理、动态响应、低温启动、故障诊断与容错控制等关键控制技术及控制策略平台；开发燃料电池乘用车动力系统的优化匹配测试、集成测试及试验证体系与平台；开发燃料电池乘用车关键零部件的优化匹配、故障诊断与容错控制、整车安全、电-电安全、整车热平衡、能耗优化、动态响应等关键集成技术及其测试验证体系；研究高功率燃料电池乘用车示范应用规范和流程
67	燃料电池整车	乘用车	燃料电池乘用车动力系统集成技术及整车工程化技术开发	掌握燃料电池乘用车能量管理、能耗优化、动态响应、整车热平衡、故障诊断与容错控制等关键集成技术；开发燃料电池整车控制器软硬件系统及其标定平台；突破高储氢密度的车载储氢系统及其关键零部件的优化匹配测试、集成测试及试验验证体系
68	燃料电池整车	商用车	燃料电池商用车动力系统集成技术及整车工程化技术开发	突破基于大功率燃料电池的整车动力系统集成技术及其标定平台；突破高储氢密度的车载氢汽车整车动力系统关键技术及安全技术；建立燃料电池汽车动力系统关键零部件的优化匹配测试、集成测试及试验验证体系
69	燃料电池整车	整车测试平台	燃料电池整车测试验证平台	重点开展氢燃料电池汽车测试技术指标评价方法的研究，建立面向量产应用的整车测试与评价体系，包括氢燃料电池汽车测试规范、标准及试验平台
70	氢能基础设施	电解制氢	PEM电解水制氢技术	低贵金属含量催化剂的设计与开发，高质子交换容量、高电导率质子交换膜开发，高电流密度、稳定产氢量、低能耗电解槽研发；可再生能源+PEM电解水制氢大规模应用技术路线开发
71	氢能基础设施	电解制氢	固体聚合物电解质（SPE）电解水制氢电催化剂的开发及产业化	开展SPE电解水制氢电催化剂制备技术及工程化工艺技术的研究。研究内容包括：高活性、低成本电催化剂（析氢）铂基金属同化合物催化剂的设计、制备及开发；高活性、低成本的非铂基金属催化剂（析氧）铱基金属氧化合物催化剂的设计、制备及开发；高活性、低成本催化剂基于项目所开发的催化剂研究，开展膜电极和电解堆制备技术研究，进行产业链延伸
72	氢能基础设施	电解制氢	兆瓦级固体聚合物质电解质电解质膜电解产品	基于高效低贵金属析氢析氧催化剂及国产化膜电极，研发开发质子膜电解产品。研究内容包括：开发高性能、长寿命、高效率、安全可靠的兆瓦级复合聚合物质电解质膜电解槽及成套产品；研究膜电极界面有序结构的设计集成，工程化装备制造，运行控制与能量管理技术
73	氢能基础设施	电解制氢	即产即充电解制氢加氢设备的研发	研究开发高转化效率和长寿命催化剂电解制氢用的基于固体电解质电催化制氢新技术；研究开发低成本耐腐蚀板材、大面积极板的电解槽的流场设计；开发低成本的冷却技术；大面积膜电极低成本制备技术；研究开发低成本高效电堆制备技术；风电等可再生能源的耦合研究；研究开发可直接入利用光伏、风电等可再生能源制氢技术
74	氢能基础设施	电解制氢	面向汽车加氢用途的高效率长寿命固体电解质电解水制氢技术的开发研究	高活性低成本高电流密度电性、抗腐蚀的集流体制备；大面积长寿命催化剂制备；大面积膜电极制备；高压力、低能耗、高功率密度模块快开发；适用于高工作压力双极板及高导电率宽功率波动的制氢系统开发

(续)

序号	专业领域	技术点	研发需求	研发内容
75	氢能基础设施	电解制氢	高性能PEM电解水膜电极自主批量化制备技术	研究高活性低贵金属析氢催化剂与低铱析氧催化剂的设计、合成以及批量化制备；研究超薄、高力学强度抗渗氢的增强离子交换膜设计及制备；研究高电解效率、长寿命膜电极的设计与制备；面向大规模制备、长寿命膜电极的设计与制备；面向大规模制备的实际工况测试评价技术及验证
76	氢能基础设施	天然气制氢	500Nm³/h站内撬装天然气制氢研究与示范	通过研发和优化关键设备和系统设计，实现国内首套500Nm³/h站内撬装天然气制氢装置的示范运行。研究内容包括：500Nm³/h撬装天然气制氢工艺仿真模拟与优化评价；500Nm³/h撬装天然气制氢装置成橇设计与优化、安全测试与评价；500Nm³/h撬装天然气制氢装置建设、调试与运行
77	氢能基础设施	制氢加氢	利用可再生能源的10MW级PEM电解水制氢加氢站网络商业化示范工程	开展低贵金属用量、高活性和长效稳定的电解水催化剂设计与研发；开展电极三相界面梯度化有序微纳结构特性对催化剂活性表达、微尺度传递特性至整体直至制氢效率的影响规律研究；开发大电解电流密度膜电极批量制备技术；开展提高两相流传质速率、制氢效率及降低电解电耗等问题研究；开发10MW级PEM电解水制氢装置，进行制氢、加氢示范
78	氢能基础设施	车载储氢	氢能源汽车氢气泄漏爆炸事故防控技术研究	研究车载高压氢气泄漏后诱发火灾和爆炸事故的动力学机制；建立完整的高压氢气自燃喷射火焰爆炸事故的高压氢气燃烧控制技术。研究内容包括：高压氢气泄漏引燃及自燃发火的发生机制与关键控制技术。研究受限空间内高压氢气突发性泄漏的新型事故的新型扩散控制装置；研发针对氢气燃爆事故的新型事故的新型扩散及其释放装置
79	氢能基础设施	车载储氢	车用75MPa储氢瓶超声无损检测研究	针对75MPa车用纤维缠绕储氢瓶，采用超声复合材料微小缺陷检测方法研究，开展损伤检测、微小缺陷表征与评价的研究；纤维全缠绕气瓶超声相机理研究；纤维信号滤波器模拟声操控系统、模拟对气瓶全覆盖检测试验系统、实现对气瓶的在线检测
80	氢能基础设施	车载储氢	70MPa高压储氢管阀件技术	超高安全性、稳定性、经济性70MPa高压储运技术开发、超高工作压力、优良氢气密封性、长寿命以及高安全可靠性阀门件产品研发；管阀件模块化、一体化技术研发
81	氢能基础设施	车载储氢	高密度高匹配高安全车载储氢技术及其集成应用示范	针对我国70MPa碳纤维缠绕储氢瓶密度低、依赖进口问题，开发高密度高匹配车载高压储氢技术研究。研究内容包括：高压氢气瓶内胆主要依赖进口的问题、瓶口组合阀制造技术；高压碳纤维缠绕设计及制造工艺；高压碳纤维缠绕设计优化技术；碳纤维缠绕氢气瓶优化设计与工艺；高压瓶口组合阀密封结构设计与制造技术
82	氢能基础设施	车载储氢	高安全性轻质90MPa车用Ⅳ型储氢瓶的研发及产业化关键技术	90MPa高压车用储氢瓶结构设计技术及工艺路线开发；高抗氢渗透性内胆材料研发，研究国产化碳纤维缠绕层设计与制备研究、碳纤维缠绕层设计与制备研究，开展储氢瓶性能评价技术研究，制定相应的产品标准；内胆设计与制备、形状设计、成型工艺研究、固化工艺及设备、匹配的粘合树脂，开展储氢瓶性能评价研究，制定相应的产品标准

序号	领域	子类	技术名称	内容
83	氢能基础设施	高压储氢	高压氢气气输车及无压缩分级加注技术	开发45MPa以上高压氢气运输车；开发氢气运输车牵引车；研究高压运输车分组加注控制策略；研究高压氢运输车与加氢站的匹配与加注技术；建立高压加氢车与加氢站相关技术标准
84	氢能基础设施	高压储氢	70MPa车载高压储氢瓶技术	采用"聚合物材料内胆+纤维全缠绕承载层+玄武岩纤维全缠绕防护层"方案研制高储氢密度、低成本70MPa移动式复合储氢瓶。研究内容包括：聚合物内胆材料改性与制备；高可靠缠绕用高强韧树脂体系开发及与其匹配的纤维低成本优选、聚合物内胆设计与制备；储氢瓶等应力缠绕设计与制造；瓶罐封头整体性分析；金属阀门气瓶封口气密配套装配技术及超声密封检测方法
85	氢能基础设施	高压储氢	70MPa高压加氢技术	在氢气加压技术上，深入研究高压增压技术，实现更高压力下的高效大排量增压，同时解决加入输出端压力在大范围波动时的稳定加氢技术难题；突破加氢核心部件在高温高压下抗氢脆性能提升；在加氢过程高温下分析上进行深入研究，优化加氢工艺和相关部件，实现加氢过程中流速、温度、压力等各参数的最优匹配；在加氢控制技术上实现自动监测、智能判断、自诊断等更高程度的自动控制
86	氢能基础设施	固态储氢	适应宽工况车载高密度、非催化、易储运固态低压加氢技术研发与示范	研制可满足完全释氢、释氢过程可控，无有害杂质排放，零下温度稳定工作、储运安全、操作方便的高密度非催化固态储氢材料；研究固态储氢材料-系统的多层次氢热耦合传输过程性能的高效、紧凑、低成本调控方法与技术；根据不同供氢量需求，优化设计固态储氢材料储氢罐；完成储氢系统1kW-10kW-30kW-80kW逐级放大的原型系统研制
87	氢能基础设施	固态储氢	基于高容量可逆储氢合金材料的低压加氢车辆及配套技术研发与应用示范	开发基于室温型高容量可逆储氢合金材料的高密度、快响应车载低压合金储氢装置；研制基于低压合金储氢的燃料电池车载车辆及其道路使用验证技术；开发低压加氢系统（无站内压缩机和站内供氢装置）及安全控制关键技术；设计开发基于物联网的车、站一体化安全监控软件及管理平台
88	氢能基础设施	固态储氢	高安全低成本镁基储氢技术及产业化	开发高纯镁特种氢化镁的安全制备及产业化技术；研究具备安全性、低成本镁氢化镁的特种氢化镁制备装置，实现常压（<0.2MPa）、常温（<100℃）等可控状态下的反应炉制造技术；开发与燃料电池汽车匹配量的特种氢化镁供氢装置及控制系统；制定特种氢化镁生产及供氢行业标准供氢，稳定规范
89	氢能基础设施	液态储氢	高效、绿色液态有机物储氢技术	开发高效、绿色液态有机物储氢材料的开发；催化剂和相应的储氢催化剂的开发；催化条件和高效、高效储氢催化剂的设计 研究内容包括：高储氢密度的液态有机物储氢系统；建立低成本车载储氢系统的开发；温和、高效储氢系统的构建及相应原理样机的设计
90	氢能基础设施	液态储氢	氢透平膨胀机开发	大型氢液化系统、低温制冷系统关键技术研发；强液化能力、高稳定性、低能耗大型膨胀机研发；30万t级以上氢液化系统中磁轴承膨胀机技术研发 适用于低成本、低能耗大型氢液化器设计与制备

（续）

序号	专业领域	技术点	研发需求	研发内容
91	氢能基础设施	液氢泵	新型离心式液氢泵设计及研发	机动灵活，速度快，响应度高的新型离心式液氢泵设计及研发；寿命长，高稳定性的叶轮、泵壳关键部件技术研发；3000m³/h以上流量的整机离心泵设备仿真模拟技术的研发
92	氢能基础设施	储氢材料	安全、高密度储氢材料开发及系统产业化	开发安全、高密度新型储氢材料的批量化制备和低成本回收技术；完成储氢装置集成自动装卸料管理和热管理等功能的轻量化放大设计；开发新型车燃料电池耦合示范装置，完成新技术的综合评价和政策建议
93	氢能基础设施	储氢材料	有机液态储氢材料开发	以氮乙基咔唑为主的储氢材料技术跨线完善与发展；脱氢温度低，脱氢速率快含氮稠环化合物储氢材料研发，储氢密度5wt.%以上，脱氢温度150℃以下，产出氢气纯度99.99%以上储氢材料研发与应用
94	氢能基础设施	氢气压缩机	氢气压缩机开发	面向加氢站，输出压力高于35MPa氢气压缩机技术开发；国产化、低成本、规模化氢气压缩机设计工艺及生产；排气压力≥70MPa隔膜式氢气压缩机技术及设备研发
95	氢能基础设施	氢气压缩机	90MPa隔膜式氢气压缩机关键部件研发及产业化	自主开发隔膜、缸体、柱塞等核心部件，设计制造高性能隔膜式氢气压缩机并应用于加氢站。研究内容包括：研发高压、抗氢脆的膜片材料及表面改性技术；开发前高压、高效率的缸体；研究100MPa的油路和90MPa的气路系统密封技术，设计制造高压密封性能优良的冷却器和气管路，研究气路高压连接接头和阀门的制造和热处理工艺，优化密封结构
96	氢能基础设施	加氢机	70MPa加氢站用加压加注关键设备研发及示范	针对70MPa加氢站用加压加注关键技术研究，研发70MPa加氢站用加压加注关键设备，并进行示范。研究内容包括：90MPa氢气压缩机整机设计及核心部件开发，氢气压缩机核心部件设计和工艺研究，整机可靠性研究；突破氢气压缩机密封结构的核心关键技术、预冷加注一体化加氢机和加氢机核心关键技术，实现小批量生产、配套和示范
97	氢能基础设施	加氢机	70MPa氢能智能加注系统	开展氢气流动特性对泵送与计量的影响规律研究，开发加氢站加注质量流量计、加氢枪及加氢站加注质量精准测量系统；70MPa高压测量管、低温密封结构高压智能控制器及加氢站用高压氢气压缩机数据库计量算法研究；氢气流量加注过程智能控制器及工艺数据库研发
98	氢能基础设施	加氢机	加氢站用液驱式压缩机研究及产业化	针对35MPa/70MPa加氢站压缩机开发关键技术研究，通过自主开发液驱压缩系统，研发45MPa和90MPa加氢站用高压氢气压缩机气缸等核心部件，研究核心关键设备
99	氢能基础设施	加氢枪	加氢枪开发	高抗拉、高防爆性能加氢枪技术开发；国产化低成本、高质量加氢枪技术及设备研发
100	氢能基础设施	输氢管道	远距离氢气输送管道检测技术及装备开发与应用	开发适合于氢气管道的三轴高清磁内检测器、惯性测绘内检测器、几何内检测器；基于内检测技术，建立适用于输氢管道的制造的数据相应处理及评价软件；掌握内检测器研发与制造的核心技术，并同步开发相应的完整性评价方法

附录 C 技术创新平台汇总表

序号	创新平台名称	认定部门	依托单位	平台类别	技术领域
1	广州汽车集团股份有限公司技术中心	国家发展改革委	广州汽车集团股份有限公司	国家企业技术中心	整车制造
2	深圳市雄韬电源科技股份有限公司技术中心	国家发展改革委	深圳市雄韬电源科技股份有限公司	国家企业技术中心	燃料电池电堆、系统集成
3	深圳先进储能材料国家工程研究中心	国家发展改革委	深圳先进储能材料国家工程研究中心有限公司	国家工程研究中心	催化剂、膜电极
4	新能源汽车电驱动系统国家地方联合工程实验室	国家发展改革委	中山大洋电机股份有限公司	国家地方联合工程实验室	系统集成
5	汽车零部件与整车性能集成技术国家地方联合工程实验室	国家发展改革委	华南理工大学	国家地方联合工程实验室	整车集成
6	光电材料与技术国家重点实验室	教育部	中山大学	国家重点实验室	催化剂、双极板
7	国家新能源汽车动力电池及电驱动系统质量监督检验中心（广东）	国家市场监督总局	广东省珠海市质量计量监督检测所	国家检验中心	质量监督检验
8	国家汽车质量监督检验中心（广东）	国家市场监督总局	广东汽车检测中心	国家检验中心	质量监督检验
9	先进能源科学与技术广东省实验室佛山分中心－佛山仙湖实验室	广东省科技厅	武汉理工大学	省实验室	氢能全产业链
10	广东省电动汽车整车技术工程实验室	广东省发展改革委	华南理工大学	省工程实验室	整车集成
11	广东省新型轻量化电动车工程实验室	广东省发展改革委	东莞中山大学研究院、东莞市永强汽车制造有限公司	省工程实验室	整车制造
12	广东省新能源汽车电驱动系统工程实验室	广东省发展改革委	中山大洋电机股份有限公司	省工程实验室	系统集成
13	广东省节能与新能源汽车关键技术工程实验室	广东省发展改革委	广州汽车集团股份有限公司	省工程实验室	整车制造
14	广州供电局氢能及燃料电池实验室	广东省发展改革委	广州供电局	省工程实验室	材料和零部件
15	广州大学黄埔氢能创新中心	广东省发展改革委	广州大学、叶思宇院士团队	省工程实验室	研发、标准、测试

（续）

序号	创新平台名称	认定部门	依托单位	平台类别	技术领域
16	广汽集团氢燃料电池实验室	广东省发展改革委	广汽集团		系统台架测试
17	深圳市氢能重点实验室	深圳市科技创新委	南方科技大学		
18	广东省汽车工程重点实验室	广东省科技厅	华南理工大学、广东工业大学	省重点实验室	整车制造
19	广东省燃料电池技术重点实验室	广东省科技厅	华南理工大学	省重点实验室	催化剂
20	广东省氢能技术重点实验室	广东省科技厅	佛山（云浮）氢能产业与新材料发展研究院	省重点实验室	系统集成
21	广东省电驱动力能源材料重点实验室	广东省科技厅	南方科技大学	省重点实验室	制氢技术
22	广东省绿色能源技术重点实验室	广东省科技厅	华南理工大学	省重点实验室	氢源技术
23	广东省热管理工程与材料重点实验室	广东省科技厅	清华大学深圳国际研究生院	省重点实验室	系统集成
24	广东省新能源和可再生能源研究开发与应用重点实验室	广东省科技厅	中国科学院广州能源研究所	省重点实验室	氢源技术
25	广东省低碳化学与过程节能重点实验室	广东省科技厅	中山大学	省重点实验室	燃料电池电堆
26	中国科学院深圳先进技术研究院	中国科学院	中国科学院	新型研发机构	双极板、燃料电池电堆、系统集成
27	先进电池与材料产学研技术创新联盟	广东省科技厅	清华大学深圳研究生院	产业技术创新联盟	氢能源及相关材料
28	广东武汉理工大氢能产业技术研究院	佛山市政府	武汉理工大学	高水平创新研究院	质子交换膜、膜电极
29	佛山（云浮）氢能产业与新材料发展研究院	广东省科技厅	佛山科学技术学院	新型研发机构	系统集成
30	东莞深圳清华大学研究院创新中心	东莞市政府	清华大学	新型研发机构	氢能储运
31	深圳市国创新能源研究院	深圳市政府	深圳市国创新能源研究院	新型研发机构	氢能源及相关材料
32	深圳市太空科技南方研究院	深圳市政府	中国航天员科研训练中心	新型研发机构	制氢技术、氢能储运
33	云浮（佛山）氢能标准化创新研发中心	云浮市政府	中国标准化研究院	新型研发机构	系统集成、氢能储运

序号	名称	主管部门	依托单位	类型	研究方向
34	中国科学院广州能源研究所佛山三水能源环境技术创新孵育中心	佛山市政府	中国科学院广州能源研究所佛山三水能源环境技术创新孵育中心	新型研发机构	氢能源及相关技术
35	北京理工大学深圳汽车研究院	深圳市政府	北京理工大学深圳汽车研究院	新型研发机构	系统集成
36	燃料电池及氢源技术国家工程研究中心华南中心	广东省科技厅	新源动力股份有限公司	工程技术研究中心	燃料电池电堆
37	广东省新能源汽车控制系统工程技术研究中心	广东省科技厅	珠海英博尔电气股份有限公司	工程技术研究中心	系统控制
38	广东省绿色氢能化工工程技术研究中心	广东省科技厅	珠海长炼石化设备有限公司	工程技术研究中心	氢能基础设施
39	广东省燃料电池电堆工程技术研究中心	广东省科技厅	广东国鸿氢能科技有限公司	工程技术研究中心	燃料电池电堆
40	广东省燃料电池电堆工程技术研究中心	广东省科技厅	深圳市南科燃料电池有限公司	工程技术研究中心	燃料电池电堆
41	广东省新能源汽车节能与智能工程技术研究中心	广东省科技厅	深圳开沃汽车有限公司	工程技术研究中心	整车制造
42	广东省新能源汽车安全检验工程技术研究中心	广东省科技厅	深圳市计量质量检测研究院	工程技术研究中心	整车检测
43	广东省能源材料表面化学工程技术研究中心	广东省科技厅	华南理工大学	工程技术研究中心	固体氧化物燃料电池关键材料
44	电动汽车/混合电动汽车R&D联合研发中心	广东省科技厅	广汽工业大学、西门子公司	工程技术研究中心	系统集成与控制
45	广汽乘用车有限公司技术中心	广东省科技厅	广汽乘用车有限公司	工程技术研究中心	整车制造
46	东莞中山大学研究院电动汽车工程中心	广东省科技厅	东莞中山大学研究院	工程技术研究中心	系统集成与控制
47	广州精益汽车空调有限公司技术中心	广东省科技厅	广州精益汽车空调有限公司	工程技术研究中心	关键零部件
48	深圳创维空调科技有限公司技术中心	广东省科技厅	深圳创维空调科技有限公司	工程技术研究中心	关键零部件
49	东莞市湖大汽车新技术研究中心	广东省科技厅	东莞市精航达电动转向系统有限公司	工程技术研究中心	关键零部件
50	广东省广州市汽车重点工程技术研究中心	广东省科技厅	广汽研究院	工程技术研究中心	系统集成与控制

（续）

序号	创新平台名称	认定部门	依托单位	平台类别	技术领域
51	广东省汽车空调工程技术研究开发中心	广东省科技厅	阳江市宝马利汽车空调设备有限公司	工程技术研究中心	关键零部件
52	广东省车用制冷设备产品测试中心	广东省科技厅	广州精益汽车空调设备有限公司	工程技术研究中心	关键零部件
53	高效微通道换热器机器自动化生产线研发中心	广东省科技厅	阳江市宝马利汽车空调设备有限公司	工程技术研究中心	关键零部件
54	金发科技股份有限公司技术中心	广东省科技厅	金发科技股份有限公司	工程技术研究中心	关键零部件
55	广州风铝铝业有限公司技术中心	广东省科技厅	广州风铝铝业有限公司	工程技术研究中心	关键零部件
56	东风日产乘用车公司技术中心	广东省科技厅	东风日产乘用车有限公司	工程技术研究中心	整车制造
57	广东省精密铸压工程技术研究中心	广东省科技厅	广东鸿图科技股份有限公司	工程技术研究中心	关键零部件
58	广东省轻量化电动汽车及零配件工程中心	广东省科技厅	东莞中山大学研究院、中山大学	工程技术研究中心	关键零部件
59	广东省先进电动汽车电源与整控系统工程技术研究中心	广东省科技厅	华南理工大学珠海现代产业创新研究院	工程技术研究中心	系统集成与控制
60	广东省新能源汽车关键零部件精确成形工程技术研究中心	广东省科技厅	广东肇庆动力金属股份有限公司	工程技术研究中心	关键零部件
61	广东省清洁能源材料化学工程技术研究中心	广东省科技厅	岭南师范学院	工程技术研究中心	氢能源及相关材料
62	广东省新能源汽车驱动与控制系统工程技术研究中心	广东省科技厅	深圳市大地和电气股份有限公司	工程技术研究中心	系统集成与控制
63	广东省新能源汽车电机精密零部件工程技术研究中心	广东省科技厅	广州市锐美汽车零部件有限公司	工程技术研究中心	关键零部件
64	广东省电化学能源工程技术研究中心	广东省科技厅	华南理工大学	工程技术研究中心	氢能源及相关材料
65	广东省新能源汽车电源与安全系统工程技术研究中心	广东省科技厅	广东技术师范学院	工程技术研究中心	系统集成与控制
66	广东省汽车材料环保性能检测与评价工程技术研究中心	广东省科技厅	广东省测试分析研究所	工程技术研究中心	检测技术
67	广东省汽车动力总成装备工程技术研究中心	广东省科技厅	广州市嘉特斯机电制造有限公司	工程技术研究中心	系统集成

序号	名称	批准单位	依托单位	类型	领域
68	广东省储能技术与智能电池（中商国通）工程技术研究中心	广东省科技厅	广东中商国通电子股份有限公司	工程技术研究中心	氢能储运
69	广东省低碳冷热空气能热泵设备工程技术研究开发中心	广东省科技厅	广东高而美制冷设备有限公司	工程技术研究中心	关键零部件
70	广东省大功率电源工程技术研究开发中心	东莞市科技局	广东志成冠军集团有限公司	工程技术研究中心	关键零部件
71	广东省汽车车身件工程技术研究开发中心	佛山市科技局	佛山市南海区福迪汽车有限公司	工程技术研究中心	整车制造
72	广东省广州汽车重点工程技术研究开发中心	广州市科技局	广州汽车工业集团有限公司	工程技术研究中心	整车制造
73	广东省乘用车及零部件工程技术研究开发中心	广州市科技局	东风汽车有限公司东风日产乘用车公司	工程技术研究中心	整车制造
74	广东省节能与新能源绿色制造工程技术研究中心	广州市科技局	华南理工大学机械与汽车工程学院	工程技术研究中心	氢能源及相关材料
75	广东省汽车电机驱动与控制（东兴）工程技术研究中心	汕头市科技局	广东兴兴客车配件有限公司	工程技术研究中心	关键零部件
76	广东省电机驱动与控制技术工程技术研究开发中心	深圳市科创新委	深圳大学汇川技术深圳研究院	工程技术研究中心	系统集成与控制
77	广东省先进电池与材料工程技术研究中心	深圳市科创新委	清华大学深圳研究生院	工程技术研究中心	氢能源及相关材料
78	广东省低碳与新能源材料工程技术研究中心	广州市科技局	华南师范大学	工程技术研究中心	氢能源及相关材料
79	广东省汽车滤清器工程技术研究中心	佛山市科技局	佛山市豹王滤芯制造有限公司	工程技术研究中心	关键零部件
80	广东省高效电机工程技术研究中心	肇庆市科技局	广东肇普动力科技有限公司	工程技术研究中心	关键零部件
81	广东省新能源材料与零部件工程技术研究中心	广州市科技局	广东工业大学	工程技术研究中心	氢能源及相关材料
82	广东省汽车散热器（蕾特）工程技术研究中心	佛山市科技局	佛山市南海蕾特汽车配件有限公司	工程技术研究中心	关键零部件
83	广东省汽车散热器（美度）工程技术研究中心	揭阳市科技局	揭阳市南海美度实业有限公司	工程技术研究中心	关键零部件

（续）

序号	创新平台名称	认定部门	依托单位	平台类别	技术领域
84	广东省汽车核心零部件轻量化工程技术研究中心	东莞市科技局	东莞天龙阿克达电子有限公司	工程技术研究中心	关键零部件
85	广东省新能源汽车电力电子与电力传动工程技术研究中心	深圳市科技创新委	深圳威迈斯电源有限公司	工程技术研究中心	关键零部件
86	广东省汽车铝合金铸件自动化生产工程技术研究中心	佛山市科技局	本田金属技术（佛山）有限公司	工程技术研究中心	关键零部件
87	广东省新能源车辆驱动与控制工程技术研究中心	深圳市科技创新委	深圳市蓝海华腾技术股份有限公司	工程技术研究中心	系统集成与控制
88	广东省汽车热交换器用铝材工程技术研究中心	韶关市科技局	乳源东阳光优艾希杰精箔有限公司	工程技术研究中心	关键零部件
89	中山大学环境材料研究所	单位自建	中山大学	研究所	质子交换膜
90	中国科学院广州能源研究所	单位自建	中国科学院	研究所	化学制氢及燃料电池
91	哈尔滨工业大学（深圳）氢能与燃料电池研究院	单位自建	哈尔滨工业大学（深圳）	研究院	燃料电池电堆
92	佛山科学技术学院能源研究院	单位自建	佛山科学技术学院	研究院	氢能技术与装备
93	佛山绿色发展创新研究院	单位自建	佛山科学技术学院	研究院	氢能产业政策、基础设施
94	广汽研究院	企业内设	广州汽车集团股份有限公司	企业研究院	系统集成
95	国鸿氢能研究院	企业内设	广东国鸿氢能科技有限公司	企业研究院	制氢技术、氢能储运
96	广顺联合研发中心	企业内设	广东广顺新能源动力科技有限公司	企业研究院	空压机、氢能循环泵等关键零部件
97	氢能安全工程技术研究中心	深圳市科技创新委	中广核研究院有限公司	企业研究院	氢能安全鉴定

附录 D 全球氢燃料电池汽车产业创新链机构汇总表

序号	专业领域	专业特长	单位	国家	省份	城市
1	燃料电池电堆	催化剂	英国庄信万丰（Johnson Matthey）公司	英国	伦敦	伦敦
2	燃料电池电堆	催化剂	日本田中贵金属（Tanaka KikinzokuKogyo）公司	日本	东京都	东京
3	燃料电池电堆	催化剂	比利时优美科（Umicore）公司	比利时	布鲁塞尔	布鲁塞尔
4	燃料电池电堆	催化剂	中自环保科技股份有限公司	中国	四川	成都
5	燃料电池电堆	催化剂	广东济平新能源科技有限公司	中国	广东	佛山
6	燃料电池电堆	催化剂	深圳市南科燃料电池有限公司	中国	广东	深圳
7	燃料电池电堆	催化剂	深圳市氢雄燃料电池有限公司	中国	广东	深圳
8	燃料电池电堆	催化剂	广东噩马拉雅氢能科技有限公司	中国	广东	中山
9	燃料电池电堆	催化剂	中山大学光电材料与技术国家重点实验室	中国	广东	广州
10	燃料电池电堆	催化剂	惠州亿纬锂能股份有限公司/亿纬锂能研究院	中国	广东	惠州
11	燃料电池电堆	催化剂	华南理工大学化学与材料学院	中国	广东	广州
12	燃料电池电堆	催化剂	暨南大学化学与材料学院	中国	广东	广州
13	燃料电池电堆	催化剂	深圳先进储能材料国家工程研究中心	中国	广东	深圳
14	燃料电池电堆	催化剂	广东爱德曼氢能源装备有限公司	中国	广东	佛山
15	燃料电池电堆	催化剂	深圳市通用氢能科技有限公司	中国	广东	深圳
16	燃料电池电堆	催化剂	深圳国氢新能源科技研发中心有限公司	中国	广东	深圳
17	燃料电池电堆	质子交换膜	美国戈尔（W. L. Gore & Associates）公司	美国	特拉华州	纽瓦克
18	燃料电池电堆	质子交换膜	美国科慕（Chemours）公司	美国	特拉华州	威尔明顿
19	燃料电池电堆	质子交换膜	美国陶氏化学（Dow Chemical Company）公司	美国	密歇根州	米特兰
20	燃料电池电堆	质子交换膜	3M（Minnesota Mining and Manufacturing）公司	美国	明尼苏达州	圣保罗
21	燃料电池电堆	质子交换膜	比利时索尔维（Solvay）公司	比利时	布鲁塞尔	布鲁塞尔
22	燃料电池电堆	质子交换膜	日本旭硝子（Asahi Glass）公司	日本	东京都	东京
23	燃料电池电堆	质子交换膜	日本旭化成（Asahi KASEI）公司	日本	东京都	东京
24	燃料电池电堆	质子交换膜	山东东岳未来氢能材料股份有限公司	中国	山东	淄博

（续）

序号	专业领域	专业特长	单位	国家	省份	城市
25	燃料电池电堆	质子交换膜	广州艾蒙特新材料科技有限公司	中国	广东	广州
26	燃料电池电堆	质子交换膜	深圳新宙邦科技股份有限公司	中国	广东	深圳
27	燃料电池电堆	质子交换膜	深圳院兰联泰氢能科技有限公司	中国	广东	深圳
28	燃料电池电堆	质子交换膜	深圳市通用氢能科技有限公司	中国	广东	深圳
29	燃料电池电堆	气体扩散层	日本东丽（Toray）公司	日本	东京都	东京
30	燃料电池电堆	气体扩散层	日本三菱（Mitsubishi）公司	日本	东京都	东京
31	燃料电池电堆	气体扩散层	德国西格里（SGL）公司	德国	北莱茵-威斯特法伦州	威斯巴登
32	燃料电池电堆	气体扩散层	德国科德宝（Feudenberg）公司	德国	马萨诸塞州	米尔海姆
33	燃料电池电堆	气体扩散层	美国 AvCarb 公司	美国	马萨诸塞州	洛厄尔
34	燃料电池电堆	气体扩散层	韩国 JNTG 集团（Jntg Co., Ltd.）	韩国	京畿道	京畿道
35	燃料电池电堆	膜电极	深圳市通用氢能科技有限公司	中国	广东	深圳
36	燃料电池电堆	膜电极	英国庄信万丰（Johnson Matthey）公司	英国	伦敦	伦敦
37	燃料电池电堆	膜电极	加拿大巴拉德（Ballard）动力系统公司	加拿大	不列颠哥伦比亚省	本拿比
38	燃料电池电堆	膜电极	武汉理工氢电科技有限公司	中国	湖北	武汉
39	燃料电池电堆	膜电极	苏州擎动动力科技有限公司	中国	江苏	苏州
40	燃料电池电堆	膜电极	广东泰极动力科技（广东）有限公司	中国	广东	佛山
41	燃料电池电堆	膜电极	韵量燃料电池（广东）有限公司	中国	广东	佛山
42	燃料电池电堆	膜电极	广东妥德曼氢能源装备有限公司	中国	广东	佛山
43	燃料电池电堆	膜电极	广东清能新能源科技有限公司	中国	广东	佛山
44	燃料电池电堆	膜电极	佛山市清能能源科技有限公司	中国	广东	佛山
45	燃料电池电堆	膜电极	佛山市攀极氢业实业有限公司	中国	广东	佛山
46	燃料电池电堆	膜电极	广东省江门市科恒实业股份有限公司	中国	广东	江门
47	燃料电池电堆	膜电极	鸿基创能科技（广州）有限公司	中国	广东	广州
48	燃料电池电堆	膜电极	深圳市通用氢能科技有限公司	中国	广东	深圳
49	燃料电池电堆	膜电极	深圳市氢雄燃料电池有限公司	中国	广东	深圳

50	燃料电池电堆	膜电极	深圳市南科燃料电池有限公司	中国	广东	深圳
51	燃料电池电堆	膜电极	深圳市雄韬电源科技股份有限公司	中国	广东	深圳
52	燃料电池电堆	膜电极	深圳先进储能材料国家工程研究中心	中国	广东	深圳
53	燃料电池电堆	膜电极	中国科学院金属研究所/清华-伯克利深圳学院	中国	广东	深圳
54	燃料电池电堆	膜电极	深圳国家能源新材料技术研发中心有限公司	中国	广东	深圳
55	燃料电池电堆	膜电极	东莞众创新能源科技有限公司	中国	广东	东莞
56	燃料电池电堆	膜电极	广东国鸿氢能科技有限公司	中国	广东	云浮
57	燃料电池电堆	双极板	加拿大巴拉德（Ballard）动力系统公司	加拿大	不列颠哥伦比亚省	本拿比
58	燃料电池电堆	双极板	加拿大氢能公司（Hydrogenics Corporation）	加拿大	安大略省	密西沙加
59	燃料电池电堆	双极板	上海弘竣实业有限公司	中国	上海	上海
60	燃料电池电堆	双极板	上海弘臻新能源装备有限公司	中国	上海	上海
61	燃料电池电堆	双极板	淄博联强碳素材料有限公司	中国	山东	淄博
62	燃料电池电堆	双极板	新源动力股份有限公司	中国	辽宁	大连
63	燃料电池电堆	双极板	广东泰极动力科技有限公司	中国	广东	佛山
64	燃料电池电堆	双极板	韵量燃料电池（广东）有限公司	中国	广东	佛山
65	燃料电池电堆	双极板	广东爱德曼氢能源装备有限公司	中国	广东	佛山
66	燃料电池电堆	双极板	广东清能新能源技术有限公司	中国	广东	佛山
67	燃料电池电堆	双极板	佛山市清极能源科技有限公司	中国	广东	佛山
68	燃料电池电堆	双极板	佛山市南海攀业氢能源科技有限公司	中国	广东	佛山
69	燃料电池电堆	双极板	佛山市南海宝碳石墨制品有限公司	中国	广东	佛山
70	燃料电池电堆	双极板	金亚隆新材料科技（广州）有限公司	中国	广东	广州
71	燃料电池电堆	双极板	中山大学光电材料与技术国家重点实验室	中国	广东	广州
72	燃料电池电堆	双极板	深圳市氢雄燃料电池有限公司	中国	广东	深圳
73	燃料电池电堆	双极板	深圳市南科燃料电池有限公司	中国	广东	深圳

序号	专业领域	专业特长	单位	国家	省份	城市
75	燃料电池电堆	双极板	深圳众为氢能科技有限公司	中国	广东	深圳
76	燃料电池电堆	双极板	东莞市嘉裕碳素制品有限公司	中国	广东	东莞
77	燃料电池电堆	双极板	广东国鸿氢能科技有限公司	中国	广东	云浮
78	燃料电池电堆	电堆	加拿大巴拉德（Ballard）动力系统公司	加拿大	不列颠哥伦比亚省	本拿比
79	燃料电池电堆	电堆	加拿大氢能公司（Hydrogenics Corporation）	加拿大	安大略省	密西沙加
80	燃料电池电堆	电堆	日本丰田汽车公司	日本	爱知县	丰田市
81	燃料电池电堆	电堆	瑞典 Power Cell 公司	瑞典	哥德堡	哥德堡
82	燃料电池电堆	电堆	上海神力科技有限公司	中国	上海	上海
83	燃料电池电堆	电堆	上海捷氢科技有限公司	中国	上海	上海
84	燃料电池电堆	电堆	新源动力股份有限公司	中国	辽宁	大连
85	燃料电池电堆	电堆	雄韬氢雄燃料电池科技有限公司	中国	湖北	武汉
86	燃料电池电堆	电堆	北京氢璞创能科技有限公司	中国	北京	北京
87	燃料电池电堆	电堆	佛山市攀业氢能源科技有限公司	中国	广东	佛山
88	燃料电池电堆	电堆	广东爱德曼氢能源装备有限公司	中国	广东	佛山
89	燃料电池电堆	电堆	广东清能新能源技术有限公司	中国	广东	佛山
90	燃料电池电堆	电堆	佛山市清极能源科技有限公司	中国	广东	佛山
91	燃料电池电堆	电堆	佛山市氢璞攀业氢能源科技有限公司	中国	广东	佛山
92	燃料电池电堆	电堆	广东泰罗斯汽车动力系统有限公司	中国	广东	佛山
93	燃料电池电堆	电堆	广州雄韬氢恒科技有限公司	中国	广东	广州
94	燃料电池电堆	电堆	深圳市氢雄燃料电池有限公司	中国	广东	深圳
95	燃料电池电堆	电堆	深圳市南科燃料电池有限公司	中国	广东	深圳
96	燃料电池电堆	电堆	东莞众创新能源科技有限公司	中国	广东	东莞
97	燃料电池电堆	电堆	广东氢璞创能科技有限公司	中国	广东	东莞
98	燃料电池电堆	电堆	广东喜玛拉雅氢能科技有限公司	中国	广东	中山
99	燃料电池电堆	电堆	广东国鸿氢能科技有限公司	中国	广东	云浮

#	系统	子系统	公司	国家	州/省	城市
100	燃料电池系统	空气供应系统	德国科德宝（Freudenberg）集团	德国	北莱茵-威斯特法伦州	米尔海姆
101	燃料电池系统	空气供应系统	德国曼胡默尔（Mann-Hummel）集团	德国	巴登-符腾堡州	路登维希堡
102	燃料电池系统	空气供应系统	美国唐纳森（Donaldson）公司	美国	明尼苏达州	明尼阿波利斯
103	燃料电池系统	空气供应系统	瑞士利勃海尔（Liebherr）公司/利勃海尔（中国）有限公司	瑞士	弗莱堡州	布勒
104	燃料电池系统	空气供应系统	德国 FISCHER 公司	德国	北莱茵-威斯特法伦州	巴特萨尔茨乌夫伦
105	燃料电池系统	空气供应系统	丹麦 Rotrex 公司	丹麦	哥本哈根	哥本哈根
106	燃料电池系统	空气供应系统	日本丰田汽车公司	日本	爱知县	丰田市
107	燃料电池系统	空气供应系统	美国霍尼韦尔国际（Honeywell International）公司	美国	加利福尼亚州	洛杉矶
108	燃料电池系统	空气供应系统	美国 UQM 科技公司	美国	科罗拉多州	朗蒙特
109	燃料电池系统	空气供应系统	美国通用汽车公司	美国	密歇根州	底特律
110	燃料电池系统	空气供应系统	日本日立集团	日本	东京都	千代田区
111	燃料电池系统	空气供应系统	萱柯氢能科技（北京）有限公司	中国	北京	北京
112	燃料电池系统	空气供应系统	珠海格力电器股份有限公司	中国	广东	珠海
113	燃料电池系统	空气供应系统	北京伯肯节能科技股份有限公司	中国	北京	北京
114	燃料电池系统	空气供应系统	福建雪人股份有限公司	中国	福建	福州
115	燃料电池系统	空气供应系统	国家电投集团氢能科技发展有限公司	中国	北京	北京
116	燃料电池系统	空气供应系统	嘉兴德燃动力系统有限公司	中国	浙江	嘉兴
117	燃料电池系统	空气供应系统	江苏金通灵氢能科技有限公司	中国	江苏	南通
118	燃料电池系统	空气供应系统	江苏毅合捷汽车科技股份有限公司	中国	江苏	无锡
119	燃料电池系统	空气供应系统	上海汉钟精机股份有限公司	中国	上海	上海
120	燃料电池系统	空气供应系统	势加透博（北京）科技有限公司	中国	北京	北京
121	燃料电池系统	空气供应系统	潍坊富源增压器有限公司	中国	山东	潍坊
122	燃料电池系统	空气供应系统	石家庄金士顿轴承科技有限公司	中国	河北	辛集
123	燃料电池系统	空气供应系统	烟台冰轮集团	中国	山东	烟台
124	燃料电池系统	空气供应系统	广东广顺新能源动力科技有限公司	中国	广东	佛山

(续)

序号	专业领域	专业特长	单位	国家	省份	城市
125	燃料电池系统	空气供应系统	广州市昊志机电股份有限公司	中国	广东	广州
126	燃料电池系统	空气供应系统	深圳超元素汽车服务有限公司	中国	广东	深圳
127	燃料电池系统	空气供应系统	稳力（广东）科技有限公司	中国	广东	云浮
128	燃料电池系统	空气供应系统	广东重塑能源科技股份有限公司	中国	广东	云浮
129	燃料电池系统	空气供应系统	中山大洋电机股份有限公司	中国	广东	中山
130	燃料电池系统	氢气循环系统	德国普旭（Busch）公司	德国	黑森州	马尔堡
131	燃料电池系统	氢气循环系统	德国 KNF 公司 / KNF 中国上海总公司	德国	巴登-符腾堡州	弗莱堡
132	燃料电池系统	氢气循环系统	美国 VAIREX 公司	美国	科罗拉多州	玻尔得
133	燃料电池系统	氢气循环系统	日本小仓（OGURA）公司	日本	群马县	桐生
134	燃料电池系统	氢气循环系统	美国 AirSquared 公司	美国	科罗拉多州	布鲁姆菲尔德
135	燃料电池系统	氢气循环系统	思科涡旋科技（杭州）有限公司	中国	浙江	杭州
136	燃料电池系统	氢气循环系统	济南思明特科技有限公司	中国	山东	济南
137	燃料电池系统	氢气循环系统	嘉兴德燃动力系统有限公司	中国	浙江	嘉兴
138	燃料电池系统	氢气循环系统	广东广顺新能源动力科技有限公司	中国	广东	佛山
139	燃料电池系统	氢气循环系统	佛山市清极能源科技有限公司	中国	广东	佛山
140	燃料电池系统	氢气循环系统	中山大洋电机股份有限公司	中国	广东	中山
141	燃料电池系统	水热管理系统	美国博纯（Perma-Pure）有限责任公司	美国	新泽西州	莱克伍德
142	燃料电池系统	水热管理系统	韩国 KOLON 集团	韩国	京畿道	果川市
143	燃料电池系统	水热管理系统	英国 Intelligent Energy 公司	英国	莱斯特	拉夫堡
144	燃料电池系统	水热管理系统	日本电装（Denso）株式会社/广州电装有限公司	日本	爱知县	刈谷
145	燃料电池系统	水热管理系统	南宁八菱科技股份有限公司	中国	广西	南宁
146	燃料电池系统	水热管理系统	浙江三花智能控制股份有限公司	中国	浙江	新昌
147	燃料电池系统	水热管理系统	亦动未来科技（天津）有限公司	中国	天津	天津
148	燃料电池系统	水热管理系统	北京艾东航空科技有限公司	中国	北京	北京
149	燃料电池系统	水热管理系统	深圳伊腾迪新能源有限公司	中国	广东	深圳

150	燃料电池系统	DC/DC 变换器	瑞士 BRUSA 公司	瑞士	圣加仑州	森瓦德
151	燃料电池系统	DC/DC 变换器	日本电装（Denso）株式会社	日本	爱知县	刈谷
152	燃料电池系统	DC/DC 变换器	深圳市福瑞电气有限公司	中国	广东	深圳
153	燃料电池系统	DC/DC 变换器	北京动力源科技股份有限公司	中国	北京	北京
154	燃料电池系统	DC/DC 变换器	武汉力行远方电源科技有限公司	中国	湖北	武汉
155	燃料电池系统	系统集成技术	加拿大巴拉德（Ballard）动力系统公司	加拿大	不列颠哥伦比亚省	本拿比
156	燃料电池系统	系统集成技术	美国普拉格能源（Plug Power）公司	美国	纽约州	莱瑟姆
157	燃料电池系统	系统集成技术	美国 Bloom Energy 公司	美国	加利福尼亚州	森尼韦尔
158	燃料电池系统	系统集成技术	美国联合技术（UTC）	美国	康涅狄格州	哈特福
159	燃料电池系统	系统集成技术	瑞典 Power cell 公司	瑞典	哥德堡	哥德堡
160	燃料电池系统	系统集成技术	日本丰田汽车公司	日本	爱知县	丰田
161	燃料电池系统	系统集成技术	日本本田技研工业株式会社	日本	东京都	东京
162	燃料电池系统	系统集成技术	英国 Intelligent Energy 公司	英国	莱斯特	拉夫堡
163	燃料电池系统	系统集成技术	德国宝马公司	德国	巴伐利亚州	慕尼黑
164	燃料电池系统	系统集成技术	德国大众汽车（Volkswagen）公司	德国	下萨克森州	沃尔夫斯堡
165	燃料电池系统	系统集成技术	德国戴姆勒股份公司	德国	巴登-符腾堡州	斯图加特
166	燃料电池系统	系统集成技术	韩国现代（Hyundai）汽车公司	韩国	首尔	首尔
167	燃料电池系统	系统集成技术	北京氢璞创能科技有限公司	中国	北京	北京
168	燃料电池系统	系统集成技术	北京亿华通科技股份有限公司	中国	北京	北京
169	燃料电池系统	系统集成技术	北京理工大学	中国	北京	北京
170	燃料电池系统	系统集成技术	清华大学	中国	北京	北京
171	燃料电池系统	系统集成技术	北京新研创能科技有限公司	中国	北京	北京
172	燃料电池系统	系统集成技术	上海汽车集团股份有限公司	中国	上海	上海
173	燃料电池系统	系统集成技术	上海捷氢科技有限公司	中国	上海	上海
174	燃料电池系统	系统集成技术	上海清能燃料电池技术有限公司	中国	上海	上海

(续)

序号	专业领域	专业特长	单位	国家	省份	城市
175	燃料电池系统	系统集成技术	上海攀业氢能源科技有限公司	中国	上海	上海
176	燃料电池系统	系统集成技术	上海燃料电池汽车动力系统有限公司	中国	上海	上海
177	燃料电池系统	系统集成技术	上海神力科技有限公司	中国	上海	上海
178	燃料电池系统	系统集成技术	上海重塑能源科技有限公司	中国	上海	上海
179	燃料电池系统	系统集成技术	上海交通大学	中国	上海	上海
180	燃料电池系统	系统集成技术	同济大学	中国	上海	上海
181	燃料电池系统	系统集成技术	新源动力股份有限公司	中国	辽宁	大连
182	燃料电池系统	系统集成技术	中国科学院大连化学物理研究所燃料电池系统科学与工程研究组	中国	辽宁	大连
183	燃料电池系统	系统集成技术	南通百应能源有限公司	中国	江苏	南通
184	燃料电池系统	系统集成技术	浙江氢途科技有限公司	中国	浙江	湖州
185	燃料电池系统	系统集成技术	潍柴动力股份有限公司	中国	山东	潍坊
186	燃料电池系统	系统集成技术	武汉雄韬氢雄燃料电池有限公司	中国	湖北	武汉
187	燃料电池系统	系统集成技术	安徽明天氢能科技股份有限公司	中国	安徽	合肥
188	燃料电池系统	系统集成技术	郑州宇通集团有限公司	中国	河南	郑州
189	燃料电池系统	系统集成技术	中国东方电气集团有限公司	中国	四川	成都
190	燃料电池系统	系统集成技术	广东泰极汽车有限公司	中国	广东	佛山
191	燃料电池系统	系统集成技术	佛山市清极能源科技有限公司	中国	广东	佛山
192	燃料电池系统	系统集成技术	广东泰罗斯汽车动力系统有限公司	中国	广东	佛山
193	燃料电池系统	系统集成技术	广东清能新能源科技有限公司	中国	广东	广州
194	燃料电池系统	系统集成技术	广州雄韬氢恒科技有限公司	中国	广东	广州
195	燃料电池系统	系统集成技术	洺源科技（广州）有限公司	中国	广东	广州
196	燃料电池系统	系统集成技术	雄川氢能科技（广州）有限责任公司	中国	广东	广州
197	燃料电池系统	系统集成技术	广汽研究院	中国	广东	广州
198	燃料电池系统	系统集成技术	广州市鸿基氢能研究院有限公司	中国	广东	广州
199	燃料电池系统	系统集成技术	广东工业大学	中国	广东	广州

序号	类别	子类	公司名称	国家	省/都	市
200	燃料电池系统	系统集成技术	深圳市氢雄燃料电池有限公司	中国	广东	深圳
201	燃料电池系统	系统集成技术	深圳市雄韬电源科技股份有限公司	中国	广东	深圳
202	燃料电池系统	系统集成技术	深圳市南科动力科技有限公司	中国	广东	深圳
203	燃料电池系统	系统集成技术	深圳市氢蓝时代动力科技有限公司	中国	广东	深圳
204	燃料电池系统	系统集成技术	深圳国氢新能源科技有限公司	中国	广东	深圳
205	燃料电池系统	系统集成技术	深圳氢时代新能源科技有限公司	中国	广东	深圳
206	燃料电池系统	系统集成技术	深圳市佳华利道新技术开发有限公司	中国	广东	深圳
207	燃料电池系统	系统集成技术	东莞众创新能源科技有限公司	中国	广东	东莞
208	燃料电池系统	系统集成技术	东莞氢宇新能源科技有限公司	中国	广东	东莞
209	燃料电池系统	系统集成技术	东莞深科鹏沃科技有限公司	中国	广东	东莞
210	燃料电池系统	系统集成技术	广东亚氢科技有限公司	中国	广东	中山
211	燃料电池系统	系统集成技术	广东喜玛拉雅氢能科技有限公司	中国	广东	云浮
212	燃料电池系统	系统集成技术	广东国鸿重塑能源科技有限公司	中国	广东	云浮
213	燃料电池系统	系统集成技术	云浮锐格新能源科技有限公司	中国	广东	云浮
214	燃料电池系统	系统集成技术	广东鸿运氢能源科技有限公司	中国	广东	云浮
215	燃料电池系统	系统集成技术	广东国鸿氢能科技有限公司	中国	广东	云浮
216	整车	整车制造	日本丰田汽车公司	日本	爱知县	丰田
217	整车	整车制造	日本本田技研工业株式会社	日本	东京都	东京
218	整车	整车制造	韩国现代汽车公司	韩国	首尔	首尔
219	整车	整车制造	上海汽车集团股份有限公司	中国	上海	上海
220	整车	整车制造	佛山市飞驰汽车制造有限公司	中国	广东	佛山
221	整车	整车制造	一汽解放汽车有限公司佛山新能源汽车分公司	中国	广东	佛山
222	整车	整车制造	广州汽车集团股份有限公司	中国	广东	广州
223	整车	整车制造	鹤山东风新能源汽车有限公司	中国	广东	鹤山
224	整车	整车制造	深圳开沃汽车有限公司	中国	广东	深圳

(续)

序号	专业领域	专业特长	单位	国家	省份	城市
225	整车	整车制造	中兴新能源汽车有限责任公司	中国	广东	深圳
226	整车	整车制造	东莞中汽宏远汽车有限公司	中国	广东	东莞
227	整车	整车制造	中山晓兰客车有限公司	中国	广东	中山
228	整车	系统检测	中汽研汽车检验中心（广州）有限公司	中国	广东	广州
229	氢能基础设施	制氢技术	中国科学院大连化学物理研究所/高效电解水制氢研究组	中国	辽宁	大连
230	氢能基础设施	制氢技术	鸿达兴业集团	中国	广东	广州
231	氢能基础设施	制氢技术	深圳联悦发展有限公司	中国	广东	深圳
232	氢能基础设施	制氢技术	深圳市太空科技南方研究院	中国	广东	深圳
233	氢能基础设施	制氢技术	深圳晓兰联泰氢能源高技术有限公司	中国	广东	深圳
234	氢能基础设施	制氢技术	深圳市凯豪达氢能动力有限公司	中国	广东	深圳
235	氢能基础设施	制氢技术	广东亚氢科技有限公司	中国	广东	东莞
236	氢能基础设施	制氢技术	东莞淳华氢能科技股份有限公司	中国	广东	东莞
237	氢能基础设施	制氢技术	广东国鸿氢能科技有限公司/国鸿氢能研究院	中国	广东	云浮
238	氢能基础设施	储运技术	广东工业大学材料与能源学院	中国	广东	广州
239	氢能基础设施	储运技术	深圳市太空科技南方研究院	中国	广东	深圳
240	氢能基础设施	储运技术	中集安瑞科科技股份有限公司	中国	广东	深圳
241	氢能基础设施	储运技术	东莞深圳清华大学研究院创新中心	中国	广东	东莞
242	氢能基础设施	储运技术	东莞理工学院新能源材料与能源研究中心	中国	广东	东莞
243	氢能基础设施	储运技术	广东国鸿氢能科技有限公司/国鸿氢能研究院	中国	广东	云浮
244	氢能基础设施	加氢站及设备	佛山市汽车运输集团有限公司	中国	广东	佛山
245	氢能基础设施	加氢站及设备	佛山市瑞晖能源有限公司	中国	广东	佛山
246	氢能基础设施	加氢站及设备	深圳汽航院新能源科技有限公司	中国	广东	深圳
247	氢能基础设施	加氢站及设备	中山大洋电机股份有限公司	中国	广东	中山
248	氢能基础设施	加氢站及设备	云浮锦鸿氢能源科技有限公司	中国	广东	云浮
249	氢能基础设施	加氢站及设备	广东国鸿氢能科技有限公司	中国	广东	云浮

附录 E 全球氢燃料电池汽车主要车型参数汇总表

序号	车辆品牌及型号	车辆类型	上市时间（公告）/年	燃料电池系统额定功率/kW	NEDC续驶里程/km	冷起动温度/℃	动力电池容量/kWh	气瓶压力/MPa	储氢量/kg	氢耗/(kg/100km)
1	丰田 Mirai 二代	乘用车	2020	114	650~700	−30	1.6	70	5.6	0.95
2	本田 Clarity Fuel Cell	乘用车	2016	103	700	−30	1.3	70	5	0.94
3	现代 NEXO	乘用车	2018	95	750	−30	1.56	70	6.33	0.84
4	现代 Tucson ix FCEV	乘用车	2013	100	594	−25	0.95	70	5.64	—
5	奔驰 GLC F-CELL	乘用车	2017	75	437	—	9.2	70	4.4	1.0
6	广汽 Aion LX Fuel Cell	乘用车	2020	68	650	−30	13	70	5.2	0.8
7	上汽大通 EUNIQ7 Fuel Cell	乘用车	2020	83.5	645	−30	13	70	6.4	—
8	上汽荣威 950 Fuel Cell	乘用车	2014	60	400	−30	12	70	4.18	1.0
9	东风风神 AX7 Pro e·H₂	乘用车	2020	62	—	—	12.9	70	—	—
10	长安 CS75 FCV	乘用车	2021	36	450	−30	3.2	70	—	1
11	丰田 SORA	商用车	2018	114×2	200	−30	100.16	35	25	12
12	北汽福田 BJ6123FCEVCH-3	商用车	2019	63	452	−30	108	35	25	—
13	郑州宇通 ZK6125FCEVG10	商用车	2020	63	468	−30	117	35	25	—
14	郑州宇通 ZK6105FCEVG2	商用车	2018	50	560	−30	35	35	—	6.4
15	飞驰客车 FSQ6110FCEVG	商用车	2018	88	300	−30	116	35	—	6.4
16	开沃客车 NJL6100FCEV	商用车	2020	48	300	−30	12	35	—	—
17	丰田 Kenworth T680 燃料电池重卡	商用车	2019	114×2	320	−30	12	70	—	—

附录 F 技术创新总路线图（见书后插页）

附录 G 技术创新路线图名词解释

DC/DC 变换器
将某一直流电源电压转换成任意直流电压的变换器。

Pt 载量
燃料电池（电极）单位活性面积上 Pt 的量。

插电式混合动力汽车
是指具有一定的纯电动行驶里程，且在正常使用情况下可从非车载装置中获取电能量的混合动力汽车。

产业创新中心
是由国家（省、市、区）发展改革委（局）认定的，是整合联合行业内的创新资源、构建高效协作创新网络的重要载体，是特定战略性领域颠覆性技术创新、先进适用产业技术开发与推广应用、系统性技术解决方案研发供给、高成长型科技企业投资孵化的重要平台，是推动新兴产业集聚发展、培育壮大经济发展新动能的重要力量。

产业集群
是指处于同一特定产业领域的相互关联企业及相关机构的地域集中并发展形成具有持续竞争优势的经济群体，它是区域经济发展中的一种空间组织形式。发展产业集群，是促进区域经济发展的重要动力和有效途径。

产业联盟
是由工业和信息化部（厅、局）认定的，确保合作各方的市场优势，寻求新的规模、标准、机能或定位，应对共同的竞争者或将业务推向新领域等目的，企业间结成的互相协作和资源整合的一种合作模式。

车载供氢系统
燃料电池汽车上燃料经过的所有零部件的集合，包括储氢容器、压力调节装置、管路及附件等。

储氢密度
表示单位质量的储氢材料能够储存的氢气的量。

储氢瓶
设计用于容纳氢气、金属氢化物及其内部组件的容器。

传统能源乘用车
是指除新能源乘用车以外的，能够燃用汽油、柴油、气体燃料或者醇醚燃料等的乘用车（含非插电式混合动力乘用车）。

创新型特色园区
是指在园区定位、产业选择、发展模式和发展路径上特色鲜明的国家高新区。

创业投资企业

是指具有融资和投资功能，主要从事创业投资活动的公司制企业或有限合伙制企业。

纯电动汽车

是指以车载可充蓄电池或其他能量储存装置为动力输出，用电机驱动车轮行驶，符合道路交通、安全法规和国家标准各项要求的乘用车辆。

催化层

含有电催化剂的薄层，通常具有离子和电子传导性。

大科学装置

是开展前沿科学研究、提高自主创新能力的"国之重器"。

瞪羚企业

是指创业后跨过死亡谷进入高成长期的企业，具有成长速度快、创新能力强、专业领域新、发展潜力大的特征。

低温液态储氢

利用氢气在高压、低温条件下液化，体积密度为气态时的 845 倍。

电堆

由多个单电池、冷却板、隔板、歧管等组成，并通过电化学反应将富氢气体和空气转换成水、热等产物并同时产生直流电。

电极

和电解质相接触，提供电化学反应区域，并将电化学反应产生的电流导入或导出电化学反应池的电子导体（或半导体）。

独角兽企业

一般指成立不超过 10 年；估值要超过 10 亿美元，少部分估值超过 100 亿美元的企业。

短堆

具有额定功率电堆的结构特征但其中单电池数量显著小于按额定功率设计的电堆中单电池数量的电堆。

额定功率起动时间

燃料电池系统从待机状态进入额定功率状态所需的时间，包括额定功率冷起动和额定功率热起动。

发动机系统测试

氢燃料电池发动机系统测试内容包括空气供应系统、氢气循环系统、水热管理系统、电堆（阴极、阳极、电解质）发电系统、控制系统等及子系统的相关测试。

腐蚀电流

电极在腐蚀电位条件下所对应的电流。反映的是电极在无外加电流条件下的腐蚀速率。

高速无油空压机

气源装置中的主体，它是将原动机（通常是电动机）的机械能转换成气体压力能的装置,是压缩空气的气压发生装置。一般无油空压机的含油量为0.01ppm。

高压储氢

利用耐高压容器把氢气进行压缩储存的技术。

工程技术研究中心

是由科技部(厅、委、局)认定的,依托于行业、领域科技实力雄厚的重点科研机构、科技型企业或高校,拥有国内一流的工程技术研究开发、设计和试验的专业人才队伍,具有较完备的工程技术综合配套试验条件,能够提供多种综合性服务,与相关企业紧密联系,同时具有自我良性循环发展机制的科研开发实体。

工程中心

是由科技部(厅、委、局)认定的,依托科研院所(含转制院所)、工程化开发能力及系统集成能力强的高等学校和主要面向行业开展技术研发服务的企业而组建的研究开发机构,是国家和地区技术创新体系的重要组成部分。

功率密度

从蓄电池的单位质量或单位体积所获取的输出功率,用 W/kg、W/L 表示,也称作比功率或质量比功率。

固态储氢

利用固体对氢气的物理吸附或化学反应等作用,将氢储存于固体材料中,不需要压力和冷冻。

固体氧化物燃料电池(SOFC)

是一种在中高温下直接将储存在燃料和氧化剂中的化学能高效、环境友好地转化成电能的全固态化学发电装置,是目前几种燃料电池中,理论能量密度最高的一种。

国家工程技术研究中心

是由科技部批准的,是国家科技发展计划的重要组成部分,中心主要依托于行业、领域科技实力雄厚的重点科研机构、科技型企业或高校,拥有国内一流的工程技术研究开发、设计和试验的专业人才队伍,具有较完备的工程技术综合配套试验条件,能够提供多种综合性服务,与相关企业紧密联系,同时具有自我良性循环发展机制的科研开发实体。

国家火炬特色产业基地

是指在一定地域范围内,针对国家鼓励发展的细分产业领域,通过政府组织引导、各方优势资源汇聚、营造良好创新创业环境,形成的具有区域特色和产业特色、对当地经济和社会发展具有显著支撑和带动作用的产业集聚区。

国家实验室

是由科技部批准的,是以国家现代化建设和社会发展的重大需求为导向,开展基础研究、竞争前沿高技术研究和社会公益研究,积极承担国家重大科研任务的国家级科研机构。

国家重大创新基地

是指以实现国家战略目标为宗旨,以促进创新链各个环节紧密衔接、实现重大创新、加速成果转化与扩散为目标,设施先进、人才优秀、运转高效、具有国际一流水平的新型创新组织。

国家重点实验室

是国家科技创新体系的重要组成部分,是国家组织高水平基础研究和应用基础研究、聚集和培养优秀科技人才、开展高水平学术交流、科研装备先进的重要基地。其主要任务是针对学科发展前沿和国民经济、社会发展及国家安全的重要科技领域和方向,开展创新性研究。

合金催化剂

由两种或两种以上金属形成的合金构成的催化剂。

后补助

是指单位先行投入资金组织开展研究开发、成果转化和产业化活动,在项目(课题)完成并取得相应成果后,按规定程序通过审核验收、评估评审后,给予相应补助的财政支持方式。后补助包括事前立项事后补助、事后立项事后补助两种方式。

技术创新联盟

是指由企业、大学、科研机构或其他组织机构,以企业的发展需求和各方的共同利益为基础,以提升产业技术创新能力为目标,以具有法律约束力的契约为保障,形成的联合开发、优势互补、利益共享、风险共担的技术创新合作组织。

技术创新体系

是以政府为主导、充分发挥市场配置资源的基础性作用、各类科技创新主体紧密联系和有效互动的社会系统,主要由创新主体、创新基础设施、创新资源、创新环境、外界互动等要素组成。

技术创新中心

是由科技部(厅、委、局)认定的,定位于实现从科学到技术的转化,促进重大基础研究成果产业化;以关键技术研发为核心使命,产学研协同推动科技成果转移转化与产业化,为区域和产业发展提供源头技术供给,为科技型中小企业孵化、培育和发展提供创新服务,为支撑产业向中高端迈进、实现高质量发展发挥战略引领作用;不直接从事市场化的生产和销售,不与高校争学术之名、不与企业争产品之利的组织。

技术就绪度

技术就绪度(Technology Readiness Level, TRL)评价方法根据科研项目的研发规律,把发现基本原理到实现产业化应用的研发过程划分为 9 个标准化等级,每个等级指定量化的评价细则,对科研项目关键技术的成熟程度进行定量评价。

节能

是指在生产环节降低能源、资源消耗,在使用环节减少能耗。

金属氢化物

金属或合金与氢气结合形成的具有可逆吸收和释放氢的功能的固态材料。

科技成果

是指通过科学研究与技术开发所产生的具有实用价值的成果。

科技创新专项基金

是指专用于引导国家或地区企业提升科技成果产业化及增强融资能力，加快培育科技创新型企业的资金。

科技奖励制度

是党和国家为激励自主创新、激发人才活力、营造良好创新环境采取的重要举措，是我国长期坚持的一项重要制度，对于促进科技支撑引领经济社会发展、加快建设创新型国家和世界科技强国具有重要意义。

科技特派员工作站

是指依托法人实体成立的，具备一定的条件，为科技特派员进行科技扶贫、应用技术研究、成果转化、技能培训、人才培养、创业辅导等创新创业活动提供服务的机构。

科技型企业

是指以科技人员为创业经营主体，主要从事研究与开发、技术中介咨询、技术服务、新产品研制、生产和经营的企业。

科技中介服务

是指与科学研究、技术开发和科技成果转化直接相关的交易、经纪、咨询、评估、代理以及科技企业孵化、创业服务等活动。

空气供应系统

对进入燃料电池的空气进行过滤、增湿、压力调节等方面处理的系统。

空气过滤器

用来过滤空气中的固体颗粒物、吸附有害气体，保护燃料电池系统，延长其使用寿命的设备。

空气压缩机

一种用以压缩气体的设备。通过对进堆空气进行增压，提高燃料电池的功率密度和效率。

冷起动

在充分的浸车之后，在标准环境温度进行起动。

冷却系统

主要包括冷却水泵、冷却管路、散热器等工作部件和温度传感器、压力传感器等传感器件，缩小燃料电池系统进出水温差、控制系统进出水温度波动范围，维持燃料电池系统内质子交换膜处于最佳工作温度区间。

链主企业

是指在整个产业链中占据优势地位，对产业链大部分企业的资源配置和应用具有较强的直接或间接影响力,并且对产业链的价值实现予以最强烈关注,肩负着提升产业链绩效重任的核心企业。

磷酸燃料电池(PAFC)
是以液体磷酸为电解质的燃料电池。

路线图
是政府部门设计公共政策的有力工具,可为各级政府部门运用自己掌握的各种资源支持重点领域的发展提供咨询和参考。

罗茨式空气压缩机
一种回旋容积式转子泵,内部有一对相互啮合的含有齿槽的转子,通过转子的旋转以及齿和齿之间的空隙来输送气体。

螺杆式空气压缩机
分为单螺杆式空气压缩机及双螺杆式空气压缩机,采用高效带轮传动,带动主机转动进行空气压缩,通过喷油对主机内的压缩空气进行冷却,主机排出的空气和油混合气体经过粗、精两道分离,将压缩空气中的油分离出来,最后得到洁净的压缩空气。

绿色低碳产业
以低能耗低污染为基础的产业。

绿色制造
是一种在保证产品的功能、质量、成本的前提下,综合考虑环境影响和资源效率的现代制造模式,通过开展技术创新及系统优化,使产品在设计、制造、物流、使用、回收、拆解与再利用等全生命周期过程中,对环境影响最小、资源能源利用率最高、人体健康与社会危害最小,并使企业经济效益与社会效益协调优化。

膜电极
由电解质膜和分别置于其两侧的气体扩散层电极,或由催化剂涂覆膜和分别置于其两侧的气体扩散层,通过一定的工艺组合在一起构成的组件。

能量密度
从蓄电池的单位质量或单位体积获取的能量,用 Wh/kg、W/L 表示。也称作比功率或质量比功率。

喷射器
基于电子控制单元电信号控制自调压阀来的氢气流速的部件。

气水分离器
将燃料电池排除的气体进行冷凝和分离气体中水分的装置。

气体扩散层
放置在催化层和极板之间形成电接触的多孔基层,该层允许反应物进入催化层以及反应产物离开催化层。

气体泄漏

除正常排气、放空外，供气系统和燃料电池系统中出现的气体外泄现象。

前补助

是指项目（课题）立项后核定预算，并按照项目（课题）执行进度拨付资金的财政支持方式。

氢脆

氢原子进入金属后使晶格应变增大，因而降低韧性及延性，引起脆化的现象。

氢进万家

是科技部综合考虑氢能技术、产业和资源等各方面因素组织实施的重大科技示范项目。"氢进万家"科技示范工程是为了抢抓氢能产业发展的重大机遇期，应对国际氢能技术竞争，推动氢能创新链与产业链融合发展，加快氢能在交通运输、工业和家庭用能等终端领域应用，引导氢能进入居民能源消费终端，为打造"氢能社会"奠定基础，为实现碳排放的大幅降低，为我国碳达峰、碳中和目标提供有效途径，实现我国能源结构转型，构建现代能源体系。

氢能

是指通过氢气和氧气反应所产生的能量。

氢能社会

是指通过氢燃料电池实现氢能在家庭、工业、交通甚至全社会领域的应用，从而实现真正的能源安全以及能源独立。

氢能示范城市群

是指由财政部、工业和信息化部等五部委认定的城市群，根据其开展燃料电池汽车关键核心技术产业化攻关和示范应用给予奖励，示范期暂定为四年。

氢气供应系统

为电堆提供持续和适量的氢气，可安全储存充足的氢气并处理氢气尾气等工作的系统。

氢气循环泵

能够将电堆出口未消耗的氢气回送至电堆入口再次进行反应，以增高氢气利用率；并且能将未反应的氢气尾气中含有的大量产物水汽回收至电堆，达到自增湿的目的。

去离子器

为降低冷却液的电导率，将热管理系统中零部件所释放的阴阳离子吸收的装置。

全氟磺酸质子交换膜

是一种固体聚合物电解质，具有化学稳定性和热稳定性好、电压降低、电导率高、机械强度高等优点，可在强酸、强碱、强氧化剂介质和高温等苛刻条件下使用。

全氟质子交换膜

高分子链上的氢原子全部被氟原子取代的质子交换膜。

燃料电池

将燃料与氧化剂的化学能通过电化学反应直接转化为电能、热能和其他反应产物的发电装置。

燃料电池控制管理技术

主要是对整车中的燃料电池的运行进行管理和分配，包括电堆控制、空气控制、氢气控制和水热管理控制等技术，主要分为整体式控制方案和分系统式控制方案。

燃料电池汽车

是电动汽车的一种，是以燃料电池为动力源的汽车。其电池的能量是通过氢气和氧气的电化学作用，而不是经过燃烧，直接变成电能的。燃料电池的电化学反应过程不会产生有害产物，因此燃料电池汽车是无污染汽车，燃料电池的能量转换效率比内燃机要高 2～3 倍，因此从能源利用和环境保护方面来考虑，燃料电池汽车是一种理想的车辆。

燃料电池热管理系统

用以调节燃料电池电堆温度的系统，通过散热、冷却和加热等方式，维持燃料电池系统内部各模块处于正常的温度范围。

热起动

关机后起动，此时燃料电池系统温度还在其正常工作温度范围内。

容积式空气压缩机

依靠压缩腔的内部容积缩小来提高气体或蒸气压力的压缩机，是压缩机的一类，常被用在制冷、空调及热泵等中。

熔融碳酸盐燃料电池（MCFC）

是由多孔陶瓷阴极、多孔陶瓷电解质隔膜、多孔金属阳极、金属极板构成的燃料电池，其电解质是熔融态碳酸盐。

深冷高压储氢

利用氢气在超低温（33.19K 以下）和高压（1.315MPa 以上）同时作用下会呈现超临界状态，超临界氢除了在储氢密度上高于低温液氢，更能够延长储氢容器的储氢维持时间，达到传统液氢储存技术的 5~10 倍，并且由于其高压特性，超临界氢气化后还无需加压。

双极板

用于收集、传导电流和分隔单电池，并为电极或膜电极组件起到机械支撑的集流板。

注：双极板在其两侧有为反应物分布（燃料和氧化剂）和生成物排除的流场，也可能包含传热通道，起到分隔作用。根据材料可以分为石墨双极板、金属双极板、复合材料双极板。

速度式（离心式）空气压缩机

原理是由叶轮带动气体做高速旋转，使气体产生离心力，由于气体在叶轮里的扩压流动，从而使气体通过叶轮后的流速和压力得到提高，连续地生产出压缩空气。

碳达峰

指碳排放量达到峰值。

碳埋存技术
是指将使用矿物燃料的电厂、石油钻塔和其他能量消耗设施排放的二氧化碳和甲烷等废气"捕捉"并储存起来，从而减少温室气体的排放量。

碳排放
一般指个人、团体、企业或地区测算在一定时间内，直接或间接产生的温室气体排放总量。

碳纸
以可碳化的粘结剂把均匀分散的碳纤维粘结在一起而形成的多孔纸状型材。

碳中和
"碳"即二氧化碳，"中和"即正负相抵，指碳排放通过碳减排的形式实现抵消。2020年9月22日，中国政府在第七十五届联合国大会上提出，中国将提高国家自主贡献力度，采取更加有力的政策和措施，二氧化碳排放力争于2030年前达到峰值，努力争取2060年前实现碳中和。

体积比功率
电堆或燃料电池发电系统额定功率和其体积的比值。注：体积比功率通常称为功率密度（Power Density）。

推广技术
是指已经成熟、行业急需应用、要加大推广力度或扩大应用范围的重大关键共性技术。

万人发明专利拥有量
是指每万人拥有经国内外知识产权行政部门授权且在有效期内的发明专利件数，是衡量一个国家或地区科研产出质量和市场应用水平的综合指标。

危险区域
爆炸性气体环境或其他危险情况的区域或空间，或者其存在的数量足以要求对建筑以及安装和使用设备采取特殊预防措施的区域或空间。

涡旋式空气压缩机
为容积式压缩机，采用非接触式轴承，具有重量轻、结构紧凑、不含油、消耗低、高效率、噪声低等特点。

涡旋式氢气循环泵
通过浮动式涡旋压缩技术，产生精细的力平衡，使动定涡旋之间的摩擦损失最小化，提高了产品的压缩效率、稳定性、可靠性及使用寿命，减小了使用成本。

系统集成技术
通过系统的匹配设计，将电堆及其附属水、电、热、气部件有机整合，融合信号、功率、控制、诊断等信息，实现系统的性能、寿命、成本的综合指标最优的技术。

现场重整
燃料电池系统发电时为满足其功率需求而进行的燃料重整。

小巨人企业

是指具有专注于细分市场、创新能力强、市场占有率高等特点，为中小企业发展的排头兵和领头雁的企业。

协同创新

是一个大概念，是指创新资源和要素有效汇聚，通过突破创新主体间的壁垒，充分释放彼此间"人才、资本、信息、技术"等创新要素活力而实现深度合作。

新能源汽车

是指采用新型动力系统，完全或主要依靠新型能源驱动的汽车，包括纯电动汽车、插电式混合动力（含增程式）汽车和燃料电池汽车等。

新型研发机构

是由科技部（厅、委、局）认定的，一种投资主体多元化、管理制度现代化、运行机制市场化、用人机制灵活、有别于传统科研机构的独立法人组织。以企业为主体、产学研深度融合的技术创新体系，完善促进科技成果转化与产业化的体制机制，把高校、科研机构的源头技术创新及实验室成果与产业紧密对接，解决制约产业发展的关键核心技术问题，加快推进技术的应用与产业化，为中小企业提供技术支持与科技服务，孵化科技型企业，带动区域和产业实现创新发展的组织。

行动计划

是政府执行政策文件的行动步骤。

学科带头人

是指在某一学科、专业技术领域取得过具有国际水平或国内先进水平的研究成果，对本学科以及相关学科领域发展有较大影响，被国内外同行公认为有创新性的科研成果和业绩，在某一学科、专业技术领域前沿能促进高新技术产业化的发展，并对地方经济和社会发展做出突出贡献的科技人员。

阳极

燃料发生氧化反应所在的电极。

阴极

氧化剂发生还原反应所在的电极。

引射器

依靠高速喷射工作流体造成的压差将被喷射气体不断吸出的原理进行工作，它利用储氢瓶内的高压氢气引射电堆出口的低压、低流速氢气形成具有一定压力和流速的混合气重新进入电堆进行工作。引射器包括工作喷嘴、接受室、混合室、扩散室等结构部件。

隐形冠军企业

是指那些不为公众所熟知，却在某个细分行业或市场占据领先地位，拥有核心竞争力和明确战略，其产品、服务难以被超越和模仿的中小型企业。

有机液态储氢
是通过加氢反应将氢气固定到芳香族有机化合物,并形成稳定的氢有机化合物液体。

战略性新兴产业集聚发展基地
是指在相对集中的区域,汇聚产业配套完备、创新优势突出、区域特色明显、规模效益显著的产业群体。

制造业创新中心
是由工信部(厅、局)认定的,中心是企业法人形态,采取"公司+联盟"等模式运行;依托公司应是面向行业,由本领域骨干企业及产业链上下游单位以资本为纽带组成的独立企业法人,股东中应包括若干家在本领域排名前十的企业;联盟应汇聚全国范围内,包括用户在内的企业、科研院所、高校等各类创新主体,并覆盖50%以上本领域的国家重点实验室、国家工程实验室、国家工程技术中心、国家工程研究中心等国家级创新平台。

质量比功率
电堆或燃料电池发电系统额定功率和其质量的比值,通常简称比功率。

质子交换膜
以质子为导电电荷的聚合物电解质膜。

中毒
燃料电池部件,如燃料电池膜电极受到污染,导致催化剂性能衰减,而使燃料电池性能降低的现象。

中冷器
用以提升空压机的换气效率,使电堆的进气温度处于适宜范围的装置。

重大工程
是指技术有重大突破,产品有广阔前景,在3~5年时间形成新兴产业的项目。

重大基地
是指在相对集中的区域,汇聚产业配套完备、创新优势突出、区域特色明显、规模效益显著,对全省产业转型升级有重要引领带动作用的产业群体。

国家重大科学工程
是指由国家财政拨款建设、用于基础研究和应用基础研究目的的大型科研装置、设施或网络系统。国家重大科学工程作为推动我国科学事业发展和开展基础研究的重要手段,是国家科技发展水平,尤其是基础研究发展水平的重要标志,也是一个国家综合国力的体现。

重大专项
是指面向国家战略、处在科技前沿、着眼未来产业培育,在5~10年形成新兴产业的项目。重大工程和重大专项是重大基地的后备力量。

最大加注压力
在安全工作范围内的最高加注压力,通常为额定加注压力的1.25倍。

附录 H 本书编著分工

章号	章名	节号	技术点	执笔人	审稿人
第1章	概述	—	—	李军	田文颖
第2章	技术发展现状与趋势	—	—	尚学峰	
第3章	技术创新愿景与目标	—	—	魏龙	
第4章	氢燃料电池电堆技术	4.1.1 双极板	4.1.1.1 石墨双极板	李军	潘牧
			4.1.1.2 金属双极板		
			4.1.1.3 复合双极板		
		4.1.2 膜电极	4.1.2.1 质子交换膜	郭卫伟	
			4.1.2.2 催化剂	彭卫文	
			4.1.2.3 气体扩散层		
			4.1.2.4 膜电极组件		
		4.1.3 电堆设计及组装技术	—		
第5章	氢燃料电池系统（发动机）技术	5.1.1 空气供应子系统	5.1.1.1 空气压缩机		刘志祥
			5.1.1.2 空气过滤器		
			5.1.1.3 增湿器		
		5.1.2 氢气供应子系统	5.1.2.1 氢气循环泵	杜常清	
			5.1.2.2 引射器	张锐明	
		5.1.3 热管理子系统	—	张瑞锋	
		5.1.4 燃料电池系统控制器	—	唐浩林	
		5.1.5 DC/DC 变换器	—		
		5.1.6 系统集成技术	—		
		5.1.7 系统测试技术	—		

（续）

章号	章名	节号	技术点		执笔人	审稿人
第6章	整车技术	6.1.1 动力系统与整车正向开发技术	—		周飞鲲	李进
		6.1.2 整车热管理与综合热效率提升技术	—		卢炽华	
		6.1.3 车载氢系统技术	—		唐浩林	
		6.1.4 整车氢电安全技术	—		梁鹏	
		6.1.5 整车测试评价技术				
第7章	氢能基础设施技术	7.1.1 制氢技术	7.1.1.1	PEM电解水制氢技术	李军	邢魏
			7.1.1.2	甲醇制氢技术	李鹏	
			7.1.1.3	核能热化学制氢技术	柯育智	
			7.1.1.4	太阳能光解水制氢技术	袁伟	
			7.1.1.5	氢气提纯技术		
		7.1.2 储运技术	7.1.2.1	高压储氢管阀件关键技术		
			7.1.2.2	氢透平膨胀机		
			7.1.2.3	液氢离心泵		
			7.1.2.4	有机液态储氢材料		
			7.1.2.5	深冷高压储氢技术		
			7.1.2.6	固态储氢技术		
		7.1.3 加氢技术	7.1.3.1	加氢站		
			7.1.3.2	氢气压缩机		
			7.1.3.3	加氢枪		
第8章	技术创新行动计划	—			李军 尚学峰 魏龙	田文颖